Dipl.-Inform. Holger Koschek arbeitet als Berater und Coach bei der Holisticon AG. Seit 1997 ist er in kleinen bis sehr großen, mitunter auch verteilten internationalen IT-Projekten unterwegs. Aufbauend auf seinen Erfahrungen mit der Architektur und Entwicklung verteilter objektorientierter Anwendungssysteme unterstützt er Unternehmen bei der Einführung agiler Vorgehensweisen sowie der Modernisierung ihrer Softwarearchitekturen. Sein Wissen gibt er gerne in Form von Büchern, Fachartikeln und Konferenzbeiträgen weiter.

Holger Koschek

Geschichten vom Scrum

Von Sprints, Retrospektiven und agilen Werten

dpunkt.verlag

Holger Koschek
holger@scrum-geschichten.de

Lektorat: Christa Preisendanz
Copy-Editing: Susanne Rudi
Herstellung: Nadine Thiele
Umschlaggestaltung: Helmut Kraus, www.exclam.de
Druck und Bindung: Media-Print Informationstechnologie, Paderborn

Bibliografische Information Der Deutschen Bibliothek
Die Deutsche Bibliothek verzeichnet diese Publikation in der Deutschen Nationalbibliografie;
detaillierte bibliografische Daten sind im Internet über <http://dnb.ddb.de> abrufbar.

ISBN 978-3-89864-640-6

1. Auflage 2010
Copyright © 2010 dpunkt.verlag GmbH
Ringstraße 19 B
69115 Heidelberg

Abbildungen:
Mit freundlicher Genehmigung von PLAYMOBIL. PLAYMOBIL ist ein eingetragenes
Warenzeichen der geobra Brandstätter GmbH & Co. KG.

Für Andrea, Nele, Marit und Lotta

Inhaltsverzeichnis

1 Einleitung

Personen und Handlung dieser Erzählung sind frei erfunden.
Sollten sich bei der Schilderung der Auswirkungen gewisser agiler
Praktiken Ähnlichkeiten mit Situationen in realen Projekten
ergeben haben, so sind diese Ähnlichkeiten weder beabsichtigt
noch zufällig, sondern unvermeidlich.

frei nach Heinrich Böll,
»Die verlorene Ehre der Katharina Blum«

Die Weitergabe von Wissen in Form von Geschichten ist eine
uralte Tradition mit weltweiter Verbreitung – von den Traumzeit-
Geschichten der australischen Aborigines bis hin zu den isländi-
schen Sagas. Scrum und andere agile Vorgehensweisen greifen die
Idee des Geschichtenerzählens auf, weil sie wissen, dass Menschen
Geschichten lieben – Softwareentwickler bilden hier glücklicherweise keine Ausnahme. Was liegt da näher, als das Grundwissen
über das agile Rahmenwerk Scrum in Form einer Geschichte zu
vermitteln?

Klassische Lehrbücher beschreiben die Werte, Konzepte und
Praktiken, die agile Softwareentwicklung und agiles Projektmanagement ausmachen. Der Leser kennt nach der Lektüre das
Handwerkszeug, weiß aber noch nicht, wie er damit arbeiten soll.
Wann kommt welche Methode sinnvoll zum Einsatz? Worauf
muss man im Detail achten, welche typischen Fehler gilt es zu vermeiden? Wie mischt man verschiedene Vorgehensweisen, beispielsweise Scrum und Extreme Programming (XP)? Vor allem aber:
Wie verhalten sich Menschen, die nie zuvor agil gearbeitet haben,
in einem Scrum-Projekt? Das ist die Frage, die mich ursprünglich

zum Schreiben dieser Geschichte animierte. Anhand eines einfachen Beispiels möchte ich zeigen, wie sich eine Gruppe von Individuen im Verlauf eines Scrum-Projekts zum erfolgreichen agilen Team entwickelt. Sie sind herzlich eingeladen, diese Individuen auf ihrem Weg von der Idee zum fertigen Produkt zu begleiten. Ganz nebenbei werden Sie lernen, wie man ein Projekt agil durchführt.

1.1   Ein Märchen?

Das Scrum-Team dieser Geschichte setzt sich aus ungewöhnlichen Personen zusammen: Prinz, Ritter, Großväterchen, Aschenputtel, Gespenst und Hexe – klingt ganz nach einem Märchen. Tatsächlich spielt die Rahmenhandlung in einer Umgebung, wie man sie aus Märchen kennt. Die Idee entstand bei der Suche nach Abstraktionen für die verschiedenen Charaktere, die man üblicherweise in Projekten vorfindet. Eine konkrete Projektsituation vor Augen, musste ich unwillkürlich an einen Prinzen denken und war damit gedanklich in die Märchenwelt eingetaucht. Danach dauerte es nicht mehr lange, bis ich mein Ensemble beisammen hatte.

So verschieden die Märchenfiguren, so unterschiedlich sind auch ihre ersten Erfahrungen mit Scrum. Die Bandbreite reicht von Begeisterung über vorsichtige Zurückhaltung bis hin zu offener Ablehnung. Dieses Spektrum wird man in fast jedem Projekt vorfinden, und der Umgang mit den Befindlichkeiten der Teammitglieder wird letztendlich über den Erfolg des Projekts entscheiden.

1.2   Eine Drachenfalle?

Ein Softwareentwicklungsprojekt in einem märchenhaften Ambiente? Das wirkt unnatürlich. Deshalb habe ich ganz bewusst ein fachfremdes Beispiel gewählt: Das Team bekommt in der Geschichte den Auftrag, die beste Drachenfalle aller Zeiten zu bauen. Bei der Beschreibung eines Softwareprojekts hätte ich zudem eine fachliche Domäne und eine oder mehrere Technologien auswählen müssen – und somit die Mehrzahl der Leser ausgegrenzt, deren Situation anders geartet ist. Dank des fachfremden Beispiels können Sie außerdem die eigentliche Aufgabe dieses Projekts außer Acht lassen (es sei denn, Sie entwickeln tatsächlich gerade eine Drachenfalle) und sich guten Gewissens auf die agilen Aspekte der Geschichte konzentrieren.

Die Tatsache, dass es sich bei der Drachenfalle um Hardware handelt, legt den Verdacht nahe, dass dieses Buch eine agile Systementwicklung beschreibt. Das tut es aber nicht. Die hier geschilderten Lösungsansätze geben meine Erfahrungen aus verschiedenen Softwareentwicklungsprojekten wieder. Als Beispiel für die Systementwicklung ist die Drachenfalle nur bedingt geeignet. Grundsätzlich gilt aber, dass agile Vorgehensweisen nicht allein in der Softwareentwicklung eingesetzt werden können.

1.3   Ein Einhorn?

Für den Leser ohne Erfahrung in agilen Vorgehensweisen ist es nicht immer leicht, die Besonderheiten von Scrum aus der Geschichte abzuleiten. Deshalb wird die Erzählung ab und zu unterbrochen, um das Einhorn Bumaraia zu Wort kommen zu lassen. Es stammt aus dem Land Scrum und kennt sich also bestens mit Scrum aus. Die ergänzenden Erläuterungen und kritischen Kommentare des Einhorns vertiefen und festigen das gelernte Wissen über Scrum. Am Ende kennen Sie nicht nur das Handwerkszeug von Scrum, sondern haben auch ein Gefühl dafür entwickelt, wie man dieses erfolgreich einsetzt.

Die Anmerkungen des Einhorns sind deutlich sichtbar von der Geschichte getrennt. Da das Einhorn über das Projekt reflektiert, verlassen Sie beim Lesen seiner Anmerkungen zwangsläufig die Erzählebene. Sollten Sie sich daran stören, so kann ich Ihnen nur empfehlen, beim ersten Lesen diese Anmerkungen zu überblättern. Im zweiten Durchgang können Sie sich dann den Kommentaren des Einhorns widmen.

1.4   Viel zu einfach?

Das in diesem Buch beschriebene Projekt ist vergleichsweise klein. Es gibt nur ein Scrum-Team, das in sieben Sprints die ultimative Drachenfalle baut. Das Team besteht aus fünf Entwicklern und einem Scrum-Meister. Diese Konstellation reicht aber aus, um die wesentlichen Aspekte von Scrum (und ein paar Praktiken aus dem Extreme Programming) anschaulich darzustellen.

Hätte ich ein größeres Projekt gewählt, dann wäre es nicht mehr
so leicht verständlich gewesen. In der kommentierten Literatur-
liste am Ende des Buches (»Gemmen der Wieimmerländer Staatsbibliothek«) finden Sie Bücher über Agilität in großen und welt-
weit verteilten Projekten. Dort habe ich auch die aus meiner Sicht
wichtigsten Bücher über Scrum, Agilität im Allgemeinen und
andere agile Vorgehensweisen sowie Soft Skills zusammengestellt
und kurz beschrieben.

1.5   Nur Scrum?

Da in dieser Geschichte ein konkretes (wenngleich fiktives) Pro-
jekt vorgestellt wird, musste ich mich für eine konkrete agile
Methode entscheiden. Die Wahl fiel auf Scrum – nicht zuletzt
deshalb, weil Scrum den größten Verbreitungsgrad aller agilen
Vorgehensweisen hat. Wie bereits erwähnt, werden auch einige
Elemente des Extreme Programming vorgestellt. Außerdem ist
die Geschichte in den grundlegenden agilen Werten und den
Grundsätzen des Agilen Manifests verwurzelt. Das in diesem
Buch vermittelte Wissen geht also weit über Scrum im Speziellen
hinaus.

Es ist mir wichtig zu erwähnen, dass Scrum nur eine von
mehreren Ausprägungen agiler Vorgehensweisen ist. Bevor Sie
sich für Scrum entscheiden, sollten Sie sich anschauen, was die
anderen agilen Methoden bieten. Und nicht vergessen: Es handelt
sich um ein agiles Rahmenwerk, das Sie an Ihre projektspezifi-
schen Bedürfnisse anpassen dürfen und sollen – nicht nur zu Projektbeginn, sondern im Sinne kontinuierlicher Rückkopplung
immer wieder. Nur so werden Sie auf Dauer mit Ihrem Entwicklungsprozess zufrieden und erfolgreich sein.

1.6   Backlog?

Die agilen Methoden kommen alle aus dem englischsprachigen
Raum. Alle Fachbegriffe sind dementsprechend englisch. Ich
habe überall dort, wo ich es für sinnvoll hielt, einen deutschen
Begriff verwendet. Den englischen Begriff finden Sie beim ersten
Auftauchen eines neuen Begriffs kursiv in Klammern gesetzt. Im
Index sind sowohl die deutschen als auch die englischsprachigen

Begriffe aufgeführt. Dadurch lassen sich leichter Querbezüge zur englischsprachigen Literatur herstellen. Einige Scrum-spezifische Begriffe wie Sprint oder Product Backlog habe ich nicht übersetzt, obwohl es auch dafür deutsche Begriffe gibt. Im Kapitel »Begriffe« am Ende dieses Buches habe ich die deutschen und englischen Begriffspaare noch einmal in einer Tabelle zusammengestellt.

1.7 Danke!

Ein Buch entsteht immer in Teamarbeit. Auf dem Einband steht aber nur (m)ein Name. Deshalb möchte ich an dieser Stelle die anderen Mitglieder des Teams »Geschichten vom Scrum« erwähnen und mich auf diesem Weg ganz herzlich bei ihnen bedanken.

Mein größter Dank geht an meine Frau Andrea. Sie hat mir mit viel Geduld und großer Unterstützung die Zeit und Ruhe geschenkt, die ich fürs Schreiben brauchte. Unsere Töchter Nele, Marit und Lotta haben mir freien Zugriff auf ihren PLAYMOBIL-Fundus gewährt und mir bei der Auswahl der Figuren geholfen. Zudem haben Marit und Lotta dem Einhorn Bumaraia seinen wunderschönen Namen gegeben.

In der Geschichte ist sehr oft von bösen Drachen die Rede. An dieser Stelle möchte ich erwähnen, dass ich auch viele gute kenne. Drachen – so nennt die Schriftstellerin Doris Lessing die Copy Editors im britischen Verlagswesen: »Sehr effiziente, hochgebildete Menschen, die in den Manuskripten zielsicher jede Wortwiederholung und andere stilistische Mängel aufspürten oder auch anmerkten, wenn die Konstruktion unlogisch war. Sie haben jedes Manuskript Wort für Wort durchgearbeitet.« (DER SPIEGEL 45/2002)

In meiner erweiterten Definition umfasst der Drachenbegriff neben den Korrektoren auch die fachlichen Reviewer. Stefan M. Heldt, Anke Koschek, Heinz Koschek, Bernd Oestereich, Carsten Sahling, Michael Schulze-Ruhfus, Wolfgang Strunk und Henning Wolf haben Großartiges geleistet.

Dem dpunkt.verlag zolle ich Respekt dafür, dass er das Wagnis eingegangen ist, ein ungewöhnliches Buch zu verlegen. Mein besonderer Dank geht an Christa Preisendanz.

Ich freue mich über die freundliche Genehmigung von PLAYMOBIL, Abbildungen ihrer Figuren in diesem Buch verwenden zu dürfen. Das freut mich vor allem deshalb, weil Helmut Kraus (www.exclam.de) mit diesen Figuren ein so wunderbares Titelbild geschaffen hat. Die Bilder im Buch wären ohne die professionelle Unterstützung von Melanie »Melly« Dreysse (www.dreysse.com) niemals so toll geworden.

Mehr Informationen zum Buch und zu agilen Themen finden Sie unter *www.scrum-geschichten.de.*

Holger Koschek
Wedel, im Oktober 2009

2 Prolog

Seid gegrüßt! Mein Name ist Bumaraia, und ich bin ein Einhorn aus dem Lande Scrum. Heute bin ich bestens gelaunt – wie immer, wenn ich Menschen helfen konnte, sich zu einer Mannschaft (oder, wie wir sagen, zu einem »Team«) zusammenzufinden und gemeinsam etwas Großartiges zu schaffen. So geschehen bei den Wieimmerländer Drachenfallenkonstrukteuren. Ihr wisst ja, dass unser aller Wohl von den berühmten Fallen abhängig ist, und Ihr kennt auch die Probleme, die sich in den letzten Jahren ... warum schaut Ihr so ungläubig? Habt Ihr denn noch nie von Wieimmerland gehört? Aber Ihr kennt doch das Land Scrum, meine wundervolle Heimat? Nein? Ach, Ihr seid nicht aus der Gegend? Oh, entschuldigt bitte! Wenn das so ist, dann möchte ich Euch ganz herzlich hier in Wieimmerland als Gäste willkommen heißen und werde Euch gleich mit einem Geschichtenerzähler aus Scrum bekannt machen. Er hat die Ereignisse der vergangenen Wochen und Monate niedergeschrieben. Sie sollen allen Bürgern des Landes als Beispiel dafür dienen, wie man aus einer Gruppe von Menschen, die verschiedener kaum sein könnten, eine eingeschworene Gemeinschaft formen kann. Deshalb war es des Königs Wunsch, dass diese Ereignisse der Nachwelt erhalten bleiben sollen. Euch, liebe Gäste, wird nun das besondere Privileg zuteil, eine Geschichte zu vernehmen, die bisher nur dem König selbst vorgelesen worden ist.

Ach, da sehe ich Holger, den Geschichtenerzähler. Er kommt direkt vom König, und in seinem Gesicht kann ich lesen, dass König Schærmæn der Weißnichtwievielte mit Holgers Erzählung sehr zufrieden gewesen sein muss. Wie die meisten unserer Geschichtenerzähler wohnt Holger im Gebirge Scrum – jener legen-

dären Hügelkette, die unser Land umgibt. Werter Holger! Darf ich Euch diese reizenden Gäste vorstellen? Sie interessieren sich sehr für die Drachenfallen-Geschichte. Da diese dem König offensichtlich gefallen hat, dürft Ihr sie uns bestimmt erzählen, oder? Ich werde mich zwischendrin immer mal wieder melden, um Euch, werte Gäste, ein paar Hintergrundinformationen zu den agilen Werten, Konzepten und Praktiken zu geben, die für das Verständnis der Geschichte hilfreich sind. Das ist Euch hoffentlich recht? Ihr nickt – das freut mich! Dann will ich Euch nicht länger warten lassen. Ich übergebe das Wort an Holger. Viel Spaß mit der Geschichte vom Bau der besten Drachenfalle aller Zeiten!

Recht herzlichen Dank, werte Bumaraia. Mein Name ist Holger, und ich möchte Euch jetzt eine Geschichte erzählen. Sie handelt von fünf Wieimmerländer Bürgern, die gemeinsam etwas Großartiges geschaffen haben. Dabei erlebten sie aufregende Abenteuer und wuchsen schließlich zu einem echten Team zusammen.

Es war einmal ...

3 Wieimmerland

Es war einmal ein Königreich namens Wieimmerland. Seine Ländereien lagen an den Ufern eines mächtigen Stroms, dem Mainstream. Aus einem beeindruckenden Gebirge kommend, stürzte der Mainstream als Kaskade von Wasserfällen viele Meter in die Tiefe. Dem Rauschen dieser Wasserfälle wurde eine beruhigende, geradezu einlullende Wirkung nachgesagt, weshalb sie zum Pilgerziel für jene wurden, die ihrem hektischen Leben Momente der Ruhe und des Innehaltens entgegensetzen wollten.

Dem Lauf des Mainstream folgte auch die Hauptstraße des Landes. Auf dieser Straße waren tagaus, tagein viele Händler unterwegs, um die Waren des Landes in die benachbarten Königreiche zu verkaufen. Entlang der Hauptstraße waren nahezu alle Manufakturen des Landes angesiedelt. Diese versorgten die Händler mit den wichtigsten Wieimmerländer Waren.

Nur jenen, die das hektische Treiben auf der Hauptstraße hinter sich ließen und einen der unscheinbaren Seitenwege einschlugen, war es vergönnt, dieses Land von einer ganz anderen Seite kennenzulernen: Jenseits des Mainstream war Wieimmerland ein Mosaik aus hohen, schattigen Wäldern, kleinen Obst- und Gemüsegärten, saftigen Weiden und penibel bestellten Feldern, die von den charakteristischen, aus dem Mainstream gespeisten Wassergräben und den als Windschutz gepflanzten Wallhecken gesäumt wurden. Dazwischen lagen, wie zufällig hingeworfen, Höfe und kleine Siedlungen. Die meisten der dort lebenden Wieimmerländer arbeiteten in der Landwirtschaft oder der Viehzucht. Diese Region wurde oft als »Speisekammer des Landes« bezeichnet. Tatsächlich reichten die dort produzierten Nahrungsmittel gerade eben aus, um die Bevölkerung zu ernähren. Deshalb konnte mit den landwirtschaftlichen Erzeugnissen kein Handel außerhalb des Landes getrieben werden, und so überraschte es niemanden, dass das Königreich für die Nachbarstaaten nur aus dem Fluss und der einen Straße zu bestehen schien. Da der Mainstream schiffbar war, konnten die Händler anstelle der Straße auch den Wasserweg für den Transport ihrer Waren nutzen. Sie mussten ihre Kähne nur mit dem Strom schwimmen lassen, um ihre Handelspartner zu erreichen.

3.1   Das Land der Drachenfallen

Wieimmerland war weit über die Grenzen des Landes hinaus für seine Drachenfallen bekannt. Diese Fallen waren sehr begehrt, denn die Drachen waren eine Plage für die gesamte Region. Ständig und überall tauchten die fliegenden Störenfriede auf, allein oder in Gruppen, und fielen über die Ernte, das Vieh oder die Märkte her. Man muss wissen, dass nicht alle Drachen blutrünstige Ungeheuer waren. Unter ihnen gab es auch viele Pflanzenfresser, die sich lieber an einem reifen Maisfeld labten, als eine Schafherde zu verschlingen. Neben den Pflanzenfressern gab es auch Gattungen, die sich auf Stoff- und Lederwaren spezialisiert hatten. Diese Ungetüme waren zwar die kleinsten, zählten aber zu den gefährlichsten, da sie ihre Leibspeise nur auf den Märkten in ausreichender Menge vorfanden. Dort handelten damals wie heute Menschen, und so wurde mitunter ein redlicher Kaufmann zum Beifang eines hungrigen (und vielleicht ein wenig kurzsichtigen) Drachen. Und dann gab es noch die Smoks – große, Feuer speiende und Fleisch fressende Biester. Diese wurden zwar vergleichsweise selten gesichtet, brachten aber jedes Mal Not und Elend über das Land.

Um die Autonomie in der Lebensmittelversorgung aufrechtzuerhalten, musste die Wieimmerländer Ernte nahezu vollständig eingebracht werden. Auch die Viehzucht durfte keine allzu großen Verluste beklagen, wollte man das Volk nicht hungern lassen. Deshalb waren diese Drachen für die Wieimmerländer nicht nur eine direkte Bedrohung (weil sie immer Gefahr liefen, von ihnen gefressen zu werden), sondern auch indirekt gefährlich, weil sie mit ihrer Gefräßigkeit ohne Mühe eine Hungersnot auslösen konnten. Kein Wunder, dass die Wieimmerländer dieser fliegenden Bedrohung schon vor Urzeiten den Kampf angesagt hatten.

So verschieden die Drachen, so unterschiedlich waren auch die Mittel und Wege, um sich ihrer zu erwehren. Die Wieimmerländer hatten im Laufe der Zeit immer bessere und präzisere Drachenfallen konstruiert. Um diese ungeheuer komplexen Apparate entwerfen und in größeren Stückzahlen bauen zu können, waren viele erfahrene und geschickte Baumeister und Handwerker vonnöten. Zimmerleute, Schmiede, Seilmacher, für einige Modelle sogar ein Schneider und ein Goldschmied leisteten ihren Beitrag zum Bau der Drachenfallen. Diese Projekte gingen keineswegs reibungslos vonstatten. Das lag zum einen daran, dass die Arbeit der vielen verschiedenen Gewerke aufeinander abzustimmen war. Damit nicht genug, mussten viele bereits im Bau befindliche Drachenfallen noch einmal geändert werden. Die Drachen waren nämlich alles andere als dumm. Geriet ein Artgenosse in eine Falle, so waren kurz darauf andere Drachen zur Stelle, angelockt durch das ohrenbetäubende Gebrüll des seiner Freiheit Beraubten. Während die zur Hilfe herbeigeeilten Drachen früher nur unbeholfene Befreiungsversuche unternommen hatten, an deren Ende sich die Befreier nicht selten mit der eigenen Gefangenschaft konfrontiert sahen, so wurden sie mit der Zeit immer vorausschauender und schlauer. Geglückte Befreiungsversuche schienen sich im Drachenvolk herumzusprechen – zumindest stellten Beobachter fest, dass anschließend Befreiungsversuche nach eben jenem erfolgreichen Muster unternommen wurden, die dann in der Regel ebenfalls erfolgreich waren. So deckten die Drachen immer wieder neue Schwächen der Fallen auf und lernten, diese für sich zu nutzen. Den Wieimmerländern blieb nichts anderes übrig, als ihre Fallen kontinuierlich zu verbessern. Dabei waren sie auf die Hilfe von Rittern angewiesen, die ja bekanntlich ebenfalls die Drachenbekämpfung zur Aufgabe hatten. »Wo Fallen sind, da sind auch Drachen«, dachten sich zu jener Zeit viele Ritter, und sie schlugen ihre Zelte in der Nähe der Fallen auf. So wurden sie oft Zeuge von Befreiungsversuchen und konnten bei dieser Gelegenheit den einen oder anderen im Kampf gegen die Falle geschwächten oder mit der Befreiung eines Artgenossen beschäftigten Drachen ohne große Mühe zur Strecke bringen. Dieses Wissen um die Befreiungsstrategien der Drachen machte die Ritter zu gefragten Beratern für die Gilde der Fallenbauer und brachte den wackeren Männern im Blechkleid so manchen Extra-Dukaten ein.

Mit der Zeit entwickelte sich eine Hassliebe zwischen Fallenbauern und Rittern: Erstere waren froh über das Wissen und die
Erfahrung der Ritter. Auf der anderen Seite bedeutete der von den
Rittern vermittelte Erkenntnisgewinn immer lästige Mehrarbeit
für die Fallenproduktion. Die Folgen waren Unruhe (»Jetzt wird
wieder alles über den Haufen geworfen!«), Ungewissheit (»Wird
die neue Falle wirklich besser funktionieren?«) und Stress (»Wie
sollen wir das nur in dieser kurzen Zeit schaffen?«). Diese Störung des inneren Wieimmerländer Gleichgewichts war also nicht
nur die direkte Folge der Drachenangriffe, sondern hatte in der
kontinuierlichen Anpassung der Drachenfallenkonstruktion und
-produktion noch eine indirekte Ursache. Das machte die Drachen bei den Wieimmerländern nicht unbedingt beliebter. In den
Werkstätten ging es in der Mittagspause oft nur um dieses eine
Thema: Würden die Drachen nicht immer schlauer und wären sie
in ihren Handlungen und Befreiungstaktiken nicht immer weniger einzuschätzen, dann wäre die Fallenproduktion deutlich einfacher und standardisierter. Wie üblich setzten die Wieimmerländer alle Hoffnungen auf ihren König.

3.2   Der König

König Schærmæn der Weißnichtwievielte war ein weiser und
gütiger Herrscher. Er liebte sein Land, und er liebte sein Volk.
Aber er trug schwer an der Verantwortung, die er von seinem
Vater übernommen hatte. Viele Wieimmerländer hatten sich bei
König Schærmæns Inthronisierung große Sorgen um die Zukunft
des Königreichs gemacht. Zu groß waren die Verdienste des
Vaters gewesen, als dass der einzige Sohn ihn vollkommen ersetzen konnte. Aber König Schærmæn zögerte seinerzeit nicht und
nahm die Herausforderung mit großer Ernsthaftigkeit und Ziel-
strebigkeit an. Und er machte nie einen Hehl daraus, dass er trotz
des Standesunterschieds auch nur ein Mensch war, dem ab und
zu Fehler unterliefen. Das missfiel den obersten Beamten, die
stets bemüht waren, der Bevölkerung das Bild des makellosen
und über jeden Zweifel erhabenen Regenten zu verkaufen.
Insgeheim war die Bevölkerung froh über die klaren Hierar-
chien, die der König in allen Bereichen des Wieimmerländer Alltags installiert hatte. Ob zu Hause im Familienkreis, als Bürger
im Umgang mit den Behörden oder als Arbeiter in einer der

Werkstätten: Überall gab es eine eindeutige Rangordnung und klare Verhaltensregeln. Das war sicherlich nicht immer angenehm, aber doch zumindest bequem und verlässlich. Im Laufe der Zeit und von Generation zu Generation hatte sich das Volk immer mehr an diese Lebensweise gewöhnt, sodass sich schließlich kaum noch jemand vorstellen konnte, jemals anders zu leben. König Schærmæn hätte diese Ergebenheit seiner Untertanen leicht für seine Zwecke missbrauchen können, und er wäre nicht der Erste gewesen. In den Geschichtsbüchern der Nachbarstaaten findet man viele Geschichten von Herrschern, die in erster Linie an sich gedacht und damit ihr Volk in Not und Elend gestürzt hatten. Mit diesen abschreckenden Beispielen vor Augen wollte König Schærmæn immer ein besserer König sein. Deshalb war es sein ständiges Bestreben, seinen Untertanen das Leben so angenehm wie möglich zu gestalten – soweit dies in seiner Macht stand, versteht sich.

Das größte Ärgernis und Quell latenter Unzufriedenheit waren die besagten Drachenüberfälle. Der König war sich des Erfolgs der Wieimmerländer Drachenfallenproduktion bewusst. Insbesondere der erfolgreiche Export der Fallen und das damit verbundene große Ansehen seines Landes in den Nachbarstaaten erfüllten ihn mit Stolz. In vielen Gesprächen, die er bei seinen regelmäßigen Besuchen der Werkstätten mit den Arbeitern führte, hatte er deren Sorgen und Nöte vernommen, und die drehten sich immer wieder um die Unruhe, verursacht durch neue Drachentricks und damit verbundene Anpassungen an den Fallen, die den Produktionsablauf beeinflussten. Deshalb reifte in König Schærmæn der Wunsch, die beste und flexibelste Drachenfalle aller Zeiten entwerfen und bauen zu lassen.

3.3   Die beste Drachenfalle aller Zeiten

Die neue Drachenfalle sollte so konstruiert sein, dass man sie sehr einfach verändern konnte, um auf die Befreiungstaktiken der Drachen zu reagieren, ohne dafür jedes Mal ein neues Fallenmodell entwerfen zu müssen. Wie das genau funktionieren sollte, wusste der König natürlich nicht, aber er hatte diese Vision, die er sogleich mit seinem Hofmarschall besprach.

Der fand die Idee grundsätzlich interessant, hegte aber im Stillen Zweifel an der Realisierbarkeit. »Wer Visionen hat, der soll

zum Arzt gehen!«, kam es ihm in den Sinn – ein Zitat, das er einst
bei einem befreundeten Kanzler aufgeschnappt hatte. Aber
anstatt dieses Zitat zum Besten zu geben, sagte er nur: »Eine sehr
gute Idee, Euer Majestät! Welche der königlichen Werkstätten
gedenkt Ihr mit der Konstruktion dieses Wunderwerkes zu beauftragen?« Das war durchaus eine berechtigte Frage, denn wenngleich die Wieimmerländer die besten Drachenfallenbauer dies-
seits des großen Gebirges waren, so unterschieden sich die
verschiedenen Werkstätten weder hinsichtlich der Qualität noch
der Funktionalität oder der Gestaltung ihrer Produkte (die
Wieimmerländer Drachenfallen waren im Übrigen eher unan-
sehnlich). Die Frage, ob ein Kunde seine Fallen bei der einen oder
der anderen Werkstatt kaufte, war eine Frage persönlicher Beziehungen, alter Gewohnheiten oder schlicht und ergreifend Willkür.

König Schærmæn ließ sich durch die Frage seines Hofmarschalls nicht einschüchtern, denn er hatte lange über seine Vision
nachgedacht. Dabei war ihm eine Geschichte in den Sinn gekommen, die er im vergangenen Jahr von einem der Erzähler gehört
hatte, die jeden Sommer durchs Land reisten und die Menschen
mit Geschichten, Anekdoten und Märchen in ihren Bann zogen.
Die Geschichte, an die sich König Schærmæn erinnerte, handelte
von einem zauberhaften Land namens Scrum – benannt nach seinem legendären Gebirge, dem Scrum. Kreisrund umgab diese
Bergkette das Land. Die Berge waren nahezu gleich hoch und
erhoben sich in schöner Regelmäßigkeit aus bewaldeten Hochtä-
lern. Aus der Ferne betrachtet sah der Scrum aus wie eine riesige
Königskrone. Deshalb hatten viele machtbesessene Herrscher
versucht, dieses Land zu erobern – und waren gescheitert. Die
Bewohner von Scrum waren alles andere als herrschsüchtig. Sie
sahen in dieser besonderen Gebirgsformation denn auch keine
Königskrone. Ihrer Meinung nach waren die regelmäßig geform-
ten Berge ein Sinnbild für den Rhythmus des Lebens und einen
gleichmäßigen Takt, gleichsam der Herzschlag von Scrum. Diesem Takt, da waren sich die Bewohner einig, wohnte eine besondere Kraft inne.

Um das Land zu betreten oder zu verlassen, musste man sich
auf eine lange Reise durch das Gebirge begeben. Man konnte die
Berge und Hochtäler nicht einfach queren, sondern musste einem
Pfad folgen, der sich spiralförmig über die gesamte Bergkette

erstreckte. Dreimal musste ganz Scrum umrundet werden, bis man die Bergkette überwunden hatte.

Im Scrum-Gebirge wohnten viele Geschichtenerzähler, und einer dieser Erzähler hatte dem König von den sagenhaften Einhörnern von Scrum berichtet. Diese lebten gemeinsam mit den handwerklich geschickten Trollen im Landesinneren und hatten sich auf die Herstellung von Utensilien für Zauberer und Alchemisten spezialisiert. Bei dem magischen Zubehör handelte es sich durchweg um Unikate, die von den Kunden bei den Einhörnern beauftragt und von den Trollen hergestellt wurden. Die Zauberer und Alchemisten waren immer sehr zufrieden, weil sie von den Einhörnern tatsächlich das bekamen, was sie wollten – obwohl sie davon zu Beginn meist gar keine konkrete Vorstellung hatten. Die Besonderheit lag darin, dass die Produkte in schrittweiser Annäherung an das beste Ergebnis entwickelt wurden, was den Kunden die Möglichkeit verschaffte, noch während der Entwicklung auf das Ergebnis Einfluss zu nehmen. Diese besondere Fähigkeit der Scrum-Einhörner hatte den König seinerzeit sehr beeindruckt. Deshalb sprach er:»Ich werde keine der Werkstätten beauftragen! Stattdessen werde ich eine Mannschaft zusammenstellen, der die Besten aller Zünfte angehören sollen. Wir brauchen außerdem eines der Einhörner von Scrum, die sich so vorzüglich auf das lebendige Projektgeschäft verstehen. Mit seiner Hilfe wird es uns gelingen, die beste Drachenfalle aller Zeiten zu bauen. Euch, mein lieber Hofmarschall, kommt die ehrenvolle Aufgabe zu, die richtige Mannschaft zusammenzustellen. Ich freue mich darauf, in genau einer Woche diese › Musketiere der Drachenfalle‹ persönlich kennenzulernen und auf den letzten großen Kreuzzug gegen das Drachengetier zu schicken.« »Eine Woche? Nun denn – wie soll ich sagen – sehr wohl, Euer Majestät!«, stammelte der völlig perplexe Hofmarschall und verließ ohne ein weiteres Wort den Thronsaal.

Hallo! Ich bin es – Eure Bumaraia! Ich unterbreche diese Geschichte nur ungern, aber es gibt da ein paar Dinge zu erläutern, die wir Einhörner aus Scrum für bemerkenswert halten.

Wir kennen jetzt das größte Wieimmerländer Problem: ein erfolgreiches Produkt, das aber immer wieder angepasst werden muss, weil sich die Anforderungen ständig ändern. Das gefällt den Fallenbauern nicht, die es gerne haben, wenn ihr Leben einen geordneten Gang geht. Dabei ist der ständige Wandel eine ganz natürliche Angelegenheit, und wer diesen Wandel als gegeben akzeptiert, der hat schon den ersten Schritt hin zu einer agilen Vorgehensweise gemacht. Wir Einhörner aus Scrum sind Verfechter des sogenannten Agilen Manifestst. Dort werden der Mut und die Offenheit für Veränderungen höher bewertet als das Befolgen eines festgelegten Plans. Da scheinen die Wieimmerländer noch ein wenig Nachholbedarf zu haben. Ihr König Schærmæn ist aber bereits auf einem guten Weg. Er hat das, was am Anfang eines jeden guten Projekts steht: eine Vision, die sich in einem Satz auf den Punkt bringen lässt und die jeder Wieimmerländer sofort versteht. Hinter dieser Vision steht der Wunsch nach mehr Flexibilität. Da der König schon von Scrum gehört hat, weiß er, dass man eine solche Aufgabe am besten mit einer handverlesenen interdisziplinären Mannschaft angeht. Wie gut, dass sich König Schærmæn an die Geschichten vom Scrum erinnerte, die er von einem unserer Erzähler vernommen hatte. Diese wandernden Erzähler sind sehr beliebt, und kaum ein Mensch kann sich der Faszination entziehen, für eine Weile in eine andere Welt einzutauchen. Die Geschichten regen die Fantasie an, sie erweitern den Horizont, und sie machen vor allem Lust auf mehr Geschichten – ein Umstand, den die Erzähler geschickt nutzen, indem sie an das Ende einer jeden Geschichte den Anfang einer neuen Erzählung anknüpfen, mit der sie die Zuhörerschaft dann auf den nächsten Besuch vertrösten. Ihr werdet später sehen, wie Scrum die Idee des Geschichtenerzählens in der sogenannten Retrospektive aufgreift.

Die Suche nach den passenden Mitgliedern für die Drachenfallen-Mannschaft delegiert König Schærmæn an jemanden, der noch nicht so ganz verstanden hat, was der König mit seinem Plan bezweckt. Kein Wunder, denn der Hofmarschall hat noch nie etwas vom agilen Vorgehen gehört. Er sieht nur die extrem kurze Zeit, die ihm der König für die Teamzusammenstellung eingeräumt hat. Wird der Hofmarschall es schaffen, in nur einer Woche die »Musketiere der Drachenfalle« zu finden und zu überzeugen? Die Überzeugungsarbeit dürfte recht leicht fallen, denn er ist sich der Unterstützung von höchster Stelle gewiss – das ist gerade bei Scrum-Projekten in (noch) nicht agilen Unternehmen sehr wichtig. Schwierig ist der enge Zeitrahmen. Aber hören wir doch einfach weiter zu und lassen uns berichten, was dem Hofmarschall bei seiner Suche widerfahren ist ...

3.4   Auf der Suche nach den Musketieren der Drachenfalle

Die Zusammenstellung der idealen Mannschaft war doch schwieriger, als der Hofmarschall es sich zunächst vorgestellt hatte. Er war sich der vollen Unterstützung der Fallenbaumeister aller Wieimmerländer Werkstätten gewiss, denn jeder war bestrebt, dem König bestmöglich zu dienen. So nannten die Meister bereitwillig die Namen ihrer besten Mitarbeiter und wurden nicht müde, deren besondere Leistungen zu loben – um dann aber sofort hinzuzufügen, dass die Genannten aus genau diesem Grund auf keinen Fall aus der laufenden Fallenproduktion abgezogen werden könnten. Schließlich sei man Lieferverpflichtungen gegenüber Kunden im In- und Ausland eingegangen, und diese Kunden seien wohl kaum bereit, die Sicherheit einer soliden Wieimmerländer Drachenfalle gegen die vage Aussicht auf eine bessere Falle einzutauschen. Diesem Argument musste sich der Hofmarschall geschlagen geben, zumal er ausgerechnet zu Beginn dieses Jahres die Erhöhung der Exportquote als Ziel für alle Werkstätten des Landes ausgegeben hatte.

Außerhalb der Werkstätten sah es auch nicht besser aus. Der Hofmarschall hatte ein paar ganz besondere Experten im Sinn, als er an die bevorstehende Aufgabe dachte. So dachte er an Ritter Grünbalk, einen herausragenden Vertreter seiner Zunft, der zugleich Vorsitzender des Prüfungsausschusses für Ritteranwärter war. Grünbalk war bekannt für seine Perfektion, die er durch jahrelanges Training auf vielen Turnieren und ähnlichen Veranstaltungen erworben hatte. So war es nicht verwunderlich, dass der Ritter just zu jener Zeit, als sich der Hofmarschall auf die Suche begab, an einem Turnier in Junitanien teilnehmen wollte. Dieses Land lag fünfzehn Tagesmärsche von Wieimmerland entfernt, und das Turnier sollte fünf Tage dauern. Da der Ritter erst vor drei Tagen aufgebrochen war, konnte man nicht mit einer schnellen Rückkehr rechnen – zumal dem Sieger des Turniers ein zweiwöchiger Aufenthalt auf der königlichen Sommerresidenz in Begleitung der Prinzessin von Junitanien als Prämie winkte.

Die zweite Person, die der Hofmarschall gerne in der Mannschaft der besten Fallenbauer gesehen hätte, war der Zauberer Merlinus aus der Gilde der Unixoiden. Er kannte viele Sprüche und geheime Mixturen, die seine Zauberbrüder und -schwestern nicht bieten konnten und die das Königreich aus manch kniffliger Situation gerettet hatten. Aber auch dieser Ausnahme-Magier weilte nicht im Lande, sondern pflegte den Erfahrungsaustausch auf einem großen Alchemistentreffen fern der Heimat.

Es sah also nicht gut aus für den armen Hofmarschall. Die Woche neigte sich bereits dem Ende zu, und er hatte noch nicht eine einzige Person für seine Mannschaft nominieren können. Sieben ideale Kandidaten sollte er dem König präsentieren – das war nach Aussage des Herrschers die ideale Mannschaftsgröße. Die magische Zahl Sieben spukte dem Hofmarschall seither im Kopf herum. Der Verzweiflung nahe, fragte er schließlich jeden am Hofe, den er für entbehrlich hielt.

Habt Ihr schon einmal versucht, ein Projektteam zusammenzustellen, dem nur Eure Wunschkandidaten angehören? Dann wisst Ihr auch, wie schwierig, um nicht zu sagen wie unmöglich dieses Unterfangen ist. Das ist ganz natürlich, denn andere werden genau wie Ihr die besonderen Qualitäten dieser Kolleginnen und Kollegen kennen und schätzen. Im Kampf um die Besten kann man nicht immer gewinnen, und so steht man schnell vor der Frage: Nehme ich den Experten in Anspruch, auch wenn er mir nur zu 10 Prozent seiner Arbeitszeit zur Verfügung steht, oder wähle ich lieber einen anderen Kandidaten, der zwar fachlich nicht perfekt passt, aber zu 100 Prozent verfügbar ist? Meiner Erfahrung nach werdet Ihr mit der zweiten Lösung erfolgreicher sein. Eine hohe Verfügbarkeit ist nämlich die Grundvoraussetzung für eine gute und nachhaltige Teambildung. Wer in einer geschützten Umgebung (dem Scrum-Team) konzentriert an einer Aufgabe arbeiten kann (dem Sprint-Ziel, engl. Sprint Goal), der wird auf Dauer erfolgreicher sein als jemand, der ständig zwischen verschiedenen Projekten hin und her springt und nirgends so richtig dazugehört. Aus dem Gefühl der Zusammengehörigkeit, das ein agiles Team mit der Zeit aufbaut, erwächst gegenseitiges Vertrauen, die Bereitschaft, voneinander zu lernen, und somit schließlich ein Teamwissen, das über das Wissen der einzelnen Teammitglieder hinausgeht – und nicht selten an den Erfahrungsschatz mancher Experten heranreicht. Wie auch immer Ihr Euch entscheidet: Wichtig ist, dass Ihr beide Alternativen in Betracht zieht.

Jetzt habe ich so viel von Experten gesprochen – dabei sollen in agilen Teams generalistische Spezialisten arbeiten. Wie passt

das zusammen (und was bedeutet dieser gekünstelt klingende Begriff)? Es ist eigentlich ganz einfach. Im Team soll das Wissen aus allen Disziplinen vorhanden sein, die man für die Umsetzung der Projektziele benötigt. Wir brauchen also Architekten, Ingenieure, Entwickler, Tester, Qualitätssicherer, Dokumentare, Mechaniker, ... aber die Mannschaft soll doch aus nur sieben Personen bestehen! Deshalb muss jedes Teammitglied verschiedene Rollen bekleiden können – und wollen. Der Architekt, der sich auf seine angestammte Rolle zurückzieht und sich weigert, bei der Entwicklung zu unterstützen, ist unerwünscht. Wir wollen den Tester, der das Scrum-Projekt als Chance sieht, um das im Rahmen der Testtätigkeit erworbene Wissen zukünftig auch als Entwickler zu nutzen. Und den Experten in Sachen technische Dokumentation, der mit seinem Sprachgefühl die Anforderungsbeschreibungen verbessert. Also alle, die sich gerne weiterentwickeln und in einem Team eng zusammenarbeiten wollen.

Der Hofmarschall hatte zum Schluss keine Wahl mehr. Wir wollen einmal sehen, was für Individuen er letztendlich zu diesem spannenden und ungewöhnlichen Projekt überreden konnte.

3.5   Die Herausforderung

Am nächsten Morgen, es war ein kühler, klarer Spätsommertag, machte eine bunte Truppe dem König ihre Aufwartung. König Schærmæn begann seine Ansprache mit einem Lob. Er dankte den Anwesenden für deren Bereitschaft, diese anspruchsvolle und herausfordernde Aufgabe zu übernehmen, von der noch keiner so genau wusste, wie sie am Ende ausgehen würde. Dann erklärte er ihnen noch einmal mit seinen eigenen Worten, was der Hofmarschall auf seiner Anwerbungstour kurz als »die Herausforderung« umrissen hatte: die Konstruktion der besten und flexibelsten Drachenfalle der Welt. »Nun fragt Ihr Euch wahrscheinlich, wie man so ein herausragendes Produkt am besten entwickelt«, sprach der König. »Ich will es Euch sagen: Mit Hilfe von › Scrum‹ . So will ich der Einfachheit halber die Art und Weise nennen, in der die Einhörner aus dem Land Scrum ihre unvergleichlich guten Produkte herstellen. Eines dieser Einhörner wird Euch in die Geheimnisse der Scrum-Vorgehensweise einweihen.

Ich habe Euch auswählen lassen, weil Ihr die Besten seid, die unser schönes Wieimmerland zu bieten hat. Voller Vorfreude sehe ich dem Tag entgegen, an dem die neue Drachenfalle zum ersten Mal der Öffentlichkeit präsentiert wird. Habt diesen glorreichen Tag immer vor Eurem inneren Auge – gerade dann, wenn Euch Zweifel kommen. Denkt an diesen Moment, und Ihr werdet sehen, dass das Feuer der Leidenschaft in Euch zurückkehrt. Ich bin stolz auf Euch!« Mit diesen Worten schloss der König seine Rede. Anschließend verkündete der Hofmarschall, dass die Mannschaft nicht in einer der Werkstätten an der Falle arbeiten sollte, sondern in die königliche Sommerresidenz ziehen würde. Dort hatte er bereits eine der Stallungen zu einer Werkstatt ausbauen lassen. Die Sommerresidenz war idyllisch in der Nähe der Wasserfälle gelegen. Ihre Abgeschiedenheit sollte sich positiv auf die Produktivität auswirken – der König nannte sie gar einen »magischen Ort – perfekt, um etwas Magisches zu schaffen«. Trotzdem spürte er, wie schwer dem einen oder anderen der Anwesenden die Vorstellung zu schaffen machte, für unbestimmte Zeit Abschied von der Familie und den alten Gewohnheiten nehmen zu müssen. Selbst die Aussicht auf eine königliche Unterkunft und fürstliche Verpflegung vermochte die Stimmung

nicht zu heben. Und auch der Hinweis, dass es ihnen an nichts fehlen sollte und dass alle Hindernisse sofort von einem Scrum-Meister aus dem Weg geräumt werden sollten, verfehlte die beabsichtigte euphorisierende Wirkung. Das kann allerdings auch daran gelegen haben, dass der König einen seiner jüngeren Söhne, Prinz Rollo, zum Scrum-Meister ernannt hatte.

3.6   Der Prinz

Der König sah es als förderlich für die Ordnung in der Gruppe an, dass jemand den Vorsitz bekam, der in der Rangfolge über den anderen Mitgliedern dieser Gruppe stand. Außerdem hatte Prinz Rollo im Rahmen der höfischen Erziehung erste Erfahrungen im pfleglichen Umgang mit Untertanen sammeln können. Der Prinz freute sich unbändig auf diese Aufgabe, bot sie ihm doch Gelegenheit, sich hervorzutun und Führungserfahrung zu sammeln. Außerdem versprach diese Tätigkeit eine willkommene Abwechslung zum monotonen Trott des höfischen Alltags. Prinz Rollo wusste zwar so gut wie nichts über den Bau von Drachenfallen, aber dieses Manko gedachte er durch seine Erfahrung im Befolgen und Kontrollieren von Regeln und Gesetzen wettzumachen. Von Kindesbeinen an dem höfischen Protokoll unterworfen, wusste er genau, was es bedeutete, nach einem komplizierten Regelwerk zu leben (und leben zu lassen). Das, so glaubte er, war die ideale Voraussetzung für die Rolle des Scrum-Meisters. Er betrachtete sich als Auserlesener unter den Befehlshabern. Der »Meister« im Namen war es, der dieser Rolle den besonderen Glanz verlieh – gestützt von der Tatsache, dass die meisten Scrum-Meister nach König Schærmæns Aussage sagenumwobene Einhörner waren.

Natürlich wäre es besser gewesen, wenn das Einhorn aus dem Land Scrum die Rolle des Scrum-Meisters übernommen hätte. Aber erstens befand sich das Einhorn noch auf der langen Anreise durch das Scrum-Gebirge, und zweitens war es dem König wichtig, ein Mitglied seiner Familie in dieser Mannschaft zu haben. Da man einen Prinzen unmöglich einem gewöhnlichen Untertanen gleichstellen konnte, musste Prinz Rollo zwangsläufig die Aufgabe des Scrum-Meisters bekleiden – eine Entscheidung, mit der sich Ritter Magnolius nicht so recht anfreunden konnte.

3.7 Der Ritter

Ritter Magnolius war eine beeindruckende Erscheinung. Seine Rüstung war elegant und stets spiegelblank geputzt, sein fein geschnittenes Gesicht zierte ein moderner Schnurrbart. Er war mit einem scharfen Verstand und einer guten Ausdrucksweise gesegnet. Deshalb war er in allen Drachenfallenwerkstätten immer ein gern gesehener Berater gewesen. Dabei war es Ritter Magnolius gewohnt, immer den Ton anzugeben und als Autorität anerkannt zu sein. Eines Tages aber wagte es ein einfacher Schreinergeselle, die Empfehlungen des Ritters zu hinterfragen. Der Ritter war außer sich und beschimpfte den Gesellen aufs Übelste, sodass dessen Meister sich schließlich schützend vor den völlig verunsicherten Jungen stellen musste und den aufgebrachten Ritter zu beruhigen versuchte. Dieser aber beschwerte sich weiterhin lautstark darüber, dass ein einfacher Geselle es gewagt hatte, ihn zu kritisieren. Als der Meister vom Ritter eine Antwort auf die vermeintlich dumme Frage des Gesellen verlangte, da wurde der Ritter zunächst noch zorniger – und dann ganz stumm. Es stellte sich nämlich heraus, dass die Zweifel des Gesellen durchaus berechtigt waren. Der Geselle war sich jetzt endgültig sicher, dass der Ritter keineswegs so allwissend war, wie er gerne zu sein vorgab. Da er sich des Schutzes und der Unterstützung seines Meisters und der anwesenden Kollegen sicher war, setzte er nun gnadenlos nach. In dem darauffolgenden Streitgespräch, das Geselle und Ritter vor den Augen und Ohren der gesamten Belegschaft führten, konnte der Geselle viele Argumente des Ritters recht einfach entkräften. Da sahen auch die anderen Arbeiter, dass der Ritter manchmal nur mit gesundem Halbwissen arbeitete. Dabei trat er aber so überzeugend auf, dass bisher niemand die Richtigkeit dieser Aussagen in Zweifel zu ziehen gewagt hatte. Diese Situationen waren zwar eher die Ausnahme als die Regel, denn meistens war das Wissen des Ritters fundiert. Aber so ist es nun einmal auf der Welt: Wenn man den Bogen überspannt, dann wird man am Ende nicht mehr an dem gemessen, was man wirklich kann, sondern nur noch an dem, womit man unangenehm aufgefallen ist. Der einst so angesehene Ritter Magnolius musste mit ansehen, wie sein Stern zu sinken begann. Er wurde zwar immer noch gelegentlich als Berater engagiert, aber den Vorsprung gegenüber anderen, ehrlicheren Rittern hatte er eingebüßt. Er war nun einer unter vielen, und das machte ihm schwer zu schaffen. So war er froh, als der Hofmarschall ihn in der Drachenfallensache um Rat und Unterstützung bat, und sagte sofort zu. Nun stand er hier im Thronsaal, hörte die Worte des Königs und fragte sich, wie man mit einem solch armseligen Grüppchen eine so große Aufgabe bewältigen sollte.

3.8   Das Großväterchen

Das Großväterchen war alt und weise. Seit seine Frau vor vielen Jahren gestorben war, lebte es allein in einer kleinen Hütte im Wald, ganz in der Nähe der Wasserfälle, deren Rauschen der Alte verfallen war. Das Geräusch des hinabstürzenden Mainstream war das erste, was er hörte, wenn er bei Sonnenaufgang erwachte, und es war das letzte Geräusch, das er abends beim Zubettgehen vernahm, bevor er müde von des Tages harter Arbeit in einen tiefen, erholsamen Schlaf fiel. Das Großväterchen war ein Eigenbrötler, den man in den Dörfern nur selten sah – meist nur dann, wenn er etwas benötigte, das er draußen im Wald nicht selber anpflanzen oder anfertigen konnte. Das moderne Leben in Wieimmerland war nicht seine Welt. Er folgte lieber seiner eigenen, einfachen Lebensweise. Mochten die anderen von ihm denken, was sie wollten – er wusste, dass er mit dem, was er in jungen Jahren gelernt hatte, sein Leben lang gut zurechtkommen würde. Seine seltenen Begegnungen mit der Welt außerhalb des Waldes wurden für ihn immer anstrengender, weil das moderne Leben aus seiner Sicht immer komplizierter wurde. Deshalb kam er immer seltener aus seinem Wald, dessen Schätze er immer intensiver für sich zu nutzen verstand. Er sammelte Beeren und Früchte, schlug Holz für den Ofen, hielt sich Nutz- und Schlachtvieh und hatte in seinem kleinen Garten allerlei Gemüse angebaut. So führte er ein einfaches und einsames, aber glückliches Leben fernab der Zivilisation.

Wer das Großväterchen einmal auf einem Markt traf, wo es Mehl und Gewürze kaufte und in seinem kleinen Eselskarren verstaute, der mochte kaum glauben, dass dieser Mann in jungen Jahren ein gefragter Konstrukteur der ersten Generation von Drachenfallen gewesen war. Aus Mangel an geeignetem Baumaterial hatte man damals vor allem mit viel Grips und unkonventionellen Ideen einen leidlich funktionstüchtigen Prototyp einer

Drachenfalle entworfen und gebaut. Somit kann man das Großväterchen durchaus als einen Urvater der Drachenfallen bezeichnen. Das wussten allerdings die wenigsten Wieimmerländer.
Einer, der es wusste, war glücklicherweise der Hofmarschall. In
einer der Fallenwerkstätten hatte ihn ein Baumeister auf den
komischen Kauz aufmerksam gemacht, der draußen bei den Wasserfällen im Wald hauste.

Es hatte den Hofmarschall einiges an Überzeugungskraft
gekostet, um den alten Mann aus seiner Hütte in den Thronsaal
zu bewegen. Ein Appell an die Verpflichtungen eines jeden Wieim-
merländers gegenüber Krone und Vaterland war schließlich das
ausschlaggebende Argument gewesen. Und da stand er nun in seiner schmutzigen Hose und der abgewetzten Joppe und fühlte sich
fehl am Platz und auch ein bisschen unpassend gekleidet. Dabei
fiel sein schlichtes Gewand gar nicht so sehr auf, denn er stand
neben dem Aschenputtel, das sich ebenfalls sichtlich unwohl
fühlte.

3.9   Das Aschenputtel

Das flaue Gefühl im Magen des Aschenputtels rührte nicht nur
vom Hunger, sondern auch von der äußerst verzwickten Lage her,
in die der Hofmarschall das arme Mädchen durch die Nominie-
rung für die Fallenbau-Mannschaft gebracht hatte. Wie üblich
sollte das Aschenputtel ausschließlich der Stiefmutter zu Diensten
sein. Diese aber wagte es nicht, dem Aschenputtel die vom König
bestimmte Aufgabe zu verbieten. Sie verlangte jedoch, dass das
Aschenputtel die Arbeiten an der neuen Falle in seiner knapp
bemessenen Freizeit erledigen sollte. Als der Hofmarschall die
Stiefmutter davon überzeugte, dass dies ein Ding der Unmöglich-
keit sei, lenkte sie ein und schraubte ihre Ansprüche am Aschenputtel auf die Hälfte eines Tages, also zwölf Stunden, herunter.
Der Hofmarschall hatte ein betont freundliches Gesicht aufge-
setzt und mit Engelszungen auf die Dame eingeredet. Dennoch
gelang es ihm nicht, das Aschenputtel vollständig von seiner
Arbeit im stiefelterlichen Haus und Hof freistellen zu lassen.

Warum aber war das Aschenputtel überhaupt in diese Mannschaft aufgenommen worden? Als Fallenkonstrukteurin war es
nämlich noch nie in Erscheinung getreten, sondern hatte sich bisher als gewissenhafte und zuverlässige Hauswirtschafterin einen

Namen gemacht (auch wenn die Stiefmutter und deren leibliche
Töchter dies stets leugneten). Aber genau diese Charakterstärke
hatte der vorausschauende Hofmarschall für seine Mannschaft
gesucht. Ein solch tugendhaftes Mädchen, so dachte er, würde die
Arbeitsmoral positiv beeinflussen und Vorbildcharakter für die
labileren Kollegen haben – insbesondere für das Gespenst.

3.10 Das Gespenst

Das Gespenst hatte der Hofmarschall des Nachts unter ungewöhnlichen Umständen rekrutiert. Er kam aus der Dorfschänke,
wo er seine Personalprobleme in einem einfachen, aber guten
Landwein ertränkt hatte und sich nun mit einigen fröhlichen
(aber harmlosen) Liedern auf den Lippen zu Fuß auf den Heimweg machte. Am Schloss angelangt, machte er den Wachen eine
Szene, weil diese überrascht und sichtlich belustigt darüber
waren, ihren obersten Dienstherren in dieser Verfassung anzu-
treffen. Auf der schmalen Treppe zu den Unterkünften der
Schlosswache, die zu kontrollieren er beabsichtigt hatte, war er
dann geradewegs in den luftigen Gesellen gerannt, genauer
gesagt: durch ihn hindurchgelaufen. Da der Hofmarschall trotz
des Zwischenfalls mit den Wachposten seine gute Laune nicht
verloren hatte, verwickelte er das Gespenst in ein Gespräch. Die
Turmuhr schlug soeben drei Mal, das Gespenst spukte also schon
seit drei Stunden durch das Schloss und hatte eigentlich keine
Lust auf Konversation. Schon der einleitende Witz, mit dem der
Hofmarschall das Gespräch in Gang bringen wollte, deutete darauf hin, dass sich diese Begegnung nicht wirklich gut entwickeln
sollte: »Ach, das Schlossgespenst! Ihr kommt mir wie gerufen,
denn mit Euch kann man immer ein geistreiches Gespräch führen!«, lallte der oberste Staatsdiener, und das Gespenst machte
unwillkürlich einen Rückzieher. Überraschenderweise unterdrückte es aber seinen angeborenen Fluchtinstinkt und lauschte
geduldig den wirren und undeutlich artikulierten Ausführungen
des heiteren Marschalls. Normalerweise war das Gespenst ein
durch und durch flüchtiger Geselle, der sich am liebsten in einem
seiner zahlreichen Verstecke aufhielt und eigentlich nie da war,
wenn man ihn brauchte (aber wann braucht man schon ein
Gespenst?). Vielleicht wollte der Hofmarschall deshalb ein
Exempel an dieser blassen Gestalt statuieren. Oder er war einfach

zu sehr besessen von der Aufgabe, die passende Anzahl, sprich: sieben Personen zu finden (von den passenden Kandidaten war mittlerweile nicht mehr die Rede). Auf jeden Fall befahl er dem Gespenst, sich am Anfang der kommenden Woche morgens um neun Uhr im Thronsaal einzufinden. Das war in doppelter Hinsicht ein Schock für das Gespenst: Zum einen roch dieser Befehl nach Arbeit, zum anderen vertrug sich der genannte Termin nicht mit seinen üblichen Arbeitszeiten. Das Tageslicht machte ihm zwar nichts aus, aber aus Gewohnheit arbeitete es lieber nachts. Was sollte das arme Gespenst tun? Befehl war Befehl.

Nun stand, besser: hing das Gespenst hier im Thronsaal herum und machte keine gute Figur. Da es ohnehin ein Bleichgesicht war, fiel niemandem auf, dass sein Antlitz heute Morgen noch eine Spur fahler war als sonst. Zum Glück stand das Gespenst ein wenig im Hintergrund in der Nähe einer Säule, an die es sich anlehnen konnte. Sonst wäre es schon längst zusammengebrochen. Das lange Stehen fiel ihm schwer, und der Hofmarschall hatte jegliche Art freien Schwebens ausdrücklich verboten. Von der Rede des Königs hatte das Gespenst nicht viel mitbekommen, und es interessierte sich auch gar nicht dafür. Es sehnte sich stattdessen nach einer Mütze voll Schlaf und war drauf und dran, langsam an der Säule hinunterzugleiten, als plötzlich eine schrille Stimme direkt in sein Ohr schrie: »He, junger Mann! Reißt Euch gefälligst ein wenig zusammen!«

3.11   Die Hexe

Die schrille Stimme stammte von einer ungewöhnlich gekleideten älteren Frau. Die äußere Erscheinung passte perfekt zu dieser Stimme. Die Hexe verdankte ihre Anwesenheit dem Umstand, dass sie – wie der Name schon sagt – hexen kann. Da es dem Hofmarschall nicht gelungen war, einen der Wieimmerländer Magier zu gewinnen, musste er wohl oder übel auf diese Dame zurückgreifen, deren Zauberkünste einen zweifelhaften Ruf genossen.

War dem Gespenst dieses Fallen-Projekt einfach egal, so machte die Hexe von Beginn an keinen Hehl daraus, dass sie die Idee des Königs lächerlich und unnütz fand. Deshalb hatte sie insgeheim beschlossen, ihre Hexenkünste nicht in den Dienst dieses eigenartigen Projekts zu stellen. Bei der Rede des Königs hatte sich die Hexe noch zurückgehalten, jetzt aber platzte es aus ihr

heraus: »Wie sollen wir mit dieser Mannschaft eine solche Auf-
gabe meistern? Das wäre ja nicht einmal mit den Besten und
Klügsten zu schaffen! Hand aufs Herz, König: Glaubt Ihr an
diese Mannschaft?« Gespannte Stille macht sich nach diesen
Worten im Thronsaal breit. Angesichts des durchdringenden
Blicks, den ihm König Schærmæn zuwarf, begann der Hofmar-
schall urplötzlich zu schwitzen. Als ob der König von ihm eine
Antwort auf diese Frage erwartete! Aber was sollte er sagen?
Dass diese Leute einfach die besten waren, die er in so kurzer Zeit
und unter den gegebenen Umständen hatte organisieren können?
Dass es nicht, wie vom König gefordert, die Wieimmerländer
Elite war? Aber wie würde der König auf einen solchen Offenba-
rungseid reagieren? Noch bevor der Hofmarschall diese Gedanken zu Ende gedacht hatte, erhob der König seine Stimme:
»Meine hochverehrte Dame! Ich bin sehr enttäuscht darüber,
dass Ihr meine Zuversicht nicht teilt. Wenn Ihr, die Ihr mit dieser
Aufgabe betraut wurdet, nicht daran glaubt, dann kann es tatsächlich nicht gelingen. Aber wenn ich an diese Mannschaft
glaube, warum in aller Welt solltet Ihr es nicht ebenfalls tun? Ich
habe Euch vorhin meine volle Unterstützung zugesagt, und ich
stehe zu meinem Wort. Dafür erwarte ich aber von Euch, dass Ihr
diese Unterstützung annehmt und diese Angelegenheit gemeinsam und voller Kraft und Zuversicht angeht. Und nun frage ich
Euch, verehrte Dame: Glaubt Ihr jetzt an diese Mannschaft?«
»Ich weiß nicht«, antwortete die Hexe unsicher, »so genau kann
man das jetzt noch nicht sagen. Sicher, es könnte klappen. Aber
es wird auf jeden Fall schwierig. Na ja, wir können es ja mal versuchen.« Und mit diesen Worten gab sich die Hexe vorerst
geschlagen.

Na, was glaubt Ihr: Wird die Hexe Recht behalten? Ist diese Mannschaft tatsächlich nicht in der Lage, gemeinsam ein solch ehrgeiziges Ziel zu erreichen? Vielleicht habt Ihr bei der Vorstellung der Mannschaft den einen oder anderen Charakterzug entdeckt, den Ihr von Euch selber, von einer Kollegin oder einem Kollegen kennt. Ihr menschlichen Wesen seid nun einmal nicht perfekt – und das ist auch gut so! Die Vielfalt an Eigenschaften (und Eigenheiten) kann nämlich einen positiven Effekt haben. Erfolgreiche Teams zeichnen sich dadurch aus, dass sie unterschiedliche Erfahrungen und Meinungen zusammenbringen. Daraus ergibt sich eine ganzheitliche Sichtweise auf die anstehenden Aufgaben und Herausforderungen, zu der ein einzelnes Teammitglied nicht in der Lage wäre. Voraussetzung ist allerdings, dass jedes Teammitglied die Andersartigkeit der Anderen anerkennt. Das ist noch nicht bei allen unseren Musketieren der Fall, aber sie haben ja auch gerade erst begonnen. Geben wir ihnen noch ein wenig Zeit!

Prinz Rollo muss die erste Zeit in diesem Projekt ohne mich auskommen. Gar nicht so einfach, wenn man die agile Methode Scrum nicht genau kennt. Hinzu kommt, dass er seine Rolle mehr als Projektleiter denn als Scrum-Meister versteht. Das ist nicht unüblich. Ich habe schon viele Projekte erlebt, in denen frühere Projektleiter ganz natürlich zu Scrum-Meistern ernannt wurden – in der Annahme, dass das ein und dasselbe sei. Dass es erhebliche Unterschiede zwischen diesen beiden Rollen gibt, werdet Ihr später noch sehen.

4 Sprint 0

Nun hatte der König seine Mannschaft beisammen. Er wies sie an, unverzüglich das Quartier in der Sommerresidenz zu beziehen. Dort begann die »Sprint 0« genannte Eingewöhnungsphase, in der sie einander besser kennenlernen und sich in der neuen und ungewohnten Umgebung und Rolle zurechtfinden sollten.

4.1 Abschied vom alten Leben

Der Prinz zog mit Sack und Pack (das er selbstverständlich von seinen Dienern packen und transportieren ließ) in sein angestammtes Zimmer ein. Für ihn war die Sommerresidenz ein zweites Zuhause, und der Umzug war für ihn etwas völlig Normales. Ähnlich erging es dem Gespenst, das zwar sonst nur im Sommer, wenn der König dort weilte, in der Residenz spukte, aber keine Probleme damit hatte, ausnahmsweise im Spätsommer zu den Wasserfällen zu ziehen. Für den Ritter waren Reisen ohnehin an der Tagesordnung. Wie selbstverständlich belud er sein Ross mit dem Nötigsten und galoppierte los.

Das Großväterchen musste erst seine Tiere verkaufen, bevor es seine Siebensachen packte und in den kleinen Eselskarren lud. Dann lenkte der Alte das Eselchen auf einen Waldweg, der ihn direkt zu den Wasserfällen führte. Dort machte er eine kurze Pause und gab sich noch einmal der beruhigenden Wirkung der Wasserfälle hin. Wenige Meter entfernt begann der Garten der Sommerresidenz. Das Großväterchen erfreute sich an der gepflegten Flora. Hier hatte offensichtlich ein großer Gartenbau-

meister das Sagen. Am anderen Ende des Gartens begann ein
Kiesweg, der direkt in den Innenhof der Sommerresidenz führte.

Das Ziel seiner Reise erreichte das Großväterchen zeitgleich
mit der Hexe, die einen großen Sack über der Schulter trug,
gefüllt mit allerlei Hexenzubehör. Sie schimpfte über ihre Schlafkammer, die sich in der Nähe der Stallungen befand. Dort war es
angeblich schon jetzt zu laut. »Wie soll es aber erst werden, wenn
in dem Stall an der Falle gebaut wird?«, beschwerte sich die
Hexe. Das Großväterchen hörte sich das Gemecker seelenruhig
und kommentarlos an. Dann versorgte es sein Eselchen, bevor es
selber zu Abend speiste und sich in sein neues Bett begab. Der alte
Mann brauchte den Schlaf, denn die nächsten Tage versprachen
anstrengend zu werden.

Mitten in der Nacht wurde das Großväterchen unsanft durch
Geräusche im Hof geweckt. Es lauschte und erkannte die Stimme
des Prinzen, der dem Ritter berichtete, was sich im Haus von
Aschenputtels Stiefmutter zugetragen hatte. Der Prinz hatte das
Aschenputtel im Auftrag des Königs begleitet, um ihr persönliches Hab und Gut einzupacken und in die Sommerresidenz zu
bringen. Bei dieser Gelegenheit sollte er der Stiefmutter das Versprechen abnehmen, dass das Aschenputtel einzig und allein mit
der Arbeit an der neuen Falle beschäftigt sein durfte. Das war für
die Stiefmutter gleichbedeutend mit einem Totalausfall ihrer
wertvollsten, weil einzigen Arbeitskraft. Kein Wunder, dass sie
von dieser Idee nicht begeistert war. Aber was half es? Der Prinz
war ein Mitglied der königlichen Familie, und damit war jeder
Widerstand ungebührlich und zwecklos. Widerwillig ließ die
Stiefmutter das Aschenputtel mit dem Prinzen ziehen – ohne sich
zu verabschieden, dafür aber mit dem Hinweis, dass das Aschenputtel nach seiner Rückkehr umso härter würde arbeiten müssen.

Schließlich – endlich! – kehrte Ruhe ein in der Sommerresidenz des Königs. Beim ersten Hahnenschrei erwachte das Leben
wieder. Ein neuer Tag war angebrochen: der erste Tag eines
außergewöhnlichen Projekts.

4.2   Spielregeln

Das ausgiebige Frühstück hatte die kleine Gruppe mehr oder
minder schweigend zu sich genommen. Jeder war mit sich selbst
beschäftigt und machte sich seine Gedanken über das, was in den

nächsten Tagen und Wochen passieren mochte. Und jeder versuchte, zunächst mit seinen eigenen Ängsten und Problemen zurechtzukommen, bevor er sich mit den anderen Mitstreitern beschäftigte. Der Prinz wollte seine Führungsqualitäten unter Beweis stellen. Er begrüßte jedes Mitglied seiner Mannschaft und unterhielt sich kurz mit ihm. Jedes dieser Gespräche endete mit dem Hinweis, dass sich alle nach dem Frühstück unverzüglich im Kaminzimmer einzufinden hatten.

Das Kaminzimmer war behaglich eingerichtet. Jeder fühlte sich sofort wohl und fand einen Platz auf einem der gemütlichen Sofas. Das Licht der Morgensonne durchflutete den Raum. Sie leuchtete hell, hatte aber schon deutlich an Kraft verloren. Deshalb prasselte bereits das Kaminfeuer und verbreitete eine wohlige Wärme, in der die Anspannung der Teilnehmer sichtlich dahinschmolz und einer entspannten Grundhaltung Platz machte. Der Prinz begrüßte noch einmal die ganze Gruppe und verkündete den Zeitplan des heutigen Tages. Auf dem Programm stand eine Vorstellung der Spielregeln, denen sich alle zu unterwerfen hatten. Am Nachmittag sollten dann alle gemeinsam den Bau der Drachenfalle planen. Das Gespenst wunderte sich darüber, dass alle zur Planungssitzung eingeladen waren. Seiner Meinung nach hätte sich Prinz Rollo allein zurückziehen und am nächsten Tag der Mannschaft die Marschroute für den Weg zur Drachenfalle präsentieren sollen. Dann hätte jeder die ihm übertragene Aufgabe bereitwillig angenommen und mit der Arbeit begonnen. So schien es hier nicht zu laufen. Insgeheim fragte sich der Geist, was er zu einer solchen Planung beitragen sollte. Um aber nicht unangenehm aufzufallen, sagte er vorsichtshalber nichts.

Der Prinz erhob sich und ging zur großen Schiefertafel, die mittig an einer der Längsseiten des Raumes befestigt war, sodass niemand sie übersehen konnte. In großen Lettern schrieb er drei Begriffe an die Tafel:

> Konstruktive Kritik
> Fester Zeitrahmen
> Rückkopplung

Dann trat der Prinz einen Schritt zurück und schaute in die Gesichter der fünf Anwesenden. Niemand schien mit den Begriffen etwas anfangen zu können, denn alle blickten ihn fragend an.

Deshalb nahm er von seiner ursprünglichen Idee (die eigentlich von seinem Vater stammte) Abstand, eine offene Diskussion über diese Begriffe zu führen. Stattdessen begann er sofort mit den Erläuterungen: »Dies, liebe Mitstreiter, sind die Spielregeln, die ab sofort in diesem Projekt gelten sollen. Beginnen wir mit der ersten Regel.« Er ging wieder zur Schiefertafel und unterstrich den Begriff »Konstruktive Kritik«. »Wir sind ein Team, sprich: eine Mannschaft. Wie bei den drei Musketieren, so heißt es auch bei uns: › Alle für einen, einer für alle‹! Wir unterstützen uns gegenseitig, aber wir sagen uns auch offen und ehrlich die Meinung.« »Wenn ich jemandem offen und ehrlich die Meinung sage, dann ist's vorbei mit der Freundschaft!«, spottete die Hexe, und niemand im Raum zweifelte auch nur im Geringsten am Wahrheitsgehalt ihrer Worte. Der Prinz war aber gut vorbereitet und entgegnete: »Das ist nicht die Art von Meinungsäußerung, die ich meine, werte Hexe. › Konstruktiv‹ soll die Kritik sein – so steht es auch an der Tafel. Was das bedeutet? Nun, wenn Ihr mit etwas oder jemandem unzufrieden seid, dann genügt es nicht, Euren Unmut zu äußern. Ihr müsst dann immer auch einen Verbesserungsvorschlag unterbreiten oder Eure Unterstützung anbieten – das ist das konstruktive Element dieser Form der Kritik, und das wird uns als Mannschaft voranbringen!« Der Ritter lächelte, denn als gestandener Berater war das nichts Neues für ihn. Die Hexe hingegen schmollte, das Gespenst überlegte sich, ob es unter diesen Umständen jemals Kritik üben würde, und dem Großväterchen kam das ein wenig esoterisch vor. Nur das Aschenputtel war hellwach und folgte interessiert den Ausführungen des Prinzen, der mit der Vorstellung des Wertesystems fortfuhr. »Aber konstruktive Kritik ist noch nicht alles«, sagte er, »ich möchte außerdem, dass Ihr eigenverantwortlich handelt. Es fällt mir zugegebenermaßen schwer, Euch die Verantwortung zu übertragen, denn ich bin es von jeher gewohnt, die führende Rolle einzunehmen. Mein Vater aber sagte mir, dass sich der Scrum-Meister, der ich ja nun einmal bin, darauf beschränkt, der Mannschaft eine optimale Arbeitsatmosphäre zu schaffen. Die Organisation der Arbeit und deren Aufteilung untereinander regelt Ihr selbst.« Jetzt hielt es das Gespenst nicht mehr aus: »Ja, aber wer sagt uns denn dann, was wir tun sollen?« »Niemand!«, entgegnete der Prinz, »beziehungsweise: alle! Soll heißen: Wir entscheiden gemeinsam mit dem König, was zu tun ist. Das ist wie gesagt sehr ungewöhnlich, aber wir sollten es auf den Versuch ankommen lassen.« »Was heißt hier › Versuch‹ ?«, schaltete sich da Ritter Magnolius ein, »Das ist doch ganz normal!« Einen Moment lang sah es so aus, als ob sich niemand traute, diesen Worten etwas entgegenzusetzen oder hinzuzufügen. Dann meldete sich ganz zaghaft das Aschenputtel zu Wort. »Für Euch mag das tatsächlich normal sein, edler Rittersmann«, sprach es den Ritter an, »aber ich zumindest bin nicht so selbstständig, weil ich immer das tun muss, was meine Stief ...« Das Aschenputtel brachte es nicht fertig, diesen Satz zu Ende zu sprechen, weil sie plötzlich daran erinnert wurde, was sie nach Abschluss dieses Projekts erwartete. Mit einem langen Seufzer versank sie noch tiefer in den Kissen des Sofas. Der Prinz spürte ihren Kummer und wechselte geschickt das Thema: »Wichtig ist, dass Ihr Euch gegenseitig respektiert. Respekt, Rücksichtnahme, Einfühlungsvermögen – das sind nicht unbedingt die Eigenschaften, von denen Ihr dachtet, dass sie für dieses Projekt wichtig wären, oder?« Fünf nickende Häupter waren für den Prinzen die stumme Bestätigung dafür, dass er mit seinen Zweifeln nicht allein war, obwohl er in diesem Punkt mit seinem Vater einer Meinung war. »Ohne gegenseitigen Respekt werden wir in den kommenden Monaten keine Erfolge erzielen können. Wir werden sehr eng und intensiv miteinander arbeiten, um gemeinsam etwas zu schaffen. Das funktioniert nur, wenn wir uns respektieren, unsere Verschiedenheit akzeptieren und auf ein gemeinsames Ziel hinarbeiten. So, nun habe ich Euch genug mit diesem schwierigen Thema beschäftigt. Außerdem haben wir unsere Spielregeln ein wenig aus den Augen verloren. Lasst uns eine Pause machen. In genau zehn Minuten treffen wir uns wieder hier im Kaminzimmer. Ich möchte nicht, dass jemand auch nur eine Sekunde zu spät kommt. Warum? Das erzähle ich Euch nach der Pause.« Mit diesen Worten öffnete er die Tür des Kaminzimmers und spazierte über den langen Flur hinaus in den Innenhof der Sommerresidenz.

Knapp zehn Minuten später stand der Prinz wieder im Kaminzimmer. Das Gespenst und das Aschenputtel waren bereits vor ihm im Zimmer gewesen. Beide hatten den Raum vorsichtshalber nicht verlassen. Der Ritter stolzierte genau in dem Moment in den Raum, als Prinz Rollo den zweiten Begriff auf der Schiefertafel unterstrich. »Der feste Zeitrahmen (*Timebox*)«, sagte er, »soll uns in vielen Situationen bei der zeitlichen Organisation helfen. Dabei geht es nicht um Pünktlichkeit. Trotzdem hatte ich Euch gebeten, die Pause pünktlich zu beenden. Das hat ja auch fast geklappt.« Die letzten Worte waren an die Hexe und das Großväterchen gerichtet, die langsam in das Kaminzimmer geschlendert kamen. Beide waren sich keiner Schuld bewusst und reagierten dementsprechend unwirsch auf die nun folgende Kritik des Prinzen: »Wir wollen alle unsere Besprechungen pünktlich beginnen und beenden. Auf diese Weise verschwenden wir keine Zeit, und außerdem ist es unhöflich, die Kollegen warten zu lassen.« »Aber es waren doch nur wenige Minuten!«, erwiderte das Großväterchen, »Früher, als ich noch in den Fallenwerkstätten arbeitete, haben wir unsere Besprechungen nie pünktlich begonnen. Das ging auch gar nicht, weil einige Teilnehmer zuvor noch in anderen Besprechungen aufgehalten wurden.« Der Prinz zeigte sofort Verständnis: »Ich weiß, aber mein Vater besteht nun einmal auf Pünktlichkeit. Doch zurück zum festen Zeitrahmen. Der wird im Kleinen wie im Großen verwendet und legt im Voraus die Länge einer Tätigkeit oder Phase fest, an deren Ende eines oder mehrere Ergebnisse vorliegen sollen. Das gilt beispielsweise für alle unsere Besprechungen, aber auch für die Projektphasen, die in Scrum ›Sprint‹ genannt werden.« Jetzt meldete sich der Ritter zu Wort. »Ha! Und was ist, wenn die Besprechung nur für eine Stunde angesetzt ist, wir aber für eine Entscheidung zwei Stunden brauchten?« »Ich weiß es doch auch nicht!«, klagte der Prinz, »Lasst es uns einfach mal versuchen.« »Wie wäre es in diesem Fall mit einer weiteren Besprechung – natürlich auch wieder zeitlich begrenzt. Und das so lange, bis die Themen geklärt sind«, schlug das Aschenputtel schüchtern vor. Der Vorschlag war vernünftig, schien den anderen aber sehr ungewöhnlich zu sein – zumindest hatten sie noch nie eine solche Besprechungskultur erlebt. Deshalb schweigen alle. Um diese unangenehme Stille zu durchbrechen, ging der Prinz wieder zur Schiefertafel, unterstrich den dritten Begriff und begann mit seinen Erläuterungen. »Rückkopplung ist ein Wert, der uns im Bemühen um gegenseitiges Verständnis unterstützen soll. Dieses Verständnis ist nicht nur innerhalb unserer Mannschaft notwendig. Natürlich müssen wir einander verstehen, wenn wir miteinander reden. Das klingt selbstverständlich, ist es aber leider nicht. Oft reden wir aneinander vorbei. Das Ergebnis sind unnötige Verzögerungen bis hin zu

Fehlern im Produkt, sprich: der zu entwickelnden Falle. Warum?
Weil wir auch aneinander vorbei entwickeln, wenn wir aneinander vorbei geredet haben! Ähnlich fatal ist es, wenn wir die
Anforderungen nicht verstehen, die mein Vater an die Drachenfalle stellt. Wir müssen miteinander reden, um sicherzustellen,
dass das, was mein Vater meint, auch genau so von uns verstanden wurde. Das ist es, was ich unter Rückkopplung verstehe.«
»Klingt einleuchtend!«, warf der Ritter ein. »Und ist angeblich
gar nicht so schwer«, ergänzte der Prinz, »Wir werden die Rückkopplung zudem fest in unser Projekt einbauen. Am Ende eines
jeden Sprint wird es eine ›Retrospektive‹ genannte Rückschau
geben. Dann sollen wir über unseren Entwicklungsprozess reflektieren, um diesen immer weiter zu verbessern.« Der Ritter
schaute seinen Scrum-Meister entgeistert an. »Wie bitte? Wir sollen immer wieder Händchen halten, uns in die Augen schauen
und gemeinsam sagen: ›Morgen machen wir alles noch besser‹?
Das kann nicht Euer Ernst sein!« »So habe ich das nicht
gemeint«, verteidigte sich der Prinz, den die feindselige Haltung
des Ritters völlig unvorbereitet traf. »Aber ein wenig esoterisch
klingt das schon!«, mischte sich nun auch das Großväterchen ein.
»Was bedeutet esoterisch?«, wollte das Gespenst wissen. Plötzlich redeten alle durcheinander, bis der Prinz »Ruhe!« brüllte,
woraufhin sich die Lage langsam wieder beruhigte. Prinz Rollo
überlegte, was nun zu tun sei. Da kam ihm ganz unerwartet das
Großväterchen zu Hilfe. Der geschichtlich interessierte alte
Mann schaute in die Runde und sprach: »Unsere Vorfahren
haben bei wichtigen Gesprächen einen Redestab verwendet. Wer
den Redestab in der Hand hält, der darf sprechen und hat die
ungeteilte Aufmerksamkeit der anderen Anwesenden. Wenn der
Redner seine wesentlichen Aussagen gemacht hat, dann gibt er
den Redestab weiter. Wichtig an diesem Konzept ist weniger das
Sprechen als vielmehr das aktive Zuhören, die Aufmerksamkeit,
die dem Redner entgegengebracht wird. Das ist der erste Schritt
zu einer guten, zielgerichteten Kommunikation.« Alle waren
beeindruckt. Die Hexe hatte noch eine Frage: »Was passiert,
wenn der Sprecher den Redestab nicht mehr abgibt?« »Weiß ich
nicht«, gab das Großväterchen unumwunden zu, »Das ist eine
gute Frage. Dieses einfache Konzept funktioniert anscheinend
nicht immer und überall.« Da erhellte sich plötzlich die Miene
der Hexe, und sie verließ murmelnd den Raum. Kurz darauf

kehrte sie mit einer kleinen Glocke zurück, die eigentlich dazu diente, um die Mannschaft zu den Mahlzeiten zu rufen. »Wann immer einer von uns meint, dass der Redestab wandern sollte, läutet er oder sie einfach diese Glocke.« Zufrieden schaute die Hexe in die Runde und konnte sich ein »Verblüffend einfach – nicht wahr, werter Prinz?« nicht verkneifen. Der wahrte den Anstand und bedankte sich artig. »Das war ein sehr gutes Beispiel für eine konstruktive Grundeinstellung, liebe Hexe. Und es zeigt, dass man die Regeln grundsätzlich ändern oder erweitern darf, damit sie noch besser zu unserer Mannschaft und unserem Projekt passen. Hat noch jemand Fragen zu den Spielregeln?« Das Aschenputtel meldete sich. »Ich glaube, dass ich noch nicht alles verstanden habe. Konstruktive Kritik, Respekt und Rücksichtnahme sind zweifelsohne Tugenden, die jedermann gut zu Gesicht stehen. Was aber haben diese mit dem Fallenbau zu tun? Und was genau hat es mit dem festen Zeitrahmen auf sich? Könnt Ihr uns dazu mehr erzählen?« »Leider nicht«, musste der Prinz kleinlaut zugeben, »Da müssen wir wohl oder übel auf das Einhorn warten, das aber bekanntlich noch irgendwo zwischen Scrum und Wieimmerland unterwegs ist. Ich schlage vor, dass wir jetzt unser Mittagsmahl einnehmen und am Nachmittag mit der Planung der Fallenkonstruktion beginnen. Bestehen Einwände gegen diesen Plan? Nein? Na, dann: Guten Appetit!«

Dem Prinzen dürfte deutlich geworden sein, dass Scrum keine Methode ist, die man mal eben so nebenbei erlernt. Dabei hat er sich redlich bemüht, um den »Musketieren« einige wichtige Spielregeln für agile Teams zu vermitteln. Um aber den festen Zeitrahmen zu erklären, muss man ein wenig weiter ausholen. Alles beginnt mit den Grundwerten von Scrum. Hier bitte ich noch um etwas Geduld – ich werde die Grundwerte später ausführlich erläutern. Auch muss man wissen, wie ein Scrum-Projekt organisiert ist. Die bereits erwähnten Sprints haben eine feste Länge und schließen nahtlos aneinander an. Das ergibt einen einheitlichen, festen Zeitrahmen und einen Rhythmus oder Takt, nach dem ein Scrum-Projekt »tickt«. Am Ende eines jeden Sprint wird ein Ergebnis geliefert – das war bekanntlich eine Forderung für den festen Zeitrahmen.

Ob einstündige Besprechung oder mehrwöchiger Sprint: Überall sorgen die Zeitrahmen für die nötige Orientierung. Aschenput-

tel hat diese Idee sofort verstanden. Ihr Vorschlag, Besprechungen ohne Ergebnis in weiteren zeitlich begrenzten Besprechungen fortzuführen, bis alle Ergebnisse erzielt wurden, trifft den Kern dieses Konzepts.

Die »weichen« Werte, die der Prinz ansprach, findet man auch im bereits erwähnten Agilen Manifest. Das erste Postulat fordert, dass Individuen und Interaktionen mehr gelten als Prozesse und Werkzeuge. Das bedeutet nicht, dass der Entwicklungsprozess und die Ausstattung der Werkstatt für den Bau der Drachenfalle vernachlässigt werden sollen. Es stellt aber die besondere Bedeutung eines gut ausgebildeten und motivierten Teams heraus. Solche Teams beherrschen die Spielregeln guter Kommunikation. Zwei dieser Spielregeln (konstruktive Kritik und Rückkopplung) und den gegenseitigen Respekt als Grundwert haben wir ja bereits kennengelernt. Wollen wir hoffen, dass sich unsere Mannschaft zu einem solchen agilen Team entwickelt. Aber zunächst einmal müssen wir uns mit den zwei Ebenen der Planung beschäftigen.

In der strategischen Planung entwirft man den übergeordneten Plan, um die Machbarkeit des Vorhabens zu untersuchen und das optimale Vorgehen zu bestimmen. Hier wird das Endprodukt (die ultimative Drachenfalle) betrachtet, und es werden Ziele festgelegt, die auf dem Weg zu diesem Endprodukt erreicht werden sollen.

Auf der taktischen Ebene werden die Aktionen festgelegt, die zur Erreichung eines einzelnen Ziels erforderlich sind. In Scrum wird das Produkt wie gesagt in mehreren Iterationen entwickelt. Jede dieser Iterationen, Sprint genannt, hat ein definiertes Ziel und läuft nach demselben Schema ab. Taktische Planung bedeutet nun, einen solchen Sprint mit Leben zu füllen.

Die strategische Planung hört nie auf – sie begleitet ein Scrum-Projekt durch alle Sprints. Diese kontinuierliche Kontrolle ist notwendig, um auf Veränderungen im Projekt schnell reagieren zu können. Neue Anforderungen, veränderte Prioritäten, neue Erkenntnisse, Fehler beim Schätzen, personelle Veränderungen – all das kann Auswirkungen auf das Projekt haben. Die Fortführung der strategischen Planung stellt sicher, dass das Projekt auch unter den veränderten Rahmenbedingungen auf Kurs bleibt, sprich: weiterhin auf die Vision zusteuert. Das ist übrigens ein gutes Beispiel für angewandte Rückkopplung!

Aber noch stehen wir ganz am Anfang. Lassen wir erst einmal
die strategische Planung beginnen!

4.3   Strategische Planung

Am Nachmittag sollten die ersten Aktivitäten stattfinden, die aus
den Geschichten über das Land Scrum als »Strategische Planung«
bekannt waren. Wieder versammelten sich alle im Kaminzimmer
– dieses Mal sogar pünktlich! Der Prinz erhob sich und ging zu
einer Steintafel, die mit einem seidenen Tuch verhüllt war. Als er
die Tafel schwungvoll enthüllte, konnten alle lesen, was in golde-
nen Lettern in den Stein gemeißelt war:

> Ich möchte eine Drachenfalle, die einfach zu transportieren ist und die
> so flexibel eingesetzt werden kann, dass sie den Befreiungsstrategien
> der Drachen immer einen Schritt voraus ist.
> König Schærmæn der Weißnichtwievielte

»Das«, so sprach der Prinz, »ist die Vision, die uns mein Vater
mit auf den Weg gegeben hat. Diese Vision beschreibt unser Ziel
für die Arbeit der kommenden Monate. Lasst uns nun gemeinsam am Weg zu diesem Ziel arbeiten!« »Um wie viele Monate
handelt es sich denn genau?«, fragte das Großväterchen, das an
die Erntezeit in seinem Gemüsegarten dachte. »Nun ja, der König
hatte so ungefähr an sechs Monate gedacht«, entgegnete der
Prinz ein wenig unsicher. »Nur sechs Monate? Dann brauchen
wir ja gar nicht erst anzufangen, denn das schaffen wir nie!«,
keifte die Hexe. »Das werden wir wohl erst wissen, wenn wir es
versucht haben, oder? Ich bin schon mit deutlich schwierigeren
Situationen fertig geworden!«, warf der Ritter ein, und die Blicke
der anderen Anwesenden ließen die Hexe verstummen. »Außerdem gibt es keine genaue Festlegung, wie die Falle aussehen soll.«
Der Prinz konnte deutlich sehen, dass dieser Satz seine Wirkung
nicht verfehlt hatte. Um die Gemüter wieder ein wenig abzuküh-
len, fügte er schnell hinzu: »Ich möchte Euch zu nichts zwingen.
Deshalb nimmt sich jetzt bitte jeder einen Zettel. Dann überlegt
Ihr Euch gut, ob Ihr diese Herausforderung annehmen wollt.
Malt ein Plus auf den Zettel, wenn Ihr dabei sein wollt, ein
Minus, wenn Ihr lieber aussteigen wollt, oder lasst den Zettel

leer, wenn Ihr Euch unsicher seid, aber gerne noch mehr erfahren möchtet. Dann faltet Ihr den Zettel zusammen. Ich gehe gleich herum und sammle die Zettel ein.« Gesagt, getan. Nach erfolgter Auszählung gab der Prinz das Ergebnis bekannt: »Ich zähle zwei Zettel mit einem Plus und drei leere Zettel. Das freut mich! Ehrlich gesagt hätte ich mit mindestens einem Minus gerechnet.« Dabei versuchte er, nicht die Hexe anzuschauen, denn sie war in seinen Augen die größte Wackelkandidatin. »Ich hoffe genau wie Ihr, dass wir im Laufe der Zeit mehr über diese Scrum-Methode erfahren und die Vorteile schätzen lernen. Nun wollen wir uns aber wieder der Planung widmen. Habt Ihr eigentlich eine Idee, was das Besondere an unserer Falle sein könnte?« »Wieso ist hier unsere Meinung gefragt? Der König möchte doch die Falle haben«, sagte da das Großväterchen. »Dann soll er uns auch sagen, welchen Funktionsumfang die Falle haben soll. Das können wir uns wohl kaum selber ausdenken. Wer stellt denn sonst sicher, dass sie von unserem König akzeptiert wird?«

»Ich!« Von allen unbemerkt, hatte König Schærmæn das Kaminzimmer betreten. Nun stand er neben der Schiefertafel und schaute die Anwesenden der Reihe nach an. »Aber die Frage ist durchaus berechtigt. Und ich möchte, dass Ihr alle Fragen, die Ihr auf dem Herzen habt, genau so offen stellt wie unser Fallenbauer im Ex-Ruhestand. Nun aber zu den Eigenschaften der neuen Drachenfalle.« Und er begann, der Gruppe seine Vorstellungen zu schildern. Oft konnte er bereits an den Mienen ablesen, ob seine Ideen gut oder schlecht, realisierbar oder völlig utopisch waren. Manchmal aber setzten alle eine Denkermiene auf. Dann mussten König Schærmæn und der Prinz ein wenig nachbohren, um eine Antwort zu bekommen. Leider waren es immer dieselben, die sich aktiv an der Diskussion beteiligten – allen voran der Ritter. Aber auch das Großväterchen tat freimütig seine Sicht der Dinge kund, wenngleich es mit der ungenauen Formulierung mancher Falleneigenschaften seine Probleme hatte. Auch war sein Wissen um die Fallenkonstruktion nicht mehr auf dem neuesten Stand. Das führte zu leichten Zwistigkeiten mit dem Ritter, der nicht die Geduld aufbrachte, das Großväterchen kurz über die heutzutage verwendeten Konzepte und Produktionstechniken zu informieren. Auf der anderen Seite ließ das Großväterchen durchblicken, dass es viele dieser Dinge für »neumodischen Kram« hielt. Die Hexe pflichtete ihm in diesem Punkt gerne bei, und überhaupt war sie mit einem Kommentar stets dann zur Stelle, wenn jemand Kritik übte, um sofort ins selbe Horn zu blasen. Allerdings beschränkte sie sich allein auf die Kritik – einen konstruktiven Vorschlag zur Verbesserung vernahm man aus ihrem Munde nie. Das Gespenst hielt sich bei alledem im Hintergrund, schwieg, schaute und lauschte – und manchmal hatte es den Anschein, als sei es mit den Gedanken ganz woanders.

Am Anfang taten sich alle schwer damit, Anforderungen an die neue Falle zu formulieren und im sogenannten Product Backlog zu sammeln. Eine solche Anforderung lautete beispielsweise:

> Die Drachenfalle lässt sich sehr schnell mit wenig Personal auf- bzw. abbauen.

Gemeinsames Merkmal dieser »Backlog Items« genannten Eigenschaften war, dass sie einen Wert der Drachenfalle repräsentierten. Der schnelle und unkomplizierte Auf- und Abbau waren schon zu Großvaters aktiven Zeiten ein wesentliches Verkaufsargument gewesen. Deshalb war es für den alten Herrn selbstverständlich, dass der König diese Eigenschaft zu seinen persönlichen Favoriten zählte. Das Aschenputtel betrachtete das Backlog Item, dachte kurz nach und stellte dann fest: »Diese Anforderung sagt nichts darüber aus, wie die Falle später beschaffen sein soll oder welche Funktionen sie erfüllen soll. Dieses Backlog Item beschreibt eine nicht funktionale Eigenschaft, die den Auf- und Abbau der Falle betrifft. Das ist sicherlich wichtig und interessant. Allerdings fehlen noch ein paar Details. Wie schnell soll die Falle aufgebaut werden, und wie viele Personen sollen sie aufbauen? Viel mehr interessiert mich jedoch, was die Falle genau leisten muss.« »Aber das habe ich doch beschrieben«, antwortete König Schærmæn verdutzt, »Zwar ist das noch nicht sehr detailliert, aber das lässt sich leicht ändern.« Der König griff zu Schwamm und Kreide und formulierte die Anforderung neu:

> Die Drachenfalle lässt sich mit nur drei Personen in höchstens 30 Minuten auf- bzw. abbauen.

»So. Was wollt Ihr nun noch wissen? Dass die Falle dazu dienen soll, einen Drachen zu fangen? Das ist doch wohl selbstverständlich, oder?«»Mit Verlaub, Euer Hoheit – aber es ist nicht selbstverständlich.« Das Aschenputtel rang nach Worten. Es stand im Begriff, sich kritisch zu einer Aussage des Wieimmerländer Staatsoberhaupts zu äußern – da wollte es natürlich keinen Fehler machen. »Ihr sagtet gerade, dass die Falle einen Drachen fangen soll. Bedeutet das, dass wir die Falle so dimensionieren sollen, dass maximal ein Drache hineinpasst?«»Ach, so meint Ihr das.« Der König schaute das Aschenputtel interessiert an. »Es stimmt – ich war auch bei dieser Aussage nicht sehr präzise. In der Tat ist es so, wie Ihr vermutet: Ich denke an einen einzigen Drachen.«»Welcher Gattung? Oder soll die Falle groß genug sein, um Drachen aller Art beherbergen zu können?«»Ja. Aber ich glaube, dass das für eine erste Version der Falle zu viel verlangt ist. Deshalb sollten wir für diese Eigenschaft zwei Backlog Items schreiben.« Der König ging wieder zur Tafel und schrieb:

> Die Falle soll so beschaffen sein, dass man die kleinsten bis hin zu den mittelgroßen Drachenarten damit fangen kann.

> Die Falle soll so beschaffen sein, dass man alle großen Drachenarten damit fangen kann – bis hin zu den größten bekannten Arten.

»Wie groß ist › mittelgroß‹?«, wollte nun die Hexe wissen, und der König ergänzte sein erstes Backlog Item:

> Als mittelgroß bezeichnen wir Drachen, deren Körpermaße einen Quader von 3x3x3 Metern nicht überschreiten.

»Seid Ihr jetzt zufrieden?«, fragte der König schmunzelnd. Da meldete sich das Gespenst zu Wort. »Wie soll die Falle denn genau aussehen? Das müssen wir doch wissen, bevor wir mit der Konstruktion beginnen. Ich wünsche mir eine Konstruktionszeichnung. Wäre das nicht ein prima Backlog Item?«»Nein«, antwortete der König, »denn aus Produktsicht hat eine solche Zeichnung keinen eigenen Geschäftswert. Das Product Backlog soll nur Anforderungen und Ergebnisse beinhalten, die direkt dem Erreichen des Projektziels, also der Drachenfalle, dienen. Mit einer Zeichnung kann man keinen Drachen fangen!« Die Mannschaft musste lachen, aber dieses Beispiel machte ihnen deutlich, was der König meinte, wenn er vom Geschäftswert des Produkts sprach. Mit diesem Kriterium für gute Backlog Items vor Augen kamen König und Team sehr zügig voran. Nur einmal noch gab es eine längere Diskussion. Da die Falle laut Vision einfach zu transportieren sein sollte, schlug das Großväterchen vor, sie mit Rädern zu versehen. »Ihr geht offensichtlich davon aus, dass die Falle so ähnlich aussieht wie die Fallen, die Ihr kennt«, stellte der Ritter fest. »Natürlich!« Das Großväterchen schaute verwundert den König an. »Ist das nicht gewünscht, Euer Hoheit?« König Schærmæn wollte antworten, aber der Ritter kam ihm zuvor. »Ich würde es zumindest nicht voraussetzen«, begann er. »Wir haben eine Hexe in unserer Mannschaft. Vielleicht können wir mit ihrer Hilfe einen Trank brauen, der die Drachen anlockt, sie aber nach Verzehr des Tranks lähmt. Oder wir nutzen die Spuk-Erfahrung des Gespensts und konstruieren eine Art Vogelscheuche, die so gruselig ist, dass sie die Drachen erfolgreich vertreibt.« Die anderen Musketiere schauten den Ritter überrascht an. Mit einem solchen Maß an Kreativität hatten sie nicht gerechnet. Auch der König war erstaunt. Nur allzu gerne hätte er der Mannschaft die Freiheit gewährt, über ganz neue, ungewöhnliche Lösungen nachzudenken. Die Anmerkungen des Ritters ließen erahnen, dass ein auf diese Weise entwickeltes Produkt alles bisher Dagewesene in den Schatten stellen könnte. Auf der anderen Seite kannte König Schærmæn seine konservative Kundschaft zu gut, als dass er einer ganz innovativen Fallenidee eine erfolgreiche Zukunft vorhersagen könnte. Es tat ihm in der Seele weh, den Ritter enttäuschen zu müssen. Deshalb formulierte er seine Antwort sehr vorsichtig. »Es wäre traumhaft, wenn wir die Freiheit besäßen, eine Falle zu entwickeln, die wir für die beste Lösung der Welt halten. Aber so idealistisch dürfen wir nicht sein. Ein Grund für dieses Projekt sind handfeste wirtschaftliche Interessen. Wir müssen uns auf dem Fallenmarkt behaupten und deshalb weiterhin konkurrenzfähige Produkte bauen. Das sichert die Zukunft Wieimmerlands und kommt somit auch Euch zugute. Zumindest der alte Herr in Eurer Runde kennt unsere Kunden und weiß, wie ablehnend diese auf jede Art von ungewöhnlichen Neuerungen reagieren. Alle, die unsere Fallen kaufen, haben sich an deren Funktionsweise gewöhnt. Manche Kunden kennen sich besser im Umgang mit der Falle aus als wir.« »Na, na!« Das Großväterchen, das eben noch zustimmend

genickt hatte, schüttelte jetzt energisch den Kopf. »Das war nicht
ganz ernst gemeint«, beschwichtigte der König. »Jedenfalls
möchte ich keine Kunden verlieren. Deshalb bitte ich Euch, die
bewährten Grundprinzipien der Wieimmerländer Fallen beizube-
halten und einen klassischen Käfig zu bauen. Bei der Ausgestal-
tung lasse ich Euch weitgehend freie Hand.« Damit hatte der
König über die Grundstruktur der Falle entschieden. Auch wenn
es dem Ritter nicht gefiel, so nahm er diese Einschränkung mit
gespielter Gelassenheit hin.

Am späten Nachmittag war die Schiefertafel mit Backlog
Items vollgeschrieben. Diese wurden anschließend gemeinsam
mit dem König in eine vernünftige Reihenfolge gebracht. Dabei
wurden vor allem jene Eigenschaften, die für die neue Falle den
größten Nutzen erbrachten, höher priorisiert als andere, nicht
ganz so wertvolle Eigenschaften. Eine Anforderung, die dem
Team als weniger wichtig erschien, schrieb der König jedoch
ziemlich weit oben auf die Liste der priorisierten Backlog Items:

> Die Köder für die Drachen sollen bei jeder Witterung mindestens eine
> Woche haltbar sein.

»Warum ist das so wichtig?«, wollte das Gespenst wissen. Der
König hatte eine interessante Antwort parat: »Ich möchte, dass
die Fallen möglichst pflegeleicht sind. Es spricht nicht gerade für
Kundenfreundlichkeit, wenn jeden Tag der Köder ausgetauscht
werden muss. Allerdings habe ich noch keine Vorstellung davon,
wie man die verschiedenen Köder so lange haltbar und witte-
rungsbeständig machen kann. Wir reden hier immerhin von
Ködern auf Fleisch- und Gemüsebasis sowie Stoffe und Leder.
Die Umsetzung dieser Anforderung nimmt dem Fallenprojekt das
große Risiko, nicht konkurrenzfähig zu sein. Deshalb soll diese
Anforderung möglichst früh umgesetzt werden.« »Neben der
Bedeutung für die Falle ist also auch das Risiko ein Kriterium für
die Priorisierung der Backlog Items?«, fragte das Aschenputtel.
»Ja«, bestätigte der König, »Aber auch die zu erwartenden Kosten ziehe ich mit ins Kalkül.« Daneben gab es ein paar grundsätz-
liche Anforderungen und Ergebnisse, die unbedingt erledigt werden mussten, weil König Schærmæn und das Team diese als
Voraussetzung für andere Backlog Items betrachteten. Dabei
machten sie eine interessante Entdeckung.

Auslöser war eine Diskussion über ein Backlog Item, das sich
auf das Fallenschloss bezog. Nach Meinung des Ritters musste
das Schloss fertig sein, bevor man sich an die Konstruktion der
Fallentür machen konnte. Das Großväterchen widersprach. »Wir
können Tür und Schloss problemlos parallel entwickeln«, sagte
es. »Wichtig ist nur, dass wir vorher festlegen, an welcher Stelle
das Schloss in die Tür eingebaut wird und wie groß das Schloss
sein darf.« »Damit haben wir doch genau die Abhängigkeit, von
der ich sprach!«, rief der Ritter, aber das Großväterchen schüttelte
den Kopf. »Nein, denn wir haben die Abhängigkeit auf die Festlegung der Nahtstelle zwischen Fallentür und Schloss reduziert. Wie
das Schloss im Detail aussieht, ist in diesem Moment irrelevant.
Übrigens haben wir uns schon damals zu meiner aktiven Zeit die
Arbeit auf diese Art und Weise aufgeteilt.« Der Ritter brummelte
vor sich hin, gab sich aber geschlagen. König Schærmæn nahm
diesen Exkurs zum Anlass, um alle bisher definierten Abhängigkeiten noch einmal kritisch zu prüfen. Und siehe da: Mehr als die
Hälfte der Abhängigkeiten konnten wieder gelöst werden!

Fast alle waren froh, am Ende dieses Tages eine erste priorisierte Liste von Backlog Items gefunden zu haben. Nur Ritter
Magnolius war unzufrieden. Seiner Meinung nach hatte man
einen ganzen Tag mit der Planung verplempert, anstatt einfach
loszulegen und erste Bauteile der Falle zu konstruieren. Der Prinz
hatte daraufhin für den Ritter eine aus dessen Sicht schlechte
Nachricht: Der kommende Tag sollte darauf verwendet werden,
die Backlog Items zu schätzen. Darüber freute sich das Großväterchen, weil es hoffte, am Ende des morgigen Tages genau zu
wissen, wann es wieder in seine Hütte im Wald zurückkehren
konnte. Aber dann sagte der Prinz etwas von abstrakten Größen,
und dass man keine Tage schätzen könne. Verwirrt stand das
Großväterchen vom Abendbrottisch auf und ging in sein Zimmer.
Es konnte lange nicht einschlafen. Zu sehr beschäftigte diese
ungewöhnliche Methode den alten Mann. Auch musste er immer
wieder an die neuen Produktionstechniken der modernen Drachenfallen denken, von denen er heute erfahren hatte. Das Großväterchen war immer der Ansicht gewesen, dass sein Wissen über
den Fallenbau ein Leben lang gültig war. Das war offensichtlich
nicht der Fall. Immerhin hatte er mit seinem alten Wissen über die
Definition von Schnittstellen zwischen Bauteilen ein Teilproblem
lösen können. Der Ritter aber hatte vom Prinzip des lebenslangen

Lernens gesprochen, das heutzutage in den Werkstätten gefordert und gefördert wurde. Auch wenn es dem Großväterchen nicht gefiel, so musste es sich doch eingestehen, dass dieses Prinzip ganz vernünftig war – auch wenn es für jeden Einzelnen bedeutete, dass er sich nicht wie früher irgendwann zurücklehnen und routiniert seine Arbeit verrichten konnte. Mit diesem Gedanken fiel das Großväterchen in einen unruhigen Schlaf.

Ich muss kurz für einige wichtige Anmerkungen unterbrechen. Die Vision, die der König formuliert hat, legt das Ergebnis nicht im Detail fest. Es ist die Aufgabe des Teams und des Königs, aus der Vision ein konkretes Ziel abzuleiten. Dieses Ziel ist dann die eigentliche Falle – das Produkt, wenn Ihr so wollt. Das sollte natürlich zur Vision passen. An den Ideen des Ritters seht Ihr, dass es viele verschiedene Lösungen geben kann. Mit seiner Forderung nach einer Käfigkonstruktion hat der König den Lösungsraum erheblich eingeschränkt. Je größer ein Projekt und je unbekannter das Terrain, auf das man sich dabei fachlich oder technisch begibt, desto wichtiger ist es, sich frühzeitig grundlegende Gedanken über eine Architektur zu machen. Die Scrum-Methode kommt an dieser Stelle manchmal etwas hemdsärmelig daher, wenn sie davon ausgeht, dass die Architektur in den Köpfen des Teams entsteht und in den Sprints direkt umgesetzt wird. Das mag bei kleineren Projekten noch funktionieren, wird aber spätestens bei mittelgroßen Projekten scheitern, die aus mehr als einem Scrum-Team bestehen.

Ihr habt außerdem gesehen, dass man die funktionalen von den nicht funktionalen Anforderungen unterscheiden sollte. Letztere spielen eine wichtige Rolle, weil sie oft in allen Sprints berücksichtigt werden müssen – im Gegensatz zu den funktionalen Anforderungen, die mit der Abarbeitung des zugehörigen Backlog Item als erfüllt gelten. Die Gestalt und der Funktionsumfang der Falle werden sich von Sprint zu Sprint verändern. Trotzdem muss das Team gewährleisten, dass die Falle jederzeit in nur 30 Minuten von maximal drei Personen aufgebaut werden kann. Es bietet sich an, die nicht funktionalen Anforderungen ständig im Blick zu haben. Sie sollten deshalb einen besonderen Platz im Teamraum bekommen. Vielleicht benennt Ihr sogar einzelne Teammitglieder zu Paten dieser Anforderungen. Auf jeden Fall

dürft Ihr nie aufhören, nach den nicht funktionalen Anforderungen zu suchen und diese angemessen zu behandeln.

Jetzt sollt Ihr aber erst einmal sehen, wie spielerisch man die Backlog Items schätzen kann, und dass die Ergebnisse dieses Schätzverfahrens trotzdem ernst zu nehmen sind.

4.4   Das Planungsspiel

Entsprechend gerädert wachte das Großväterchen am nächsten Morgen auf. Mit tiefen Augenringen und schlechter Laune trottete es in den Speisesaal, wo es von allen anderen freundlich begrüßt wurde. Er, der Frühaufsteher, war der Letzte beim Frühstück – das war ihm noch nie passiert. Der Versuch, sich nichts anmerken zu lassen, ging leider schief. »Na, schlecht geschlafen? Habt Ihr auch so ein miserables Zimmer erwischt wie ich?«, wollte die Hexe wissen. Das Großväterchen murmelte etwas in seinen Bart, das wie »Albtraum« klang, und machte sich demonstrativ über das Frühstück her, auch wenn es eigentlich gar keinen Hunger hatte. Es war froh, als der Prinz alle in das Kaminzimmer rief.

Dort hatten in der Nacht einige Bedienstete des Königs die Backlog Items von der Schiefertafel auf kleine Holztafeln übertragen und in der gestern gemeinsam festgelegten Reihenfolge an eine Wand gehängt – eine einfache und übersichtliche Darstellung, darüber waren sich alle einig. Auf jedes der Holztäfelchen war ein kleines Kästchen gemalt worden, und alle diese Kästchen waren leer. »Hier«, so erläuterte der Prinz, »wollen wir für jedes Backlog Item eine abstrakte Größenschätzung eintragen, die wir gleich gemeinsam ermitteln werden.« Dann teilte er die Karten für das Planungsspiel *(Planning Poker)* aus. Die Karten trugen verschiedene Zahlenwerte: 0, 1, 2, 3, 5, 8, 13, 20, 40, 100. Die Zahlen standen für die Größe eines Backlog Item. Dem Großväterchen fiel auf, dass die höheren Kartenwerte eine größere Differenz zueinander aufwiesen als die kleineren Kartenwerte. Das entsprach nach Aussage des Prinzen dem zunehmenden Grad der Unsicherheit, der mit der Schätzung größerer Backlog Items verbunden war. Daneben gab es noch eine Karte mit einem Fragezeichen und eine Pausenkarte, gekennzeichnet durch eine Kaffeetasse. Nun sollten die Backlog Items nacheinander in der Reihenfolge ihrer Priorität geschätzt werden. Dabei sollte kein Aufwand

in Arbeitstagen ermittelt werden, sondern nur eine abstrakte
Größe. Die Anwesenden wussten damit wenig anzufangen, und
der Prinz konnte es auch nicht recht erklären. »Wie stellen wir
denn sicher, dass die Größen, die wir für verschiedene Backlog
Items schätzen, am Ende im Verhältnis zueinander stimmig
sind?«, wollte das Großväterchen wissen. Das Aschenputtel hatte
die Idee, ein Backlog Item als Referenzwert auszuwählen, dessen
Größe man gut bestimmen konnte. Die Schätzungen der anderen
Backlog Items sollten relativ zu diesem Referenzwert erfolgen.
Die Wahl fiel auf das folgende Backlog Item:

> **Die Falle soll auf festem, aber unebenem Grund aufgestellt werden können.**

Dieses Backlog Item verstanden alle Musketiere auf Anhieb. Sie
hatten auch schon eine recht genaue Vorstellung davon, wie man
diese Anforderung umsetzen konnte. Schließlich kannte jeder die
mobilen Marktstände, die mit höhenverstellbaren Füßen ausgestattet waren, wodurch sie sich auch in unebenem Gelände nivel-
lieren ließen. Jeder wählte verdeckt seine Karte aus. Auf das
Kommando des Prinzen legten alle die gewählte Karte offen auf
den Tisch. Dort lagen nun fünf Karten mit Größenwert 2 – eine
eindeutige Entscheidung, die sogleich auf der Tafel des Backlog
Items vermerkt wurde.

Jetzt, da alle Vorbereitungen getroffen waren, wollte der
Prinz mit dem Planungsspiel beginnen. Die Hexe aber verließ mit
den Worten »Ich nehme die Pausenkarte – muss nämlich dringend mal ein Pfeifchen rauchen« den Raum. Alle starrten den
Prinzen an. Der brauchte ein paar Sekunden, um sich zu sammeln
und die Wut herunterzuschlucken, die in ihm aufstieg. Dann ordnete er eine zehnminütige Pause an. Das Gespenst rauschte sofort
aus dem Raum – froh, ein wenig Ruhe zu haben. Die anderen
trotteten hinterher. Der Ritter konnte kaum verbergen, dass er
die defensive Art des Prinzen missbilligte. Er hätte an dessen
Stelle hart durchgegriffen. Der Prinz spürte, dass er es nicht allen
recht machen konnte, und überlegte, wie er sich jetzt verhalten
sollte. Schließlich entschied er sich für den bequemen Weg und
wartete die vereinbarten zehn Minuten einfach ab, ohne die Hexe
zur Rede zu stellen. Die kam tatsächlich pünktlich gemeinsam

mit den anderen in das Kaminzimmer zurück. Nun konnte das
Planungsspiel beginnen.

Der Prinz nahm das erste Backlog Item von der Wand und las
es laut vor:

> Die Falle soll so beschaffen sein, dass man die kleinsten bis hin zu
> den mittelgroßen Drachenarten damit fangen kann. Als mittelgroß
> bezeichnen wir Drachen, deren Körpermaße einen Quader von 3x3x3
> Metern nicht überschreiten.

Danach machte er eine kurze Pause, um jedem die Möglichkeit zu
geben, sich wieder in das Item hineinzudenken. Dann sollte jeder
seine erste Schätzung abgeben. Das Gespenst wurde unruhig und
fragte schließlich: »Bedeutet das, dass die Falle groß genug sein
muss, um auch die Hieronymus-Drachen fassen zu können?«
»Wie groß sind die denn genau?«, wollte der Prinz wissen.
»Keine Ahnung.« »Dann müssen wir uns wohl mal schlau
machen, wie groß die verschiedenen Drachenarten durchschnitt-
lich sind«, schaltete sich das Großväterchen ein, »Auf jeden Fall
muss die Falle auch die ganz kleinen Wadenzwicker unschädlich
machen können.« »Aber wenn die Falle ausreichend Platz für die
mittelgroßen Drachen bietet, dann passen doch wohl auch die
kleinen Drachen hinein, oder?«, entgegnete das Gespenst. »Das
stimmt wohl«, schaltete sich da das Aschenputtel ein, »Aber wir
müssen daran denken, die Gitterstäbe eng genug zu machen,
damit die kleinen Biester nicht hindurchschlüpfen können.« Nun
konnte die erste Schätzrunde beginnen. Dabei wählte das
Gespenst die Karte mit dem Wert 1 aus, und die Hexe legte sich
auf die Größe 5 fest. Alle anderen lagen mit ihrer Schätzung
dazwischen. Jetzt sollten Hexe und Gespenst ihre Schätzwerte
begründen. Die Hexe führte als Begründung für die Größe 5 an,
dass man sich auch um die Stärke und das Material der Gitterstäbe Gedanken machen müsse, was wiederum Auswirkungen
auf die Transportfähigkeit der Falle hätte. Das Gespenst sagte gar
nichts, wählte aber bei der zweiten Schätzrunde die Karte aus, die
in der ersten Runde am häufigsten gelegt worden war. Die Hexe
blieb bei der Größe 5 als Schätzwert. Man einigte sich nach der
nächsten Runde auf den Wert 3, den der Prinz sogleich auf das
Holztäfelchen übertrug.

Bei den weiteren Schätzungen stellte sich heraus, dass
Gespenst und Hexe die Backlog Items gar nicht im Detail kannten. Das war unverkennbar eine Folge ihres passiven Verhaltens
während der Sammlung der Backlog Items. Die anderen kamen
ihnen zu Hilfe und erläuterten geduldig, was tags zuvor gemeinsam festgelegt worden war. Weder Gespenst noch Hexe stellten
weitere Fragen. Trotzdem blieb der Eindruck, dass die beiden
manche Backlog Items immer noch nicht richtig verstanden hatten. Beide waren froh, dass das Planungsspiel die Verantwortung
für die Schätzung auf die Schultern aller Teammitglieder gleichmäßig verteilte. Niemand musste alleine entscheiden, und am
Ende stand ein Schätzwert, der von allen Musketieren als realistisch eingeschätzt wurde. Prinz Rollo versuchte einige Male, die
Hexe und das Gespenst nach ihrer Meinung zu den Backlog
Items zu fragen. Da die Antworten recht spärlich ausfielen, gab er
schließlich auf und ließ die beiden in Ruhe. Ohne Pause schätzte
die Gruppe weiter, denn es galt noch viele Items zu bearbeiten,
und die Zeit schritt unerbittlich fort.

Ritter Magnolius war der Meinung, dass viele der gemeinsam
festgelegten Schätzungen zu hoch waren. Immer wieder argu-
mentierte er, dass das aktuell zu schätzende Backlog Item viel
kleiner wäre, wenn er es umsetzen dürfte. Der Prinz musste ihn
immer wieder darauf hinweisen, dass die Schätzungen nicht auf
ein Mitglied der Gruppe zugeschnitten waren, sondern einen
gemeinsam ermittelten Wert darstellten, der von allen getragen
wurde. Manchmal nannte das Aschenputtel ein paar Aspekte, die
der Ritter bei seiner Schätzung nicht berücksichtigt hatte. War
der Ritter zunächst verärgert über die Einwände des Aschenputtels gewesen, so stellte er bald fest, dass die allermeisten Hinweise
Substanz hatten. Beim Mittagessen unterhielt er sich angeregt mit
dem Aschenputtel, das darauf recht verschüchtert reagierte. Beim
nachmittäglichen Schätzen übertrieb der Ritter es ein wenig,
indem er bei der Vorstellung eines jeden Backlog Item Aschenputtels Meinung hören wollte. Das arme Aschenputtel, das so viel
Aufmerksamkeit nicht gewohnt war, wurde immer unsicherer
und sagte schließlich kaum noch etwas, obwohl ihm das Planungsspiel eigentlich sehr viel Spaß machte.

Dem Großväterchen machte die Formulierung der Backlog
Items schwer zu schaffen. Gewohnt, Aufgaben zu planen und mit
Aufwandsschätzungen in Arbeitstagen zu versehen, wusste es mit

dem im Planungsspiel verwendeten abstrakten Größenbegriff
wenig anzufangen. Außerdem konnte man seiner Meinung nach
die Backlog Items erst dann schätzen, wenn man die dahinter ste-
henden Aufgaben genau identifiziert und beziffert hatte. Dabei
nannte er immer wieder Aufgaben, die »Vorbereitung«, »Stati-
sche Berechnung«, »Materialbeschaffung« oder »Test« hießen.
Viele dieser Aufgaben fielen bei mehreren Backlog Items an. Dem
Prinzen gefiel dieser aufgabenorientierte Ansatz. Er kannte sich
mit den Details der Fallenkonstruktion nicht aus, hatte aber mit
allgemeinen Planungstätigkeiten durchaus Erfahrung. Dem
Aschenputtel aber gefiel nicht, dass diese Aufgabenbeschreibungen sehr allgemein waren und keinen Bezug zum fachlichen
Aspekt der Backlog Items hatten. »Wo ist denn da der Geschäftswert?«, wollte sie vom Prinzen wissen. Der aber konnte nicht einmal mit Sicherheit sagen, ob sich der Geschäftswert überhaupt in
den Aufgaben widerspiegeln muss.

   Es war bereits später Nachmittag, und die goldene Septem-
bersonne verschwand hinter dem Gebirge, als das folgende Backlog Item zur Schätzung anstand:

> Die Falle soll aus der Luft für Drachen schwer zu erkennen sein,
> wenn sie im hohen Gras, in einem Maisfeld, einem Getreidefeld oder
> auf sandigem Boden steht.

Dazu musste ein Anstrich gewählt werden, der farblich mit den
im Backlog Item angegebenen Umgebungen harmonierte. Das
ließ sich recht einfach überprüfen, indem man verschiedene Farb-
muster für die Falle anfertigte und in die verschiedenen Land-
schaften legte. Für dieses Backlog Item wollte man sich gerade
auf den Größenwert 2 einigen, als das Gespenst vorsichtig fragte:
»Was beinhaltet diese geschätzte Größe eigentlich? Wenn es nur
die Auswahl einer geeigneten Farbe ist, dann müssen wir doch
auch ein Backlog Item haben, in dem das Lackieren der Falle in
der gewählten Farbe beschrieben ist, oder?« Alle starrten das
Gespenst an. Nur die Hexe blickte fragend in die Runde. Sie hatte
das Problem noch nicht erfasst. Das Aschenputtel half ihr, indem
es die Fragen des Gespensts auf den Punkt brachte: »Wir müssen
uns mal darüber unterhalten, wann wir ein Backlog Item für fertig erklären wollen.« Jeder hatte eine eigene Definition für diesen
Begriff, und es war gar nicht einfach, einen gemeinsamen Nenner

zu finden. Nur mit Hilfe des Redestabs gelang es dem Prinzen, die Diskussion in geordnete Bahnen zu lenken. Während das Gespenst meinte, dass es genüge, ein Item ausreichend geplant zu haben, wollte das Aschenputtel nur gefertigte und fehlerfreie Werkstücke als Ergebnis akzeptieren. Schließlich ging der Prinz wieder an die Schiefertafel und schrieb alle Eigenschaften auf, die er in der Diskussion aufgeschnappt hatte, und die jetzt seine Definition von »fertig« bestimmten. Darunter fanden sich Eigenschaften wie »Beschreibung und Baupläne erstellt«, »Bauteil prototypisch produziert«, »Bauteil endgültig produziert« und »Hinweise für die Serienfertigung beschrieben«. Die Liste spannte also einen weiten Bogen und ließ jedes Backlog Item plötzlich in einem anderen Licht erscheinen – und in diesem Licht wirkte auch das kleinste Item riesengroß. Der Hinweis, dass man jetzt eigentlich alle Backlog Items unter Berücksichtigung dieser Definition erneut schätzen müsse, prallte am Prinzen ab. Auch Einwände gegen diese Liste ließ er nicht mehr gelten. Er hatte sich nämlich zum Ziel gesetzt, die Schätzung aller Backlog Items noch in dieser Woche fertigzustellen. Deshalb duldete er keine weiteren Verzögerungen, obwohl er das Gefühl hatte, dass die Schätzungen nicht von der gesamten Mannschaft getragen wurden. Hexe und Gespenst hatten innerlich abgeschaltet, und das Großväterchen hatte seine liebe Mühe mit dem Schätzprozess.

Der Hofmarschall, der den Nachmittag als Gast im Kaminzimmer verbrachte, sah seine Befürchtungen bestätigt, dass diese Mannschaft den Ansprüchen des Königs nicht genügte. Er hatte allerdings nicht den Mut, offen mit dem Prinzen darüber zu sprechen. Lieber genoss er das gemeinsame Abendessen und unterhielt sich angeregt mit dem Großväterchen über die gute alte Zeit, als ein Fallenkonstrukteur noch wusste, was von ihm erwartet wurde.

Die Anstrengungen des Tages ließen es sehr schnell still werden in der Sommerresidenz. Selbst das Großväterchen hatte keine Probleme mit dem Einschlafen. Es kreisten zwar noch immer viele neue Gedanken in seinem Kopf herum, aber die Müdigkeit war dieses Mal stärker. Und dann hatte das Großväterchen einen seltsamen Traum: Es rannte den Mainstream entlang. Auf den Meilensteinen, die entlang des Weges standen, waren aber keine Entfernungen angegeben, sondern nur die Zahlen 0, 1, 2, 3, 5, 8, 13, 20, 40 und 100. Quer über die Hauptstraße waren in regelmäßigen Abständen lange Wimpelketten gespannt. Als es sich die Wimpel im Vorbeilaufen näher anschaute, stellte es fest, dass es sich um Planungsspiel-Karten handelte. Schließlich erreichte es sein Ziel: eine alte Werkstatt für Drachenfallen, in der die Fallen nach der ihm bekannten traditionellen Methode hergestellt wurden. Dort jubelte ihm die gesamte Belegschaft zu, weil es diesen Sprint überlegen gewonnen hatte. Als Preis überreichte ihm König Schærmæn eine der Holztafeln, auf denen die Backlog Items geschrieben standen. Im Kästchen für die Größe stand die Zahl »1«. Da wusste das Großväterchen, dass alles gut war.

Zwei Tage später saß die Mannschaft immer noch im Kaminzimmer und plante. Eine Wand des Zimmers war mittlerweile mit Backlog Items übersät. Die neu hinzugekommenen waren allerdings entweder sehr unspezifisch (z. B. »Die Falle muss zuverlässig funktionieren«), oder sie beschrieben Funktionalitäten, deren Wert für die Falle zweifelhaft war, beispielsweise »Die Falle sollte auch in sumpfigem Gelände aufzubauen sein«. Bisher war kein Drachenfallen-Kunde bekannt, der je eine solche Anforderung gestellt hätte. Die Backlog-Item-Produktion hatte sich verselbstständigt, aber leider nicht an Qualität gewonnen. Davon zeugten viele Backlog Items, die eine Größe von 40 oder 100 trugen. Der Versuch, diese Backlog Items in kleinere, handhabbare Funktionen aufzubrechen, misslang, weil es keine Anforderungen für diese Items gab. Der König hatte sich ab und zu sehen lassen, wusste aber auf viele Fragen der Mannschaft zu konkreten Details auch nicht mehr zu sagen als: »Das ist sicherlich eine interessante Idee, aber die müsst Ihr selber weiter verfeinern.« Allerdings fällte der König ein weises (und, wie sich später herausstellte, Scrum-gerechtes) Urteil: Er bat die Mannschaft, sich nicht weiter mit der Definition neuer Backlog Items zu beschäftigen. Stattdessen sollten sie die ersten Backlog Items in die Tat umsetzen. Kaum hatte er diesen Wunsch ausgesprochen, da ging ein Seufzer der Erleichterung durch das Team. Endlich ging es richtig los! Nur das Gespenst war nicht zufrieden. Es wollte lieber erst alle Backlog Items sammeln. Da sprach der König: »Mein liebes Gespenst! Eure Akribie in allen Ehren, aber ich glaube, dass die Liste der Backlog Items nie vollständig sein wird. Es ist nun einmal so, dass man im Laufe der Zeit und mit zunehmender Erfahrung feststellt, dass einige Dinge überhaupt nicht so beschaffen sind, wie man es sich ursprünglich gedacht hatte. Wir müssen

immer damit rechnen, dass sich die Welt um uns herum ändert –
und das kann Auswirkungen auf die neue Falle haben. Das solltet
Ihr nie vergessen!« Mit diesen Worten verließ er das Kaminzimmer und machte sich auf den Rückweg ins Schloss. Der Ritter
war immer noch ganz fasziniert von der Aussicht, endlich handwerklich tätig werden zu können. Deshalb fragte er den Prinzen:
»Was für eine Aufgabe habt Ihr mir denn zugedacht?« Die Antwort war überraschend und deprimierend zugleich: »So weit sind
wir noch nicht. Erst einmal müssen wir festlegen, was wir in
unserem ersten Sprint realisieren wollen. Dann legen wir gemeinsam die Aufgaben fest, und dann darf jeder täglich selbst entscheiden, welche Aufgabe er übernehmen möchte.« Bei dem
Wort »Aufgaben« leuchteten die Augen des Großväterchens.
Jetzt schien – genau wie in seinem Traum – alles gut zu werden.

---

*Das war sie also: die initiale strategische Planung. Die gute Nachricht: Das Product Backlog ist mit Backlog Items gefüllt, deren
Größe vom Team geschätzt wurde. Die weniger gute Nachricht:
Das Team ist über das Ziel hinausgeschossen. Es hat viel zu viele
neue Backlog Items dazu erfunden, anstatt sich auf jene Items zu
konzentrieren, die hoch priorisiert und zugleich gut verstanden
wurden.*

*Einige der vom Team kreierten Items waren dem König inhaltlich nicht bekannt – dabei ist er es, der aus fachlicher Sicht für
das Produkt »Drachenfalle« verantwortlich zeichnet. Deshalb
sollte er bei solchen Planungssitzungen anwesend sein oder zumindest regelmäßig für Rückfragen zur Verfügung stehen.*

*Niemand sollte zur Mitarbeit gezwungen werden. Das hat fast
immer den Effekt, dass man diese Personen endgültig verliert.
Wenn sie sich nicht aktiv an der Planung und Schätzung der
Backlog Items beteiligen, dann nur deshalb, weil sie sich erst einmal an die Projektsituation, die personelle Konstellation und die
neuen Spielregeln und Methoden gewöhnen müssen.*

*Der Sprint 0, in dem auch die erste strategische Planung stattfindet, ist zugleich die Aufwärmphase für das Team. Genau wie
beim Sport erwartet hier niemand Höchstleistungen. Wichtig ist
nur das gemeinsame inhaltliche Verständnis der Backlog Items.
Darauf solltet Ihr achten, denn wenn das Verständnis fehlt, dann
kommt es später in den Sprints zu unnötigen Missverständnissen
und Verzögerungen. Eine Auffrischung des Wissens im Rahmen*

*der Schätzklausuren (von denen wir später noch hören werden)
und während der Sprint-Planungssitzungen ist sinnvoll – wenn es
denn bei einer Auffrischung bleibt und nicht die gesamte strategische Planung wiederholt wird.*

*Auch die strategische Planung soll in einem festen Zeitrahmen
stattfinden. Dann hätte sich das Team auf die wirklich wichtigen
Themen, nämlich die hoch priorisierten Backlog Items, konzentriert. Es ist wichtiger, die Schätzung in der festgelegten Zeit zu beenden, als alle Schätzungen 100 Prozent wasserdicht zu haben.
Und es ist natürlich nicht in Ordnung, spontan über den Kopf des
Teams hinweg zu entscheiden, wann die Planung beendet ist –
aber so etwas würdet Ihr ohnehin nie tun, nicht wahr?*

*Die Suche nach einer gemeinsamen Definition für den Begriff
»fertig« gestaltete sich sehr schwierig. Dabei bietet Scrum eine
Grunddefinition, die man projektspezifisch verfeinern kann.
Laut Scrum ist das Ergebnis eines jeden Sprint ein potenziell aus-
lieferbares Produkt. Nun muss das Team festlegen, was alles getan werden muss, um den Zustand »fertig« (done) zu erreichen.
Entwickeln, Testen, Dokumentieren und Installieren sind die
Klassiker der Definition von »fertig« (Definition of Done, DoD).
Daneben können aber auch weitere Aktivitäten anfallen, beispielsweise eine behördliche Genehmigung. »Aber sollte der König nicht auch ein Wörtchen mitreden dürfen? Er hat doch bestimmt eine eigene, fachlich motivierte Definition von › fertig‹ «,
fragt Ihr Euch jetzt vielleicht. Das stimmt. Deshalb wird für jede
Anforderung ein Akzeptanztest entwickelt, der aus Anwender-
sicht das erwartete Verhalten des zu testenden Gegenstands beschreibt. Auch die Musketiere werden Erfahrungen mit dem Testen sammeln – aber bis dahin dauert es noch eine Weile. Wichtig
ist, dass die Definition von »fertig« nachprüfbar ist. Vielleicht
legt Ihr eine Prüfliste an, auf der für ein Backlog Item die einzelnen Kriterien abgehakt werden können. Erst wenn überall ein
Häkchen gesetzt ist, darf das Backlog Item als fertig bezeichnet
werden.*

*Ich möchte meine Anmerkungen an dieser Stelle mit einer
wichtigen Erkenntnis schließen. Euch dürfte aufgefallen sein,
dass das Planungsspiel allen Spaß gemacht hat. Das liegt vor allem an der spielerischen Art, mit der die Schätzergebnisse erzielt
werden. Außerdem fördert es die Diskussion im Team und führt
zu einem gemeinsamen Verständnis der Backlog Items. Die
Wahrscheinlichkeit, dass wichtige Aspekte eines Backlog Item*

vergessen wurden, ist geringer als beim Schätzen durch Einzelpersonen, weil das Wissen des gesamten Teams eingebracht wird. Ich treffe aber immer noch Projekte an, in denen einzelne Entwickler Aufwände schätzen. Dabei ist die Aufwandsschätzung schon lange wissenschaftlich erforscht, und es gibt eine Fülle von erprobten Konzepten. Die meisten dieser Konzepte verwenden die Schätzwerte mehrerer Personen, was definitiv besser ist, als auf den dicken Daumen eines einzelnen Entwicklers zu vertrauen. Das Planungsspiel ist übrigens keine Scrum-Erfindung, sondern die agile Ausprägung der mehr als vierzig Jahre alten Delphi-Methode. Mit der Verbreitung agiler Vorgehensweisen wurde diese Schätzmethode wieder sehr populär. Mike Cohn hat ein Buch zum agilen Schätzen und Planen geschrieben, das ich Euch ans Herz legen möchte.

Was passiert beim Planungsspiel, wenn sich die Mitspieler nicht auf einen gemeinsamen Wert einigen können? Sobald in zwei aufeinander folgenden Runden trotz Diskussion dieselben Karten ausgewählt werden, muss eine Entscheidung getroffen werden. Meist wird dann der am häufigsten ausgewählte Größenwert genommen. Das hat auch unser Team getan, als es bei der Schätzung der Anforderungen an die Fallengröße (kleine bis mittelgroße Drachen) keine Einigung erzielen konnte. Vorsichtigere Teams nehmen den höchsten Kartenwert als Ergebnis der Schätzung. Genauere Ergebnisse lassen sich mit dieser Methode nicht erzielen, und die Aussagekraft einer solchen Schätzung ohne echte Einigung ist fragwürdig. Wer es genauer wissen möchte, der sollte auf andere Schätzverfahren ausweichen. Die Dreipunkt-Methode verwendet beispielsweise eine pessimistische, eine wahrscheinliche und eine optimistische Schätzung und bildet daraus einen mittleren Schätzwert. Die Kenntnis der drei Einzelwerte gibt dem Produktverantwortlichen ein besseres Gefühl für die Bandbreite der Schätzung.

Ein wichtiger Aspekt, der insbesondere von Scrum-Neulingen als besonders attraktiv empfunden wird, ist die gleichmäßige Verteilung der Verantwortung für das Ergebnis auf alle Teammitglieder. Damit ist es unmöglich, im Falle eines Scheiterns eine einzelne Person aus dem Team zur Verantwortung zu ziehen. Ich habe noch niemanden kennengelernt, der diesen Effekt nicht positiv bewertet. Leider habe ich aber schon agile Teams erlebt, in denen Einzelne diesen Effekt genutzt haben, um sich aus der Verantwortung zu stehlen. Auf die Frage, wie man eine Teamverant-

wortung etablieren kann, gibt es keine einfache Antwort. Letzt-
endlich muss jedes Team selbst entscheiden, ob es damit leben
kann, dass einzelne Teammitglieder die kollektive Übernahme
von Verantwortung als Versteck missbrauchen. Da ein solches
Verhalten in der Regel sehr schnell und deutlich sichtbar wird,
muss das Team zwangsläufig reagieren – und das tut es üblicher-
weise auch. Gute Teams helfen den unsicheren Kolleginnen und
Kollegen dabei, die Übernahme von Verantwortung zu lernen.

Verlassen wir nun die strategische Planung und schwingen in
den Rhythmus der Sprints ein. Diese auch Iterationen genannten
Arbeitszyklen haben eine festgelegte Länge und einen festen inne-
ren Aufbau. Das hat den Vorteil, dass das Team diese Struktur ir-
gendwann verinnerlicht hat und nicht mehr über den Prozess
nachdenken muss, sondern sich vollkommen auf die Inhalte kon-
zentrieren kann. Ihr müsst allerdings darauf achten, dass dieser
Rhythmus nicht zum monotonen Marsch verkommt, denn dann
verliert Ihr das kreative Moment. Die meisten Menschen, die ich
kennengelernt habe, halten Standards und Rituale grundsätzlich
für vorteilhaft, sofern sie ausreichend Freiheitsgrade für die per-
sönliche Entfaltung besitzen. Genug der Vorrede – auf zum ersten
Sprint!

5 Sprint 1

Der Prinz hatte es angekündigt: Der Sprint 1, die erste Phase handwerklichen Schaffens, begann mit einer weiteren Planungseinheit. Und so trafen sich die »Musketiere der Drachenfalle« wieder im Kaminzimmer, das inzwischen eine Art Hauptquartier geworden war. Hier konnte man alle wichtigen Informationen des Projekts auf einen Blick erfassen. Eine solche Transparenz hatte noch keiner der Anwesenden erlebt. Diese Informationen waren bisher immer nur ausgewählten Kreisen vorbehalten gewesen. Hier aber wusste jeder genau über die Inhalte des Projekts Bescheid. Nur über den Faktor Zeit war bisher noch wenig gesprochen worden. Das sollte sich aber heute, am ersten Tag des ersten echten Sprint, ändern.

5.1 Der Sprint-Planung erster Teil

»Guten Morgen – und herzlich willkommen zum ersten Teil der Sprint-Planungssitzung«, begrüßte der Prinz das Team. Alle waren gespannt auf das, was heute passieren würde. Die Ankündigung weiterer Planungsaktivitäten war wenig begeistert aufgenommen worden, aber es gab ja die Aussicht auf echte Arbeit, und darauf freuten sich alle. Jetzt waren sie aber erst einmal überrascht, als der König den Raum betrat. Er wurde herzlich von seinem Sohn begrüßt. Daraufhin setzte sich Prinz Rollo zum Rest der Mannschaft und lauschte den Ausführungen seines Vaters. »Dieser erste Teil der Sprint-Planungssitzung ist sozusagen meine Veranstaltung. Gestatten: König Schærmæn, Produktverantwortlicher *(Product Owner)* des Fallenprojekts! Ich bin, wie Ihr ja wisst, derjenige, der die beste Drachenfalle haben möchte. Deshalb habt Ihr mich ja auch schon während der strategischen Planung zu Recht mit Fragen gelöchert. Ich bin es auch, der die Vision des Projekts definiert hat. Doch vor das Erreichen dieses fernen Ziels haben die Einhörner von Scrum viele Zwischenziele gesetzt – eines je Sprint. Und deshalb bin ich heute zur Sommerresidenz gekommen, um das erste Sprint-Ziel zu formulieren. Dann möchte ich gemeinsam mit Euch anhand des Product Backlog festlegen, welche Backlog Items Ihr zur Erreichung des Sprint-Ziels bearbeiten müsst. Außerdem wollen wir das gemeinsame Verständnis der Inhalte dieser Backlog Items überprüfen, damit ich in vier Wochen tatsächlich ein Ergebnis bestaunen kann, das ich in dieser Form erwartet habe. Vier Wochen – das ist die Länge unserer Sprints.« König Schærmæn ging hinüber zur Schiefertafel. »Und das ist es, was ich in vier Wochen sehen möchte.« Er schrieb einen Satz an die Schiefertafel, den die Anwesenden aber erst sehen konnten, als der König beiseite trat:

> Ziel des Sprint 1: Eine gut getarnte Falle für kleine bis mittelgroße Drachen, einfach aufzubauen und simpel zu verschließen.

Dann begann der König, dieses Sprint-Ziel zu erläutern. Es dauerte nicht lange, bis die Teammitglieder erste Fragen stellten. Schließlich mussten sie einschätzen, ob das vom König vorgegebene Ziel tatsächlich in der geforderten Zeit zu erreichen war. Der König hatte in aller Deutlichkeit klar gemacht, dass er ein »fast fertig« nicht akzeptieren würde. Hier sprach Scrum offenbar eine deutliche Sprache: Das Ziel war nur erreicht, wenn die zur Zielerreichung erforderlichen Backlog Items im Sinne der während der strategischen Planung festgelegten Kriterien fertig waren.

Prinz und Ritter waren gut vorbereitet und hatten eine recht klare Vorstellung davon, was die Mannschaft in den kommenden vier Wochen schaffen könnte. Die Vorstellungen des Prinzen waren allerdings recht oberflächlich. Sein Ziel war es, möglichst schnell möglichst viel fertigzustellen. Das Aschenputtel verhielt sich ruhig. In Gegenwart des Königs zog es sich in seine angestammte Rolle der hörigen Dienerin zurück. Auch das Gespenst hielt sich dezent im Hintergrund. Die Bloßstellung seiner Schwächen während der strategischen Planung, die Kenntnis der Backlog Items betreffend, war ihm eine Lehre gewesen. Jetzt saß es nur noch ruhig da und hoffte, dass die anderen eine vernünftige Auswahl an Backlog Items trafen, die im ersten Sprint bearbeitet werden sollten. Der Prinz, dem das passive Verhalten des Gespensts natürlich nicht entgangen war, sprach den Flattermann mehrere Male an, um seine Meinung zu dem gerade diskutierten Backlog Item einzuholen. Aber das Gespenst wand sich und fand immer neue Ausflüchte. Schließlich gab der Prinz auf und konzentrierte sich auf die wenigen Mitstreiter, die aktiv an der Planung des ersten Sprint teilnahmen.

Die Hexe gehörte leider auch nicht zum Kreis der Aktiven. Sie ließ nur regelmäßig verlauten, dass die Backlog Items viel zu ungenau formuliert seien und dass man erst vernünftig schätzen könne, wenn die Aufgaben im Detail bekannt wären. Das Großväterchen pflichtete ihr grundsätzlich bei, versuchte aber dennoch, die Backlog Items zu verstehen und sich eine Meinung über das in vier Wochen zu erreichende Ergebnis zu bilden. Und es stellte fest, dass es im Laufe der Diskussion mit Prinz und Ritter eine immer bessere Vorstellung von den Inhalten der Backlog Items bekam. Sein Vorschlag, diese Details aufzuschreiben und den Backlog Items zuzuordnen, fand breite Zustimmung. Selbst das Gespenst und die Hexe waren plötzlich wieder wach und verfolgten – wenn auch immer noch passiv – das Geschehen. Das Aschenputtel hielt sich weiterhin zurück. Es sah aus, als hätte es Verständnisschwierigkeiten. Vom Prinzen darauf angesprochen, rückte das Mädchen mit dem wahren Grund für seine Zurückhaltung heraus. An den König gewandt, sagte es schüchtern: »Ich frage mich die ganze Zeit, wie Ihr auf das Sprint-Ziel gekommen seid. Hattet Ihr das schon im Kopf, als wir die Backlog Items definiert haben? Oder habt Ihr Euch das Ziel aus dem priorisierten Product Backlog konstruiert?« Gespannt erwartete das Aschenputtel die Antwort des Königs. Der aber schmunzelte zunächst, lachte dann herzlich und sagte: »Ertappt! Ich bin ertappt worden! Tatsächlich habe ich gestern Abend krampfhaft überlegt, wie ich das Sprint-Ziel formulieren soll. Zum Glück hatte ich mir die am höchsten priorisierten Backlog Items gemerkt. Aus denen habe ich dann das Sprint-Ziel gebastelt. Ich hoffe, dass bald das Einhorn aus dem Land Scrum eintrifft, denn ich wüsste zu gerne, wie ein Scrum-Experte die Sprint-Ziele festlegt.« »Das wüsste ich auch gerne!« Das Aschenputtel war erleichtert, dass der König die

Frage mit Humor aufgenommen hatte, und ergänzte schnell: »Ich muss sagen, dass Euer Sprint-Ziel auf mich einen ganz natürlichen Eindruck macht und keinesfalls gekünstelt wirkt.« »Vielen Dank für das Lob, junge Dame! Nun lasst uns bitte trotzdem das Product Backlog nach passenden Anforderungen durchsuchen.«

Noch bevor die Glocke zum Mittagsmahl rief, hatte der König gemeinsam mit dem Team die Backlog Items ausgewählt, die für das erste Sprint-Ziel benötigt wurden, und deren Beschreibung so weit verfeinert, dass das Team grundsätzlich in der Lage war, zu jedem Backlog Item eine Liste von Aufgaben zu definieren. Der König war sichtlich erleichtert, dass man tatsächlich ohne Probleme und wie geplant an diesem Punkt angelangt war. »Nun möchte ich Euch noch ein Versprechen abnehmen«, sprach er die Mannschaft an. »Einer der Grundwerte von Scrum ist die Selbstverpflichtung. Ich möchte, dass jetzt jeder von Euch verbindlich erklärt, das Sprint-Ziel gemeinsam mit dem Team zu erreichen.« Schweigen. »Was ist – habe ich Euch schockiert? Das ist kein Trick, ich möchte Euch nicht hinters Licht führen. Aber ich möchte, dass Ihr lernt, Verantwortung zu übernehmen und Euch nicht hinter dem Scrum-Meister zu verstecken. Also, noch einmal: Glaubt Ihr, dass Ihr dieses Sprint-Ziel in vier Wochen erreichen könnt?« Vom Ritter kam sofort ein »Ja, Euer Majestät!«, dicht gefolgt vom »Ja!« des Aschenputtels. Das »Ja« des Großväterchens klang schon etwas zweifelnder. Das Gespenst hauchte ein unsicheres »Javielleichtichdenkedoch« in den Raum. Nur die Hexe war nicht zu einer Aussage zu bewegen. Sie wollte erst den zweiten Teil der Sprint-Planungssitzung abwarten. Dort sollten die Aufgaben zu den Backlog Items definiert werden. Erst wenn die Liste der Aufgaben stand, wollte die Hexe sich äußern. Der Ritter aber wollte endlich mit dem Fallenbau beginnen. »Seht Ihr, Majestät: Die Mehrheit hält Euer Sprint-Ziel für realistisch«, rief er aufgeregt. »Damit können wir doch jetzt loslegen, oder?« Die Antwort war ein bestimmtes »Nein!« König Schærmæn schaute jedes Teammitglied der Reihe nach an und erläuterte dann seine Ablehnung: »Ich möchte, dass jeder in diesem Team hinter dem Sprint-Plan steht. Und ich respektiere den Wunsch der Hexe. Führt bitte nach dem Mittagsmahl den zweiten Teil der Sprint-Planung durch. Anschließend treffen wir uns wieder, und dann stelle ich meine Frage noch einmal. Jetzt wünsche ich allen erst einmal einen guten Appetit!«

König Schærmæn hat es zwar bereits gesagt, aber vielleicht ist es nicht deutlich genug geworden: Ein Sprint endet mit einem echten Ergebnis – etwas, das funktioniert, das man benutzen kann, an dem man seine Vorstellung über das endgültige Produkt überprüfen und gegebenenfalls anpassen kann. Idealerweise kann man das Zwischenprodukt nicht nur ausprobieren, sondern tatsächlich produktiv verwenden. Das ist bei der ersten, einfachen Version der Falle noch nicht möglich, weil ihr beispielsweise ein Auslöser fehlt, der die Falle zuschnappen lässt. Wie wir aber am Ende dieses Sprint sehen werden, findet diese minimalistische Falle doch noch Verwendung. In größeren Projekten, an denen mitunter verteilt über mehrere Standorte gearbeitet wird, ist es ungleich schwieriger, in den ersten Sprints ein Ergebnis zu erzielen, das Produktcharakter hat. Zum Thema große, verteilte Projekte empfehle ich Euch die Bücher von Jutta Eckstein und das APM-Buch als Lektüre.

Was ist der Lohn für den enormen Aufwand, mit jedem Sprint etwas Produktives herzustellen? Ganz einfach: Produktentwicklung kostet Geld. Irgendwann möchte man mit diesem Produkt Geld verdienen oder Kosten einsparen, um mindestens die Entwicklungskosten zu decken. Was liegt also näher, als das Produkt so schnell wie möglich produktiv zu nutzen, um bereits sehr früh einen Geschäftswert zu erzielen? Zugegeben: Das ist bei materiellen Produkten nicht immer einfach und in den ersten Sprints eventuell unmöglich, aber das Ziel ist dennoch erstrebenswert. Deshalb sollten alle ernsthaft versuchen, dieses Ziel zu erreichen. Man spricht hier von einer inkrementellen Produktentwicklung, weil das Produkt in kleinen, sauber definierten Teilschritten (Inkrementen) erstellt wird, wobei jeder Teilschritt ein Ergebnis liefert, das Produktcharakter hat. Dieses Vorgehen hat noch einen weiteren Vorteil: Man hat am Ende eines jeden Sprint etwas zum Anfassen, das man begutachten und über das man diskutieren kann. Außerdem hat man am Ende eines jeden Sprint die Chance, das Projekt abzubrechen. Das sollte man dann tun, wenn man feststellt, dass das Produkt gut genug ist. Aber dazu später mehr.

Ich bin Euch noch eine Antwort auf die Frage des Aschenputtels schuldig. Wie kommt man zu einem Sprint-Ziel? Vom Himmel fallen diese nur selten. Die Idee des Königs, das Ziel aus den hoch priorisierten Backlog Items abzuleiten, war gar nicht schlecht. Ich glaube, dass es nur funktioniert hat, weil der König bereits bei der Priorisierung der Items eine vage Idee für ein Sprint-Ziel im Kopf hatte. Das ist auch der übliche Weg, um zu Sprint-Zielen zu gelangen: Man gruppiert die Anforderungen zu Themen oder Funktionspaketen, die den Charakter von Auslieferungspaketen (Releases) haben. Je Paket definiert man ein Ziel. Diese Ziele bringt man dann in eine Reihenfolge und leitet anschließend daraus die Backlog Items ab, die sich entlang der gewählten Reihenfolge priorisieren lassen. Damit ist eine Grundstruktur des Product Backlog entstanden, die um nicht funktionale Anforderungen und andere Ergebnisse ergänzt wird. Gegebenenfalls wird durch zusätzliche Kriterien (z.B. Risiko oder Kosten) eine erneute Priorisierungsrunde notwendig.

Noch eine Anmerkung zum Scrum-Meister: Es ist zwar schön, dass Prinz Rollo eine gute Vorstellung vom Sprint-Ziel und dessen Erreichbarkeit hat. An der Planung soll der Scrum-Meister aber nicht aktiv teilnehmen – das ist allein Aufgabe des Teams und des Produktverantwortlichen. Letzterer ist der Stellvertreter des bzw. der Kunden, der alle fachlichen Entscheidungen zum Produkt trifft. Er allein legt fest, welche Funktionalität das Produkt erhalten soll. Dabei wird er sich immer wieder mit dem Kunden austauschen und gegebenenfalls die Anforderungen anpassen. Durch die Priorisierung der Anforderungen bestimmt er außerdem die Reihenfolge, in der das Produkt mit den geforderten Funktionen ausgestattet wird. Die Rolle des Produktverantwortlichen ist keine Scrum-Erfindung. Auch im Extreme Programming (XP) findet sich die Forderung nach einem sogenannten Kunden vor Ort (On-site customer).

Und noch eine Erläuterung: In der Literatur werdet Ihr dem Scrum-Meister häufig unter dem Kunstnamen ScrumMaster begegnen. Dieser eigenartige Name ist eine Kreation meiner Marketing-Schwestern. Sie glaubten, Scrum mit einem besonderen Namen noch interessanter machen zu müssen. Meiner Meinung nach soll Scrum lieber inhaltlich überzeugen, aber ich wurde nicht gefragt ...

5.2 Der Sprint-Planung zweiter Teil

Nach dem Mittagsmahl sollte für jedes ausgewählte Backlog Item eine Liste von Aufgaben definiert werden. Aber zunächst bereitete der Prinz eine weitere Schiefertafel vor, auf der die Aktivitäten dieses Sprint erfasst werden sollten. Oben auf die Tafel schrieb er die Nummer des Sprint sowie das Sprint-Ziel. Dann heftete er alle Holztäfelchen untereinander, auf denen die Beschreibungen der ausgewählten Backlog Items standen. »Dies ist unser ausgewähltes Product Backlog für das oben genannte Sprint-Ziel«, erläuterte er die Organisation dieser Schiefertafel. »Zu jedem Backlog-Item-Täfelchen werden wir jetzt mehrere Aufgabentäfelchen definieren.« Nun unterteilte er den verbleibenden Platz auf der Schiefertafel in drei Spalten. »Alle Aufgabentäfelchen sind zunächst im Zustand ›zu erledigen‹.« Diesen Zustandsnamen schrieb er über die linke Spalte. »Dann wechseln sie in den Zustand ›in Bearbeitung‹, um schließlich – hoffentlich – den Zustand ›erledigt‹ zu erreichen. Mit anderen Worten: Die Aufgabentäfelchen durchwandern alle Spalten von links nach rechts. So sind wir jederzeit

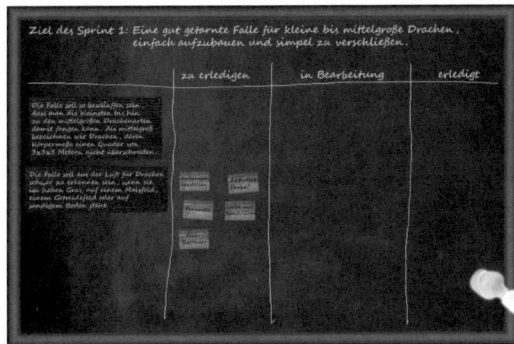

über den Fortschritt in diesem Sprint informiert. Diese Aufgabenliste nennen wir übrigens Sprint Backlog.«»Einfach, aber sehr übersichtlich«, lobte das Aschenputtel diese Darstellungsform. Der Prinz merkte, dass die anderen ungeduldig wurden. Deshalb nahm er einen Stapel leerer Holztäfelchen und sagte:»Beginnen wir mit dem ersten Backlog Item: ›Die Falle soll aus der Luft für Drachen schwer zu erkennen sein, wenn sie im hohen Gras, in einem Maisfeld, einem Getreidefeld oder auf sandigem Boden steht.‹ Welche Aufgaben können wir daraus ableiten?« Aus dem Ritter sprudelten die Aufgaben nur so heraus:»Wir brauchen Muster des Materials, aus dem die Fallengitter bestehen. Schließlich muss die Farbe nachweislich auf dem Untergrund haften. Dann müssen wir verschiedene Farbproben anmischen und ausprobieren. Dazu wäre es gut, wenn wir wüssten, welche Farben bei den heutigen Fallen verwendet werden. Unser Farbanstrich sollte mit Sand und Gras besprenkelt werden können, um ihm ein noch natürlicheres Aussehen zu verleihen. Tarnnetze wären auch gut. Und weil wir nicht jedes Mal in die Ferne ziehen wollen, um den Farbanstrich zu testen, sollten wir im Hof vier kleine Testfelder anlegen. Wir brauchen einen Bauern, der uns ein paar Maispflanzen und ein wenig Getreide abtritt. Am Ende müssen wir unsere Falle in der ausgewählten Farbe lackieren.« Der Prinz kam kaum mit dem Schreiben hinterher. Die Tafeln, die er dem Ritter zur Befestigung am Sprint Backlog zureichte, enthielten sehr knappe Beschreibungen:»Farbproben herstellen«,»Aktuelle Farbe?«,»Farbe mit Sand/Gras«,»Tarnnetz«,»Farbtestfelder«. Während die anderen Musketiere noch die Texte auf den Täfelchen entzifferten, hatte das Aschenputtel bereits zwei Anmerkungen.»Die Idee mit dem Tarnnetz sollten wir erst aufgreifen, wenn wir feststellen, dass der Farbanstrich allein keine ausreichende Tarnung bietet. Sonst laufen wir Gefahr, unnötige Aufgaben zu erledigen.« Alle bis auf den Ritter nickten.»Und dann solltet Ihr, lieber Prinz, die Aufgaben etwas genauer beschreiben. Ich will Euch ein Beispiel geben. Unter ›Aktuelle Farbe?‹ können wir uns kaum etwas vorstellen. Wie wäre es stattdessen mit ›Informationen über den Farbanstrich der aktuellen Fallengeneration beschaffen‹?« Die Hexe lobte das Aschenputtel für seine Formulierungskünste, denn die ausführlichere Aufgabenbeschreibung verstand auch sie auf Anhieb. Daraufhin meldete sich das Gespenst zum ersten Mal an diesem Tag zu Wort. Auch ihm sagte die neue Formulierung zu. Ganz nebenbei erwähnte es, dass es die Beschreibung der anderen Aufgaben tatsächlich nicht verstehe und morgen ganz sicher nicht mehr wüsste, was damit gemeint war. Das Großväterchen klatschte Beifall, wobei nicht ganz klar war, ob es die Aussage des Gespensts unterstützen wollte oder einfach begeistert war, dass das Gespenst überhaupt eine Meinung zum Besten gab. Da blieb dem Prinzen nichts anderes übrig, als jede Aufgabe noch einmal durchzugehen und bei Verständnisschwierigkeiten die Formulierung anzupassen.

Die Schiefertafel füllte sich zusehends. Es wurde ein langer Abend, an dessen Ende ein ansehnliches Sprint Backlog stand. Dieses wurde vom König abgesegnet, als er wie geplant noch einmal kurz vorbeischaute. Das wirkte sich positiv auf die allgemeine Stimmung aus und führte dazu, dass der König, als er erneut die Teammitglieder nach der Erreichbarkeit des Sprint-Ziels fragte, fünfmal ein deutliches »Ja!« zur Antwort bekam. Die Stimmung drohte allerdings zu kippen, als der Prinz plötzlich andeutete, dass eventuell noch weitere Aufgaben für diesen Sprint anstünden. So müssten vermutlich weitere Backlog Items geplant und geschätzt werden. »Aber das ist kein Problem – im Lande Scrum machen die das auch so!«, erklärte der Prinz. Das glaubte ihm aber niemand, widersprach es doch der ansonsten sehr sauberen Planung. Man einigte sich darauf, das Sprint Backlog zunächst unangetastet zu lassen und zu schauen, wie weit man kommen würde. Da niemand praktische Erfahrung mit Scrum hatte, wollte man erst gemeinsam Erfahrungen sammeln, bevor man übereifrig alle vermeintlichen Fehler korrigierte.

Trotz des zwischenzeitlichen Rückschlags und des anschließenden Kraftakts waren alle beim Abendmahl guter Laune. Danach saß man noch bei einem Kelch Wein beisammen, und zum ersten Mal stellte sich so etwas wie ein Gemeinschaftsgefühl ein. Es wurden sogar schon erste Ideen zur Umsetzung einzelner Fallenkomponenten diskutiert. Endlich sollte die praktische Arbeit an der Falle beginnen, und alle waren motiviert und gespannt auf die folgenden Wochen. Beseelt von dieser Stimmung, ging ein arbeits- und lehrreicher Tag zu Ende.

Der Prinz hat grundsätzlich recht. Natürlich wird es im Laufe des Sprint Aktivitäten geben, die keinem der zu erledigenden Backlog Items zugeordnet werden können. Ich hatte bereits erwähnt, dass die strategische Planung fortgeführt wird. Deshalb müssen vor der Sprint-Planung alle strategischen und sonstigen Aufgaben sowie eventuelle Abwesenheitszeiten einzelner Teammitglieder dem gesamten Team bekannt sein. Ohne diese Informationen kann kein verlässliches Sprint Backlog erstellt werden. Mit der Zeit bekommen die Teammitglieder ein besseres Gespür dafür, wie viele Nebentätigkeiten im Laufe eines Sprint anfallen, und kalkulieren das in die Schätzung des Sprint Backlog mit ein.

Mit der Sprint-Planungssitzung haben wir die Planungsebene gewechselt. Waren wir bisher auf der Strategieebene unterwegs, so sind wir jetzt taktisch ausgerichtet, indem wir die Aufgaben definieren, die uns zu unseren fachlichen Ergebnissen, den Backlog Items, führen, deren Erledigung wiederum dem (strategischen) Sprint-Ziel dient.

Wie Ihr gesehen habt, ist die Sprint-Planungssitzung eine Veranstaltung des Produktverantwortlichen, der folglich anwesend sein muss. Der Scrum-Meister sollte wie gesagt nicht aktiv an der Planung des Sprint beteiligt sein – das ist Aufgabe des Teams.

Der Wunsch der Hexe, die Selbstverpflichtung auf das Sprint-Ziel erst nach der Kenntnis der Aufgaben einzugehen, ist übrigens kein exotischer Sonderfall, sondern wird recht häufig geäußert. Viele Menschen bekommen tatsächlich erst dann ein Gefühl für die zu erwartende Größe eines Backlog Item, wenn sie die einzelnen Aufgaben formuliert haben. Anderen reicht die Formulierung der Anforderungen und Akzeptanztests. Die Planung der Aufgaben kann deshalb auch vor dem ersten Teil der Sprint-Planungssitzung stattfinden, oder man macht es wie der König und holt die Selbstverpflichtung des Teams erst am Ende des zweiten Teils ein. Es ist sehr wichtig, diese Verpflichtung ernst zu nehmen – so, wie es auch der König getan hat, indem er nicht einfach den Mehrheitsentscheid hat gelten lassen. Gibt es keine gemeinsame Verpflichtung auf die im Sprint zu erledigenden Backlog Items, dann wird sich diese Unsicherheit vermutlich durch den gesamten Sprint ziehen. Deshalb kann ich nur raten: Wehret den Anfängen und seid sauber in der Definition Eurer Sprints!

Die Granularität, in der die Aufgaben definiert werden, hängt stark vom Team ab. Ich empfehle, zu Beginn eines Projekts die

Aufgaben so klein zu schneiden, dass man sie innerhalb eines Ta-
ges erledigen kann. Zum einen sind diese Aufgaben dann sehr
überschaubar, und zum anderen hat das Team ein tägliches Er-
folgserlebnis, wenn jeder eine Aufgabentafel von »in Bearbei-
tung« zu »erledigt« umhängen darf. Später, wenn das Team bes-
ser eingespielt ist, können die Aufgaben zugunsten der Übersicht-
lichkeit auch größer werden. Man kann dann beispielsweise auf
den Aufgabentäfelchen für jeden Tag, an dem ein Teammitglied
an dieser Aufgabe gearbeitet hat, eine Markierung setzen. Dann
kann man auf einen Blick die gesamte Bearbeitungsdauer der
Aufgabe erkennen und schließlich in der Retrospektive analysie-
ren – aber dazu später mehr.

Einige Teams definieren für ihre Sprint Backlogs weitere Spal-
ten, um den Weg von »zu erledigen« bis hin zum Zustand»erle-
digt« noch genauer zu dokumentieren. Oft wird eine Spalte ein-
geführt, die »zu prüfen« oder ähnlich heißt. Hier warten die Auf-
gaben auf die Qualitätssicherung – üblicherweise durch ein
anderes Teammitglied.

5.3   Tägliche Zusammenkunft

Als der Prinz am nächsten Morgen zur verabredeten Zeit ins
Kaminzimmer kam, traf er dort nur das Aschenputtel und das
Gespenst an. Ritter Magnolius kämpfte auf dem Hof mit seinem
Schwert gegen einen Mehlsack – um in Form zu bleiben, wie er
sagte. Man möge aber schon ohne ihn beginnen, ließ er dem Prin-
zen ausrichten. Das Gespenst lag auf einem der Sofas in der Morgensonne und träumte. Das Großväterchen war noch in der
Küche, um sich einen Kräutertee zu brauen, denn der unge-
wohnte Weinkonsum am Vorabend hatte es mit Kopfschmerzen
erwachen lassen. Von der Hexe fehlte weit und breit jede Spur.
Anstatt nach ihr schicken zu lassen, begann der Prinz seine
Ansprache: »Diese tägliche Zusammenkunft *(Daily Scrum)* wollen wir ab heute jeden Morgen pünktlich um zehn Uhr abhalten.
Hier stimmt sich die gesamte Mannschaft ab. Dies ist kein Status-
bericht, wie man es aus anderen Projekten kennt. Das ist auch für
mich etwas völlig Neues, und ich weiß eigentlich gar nicht so
recht, was ich in dieser Runde für eine Rolle spielen soll.« »Ihr
könnt ja einfach dafür sorgen, dass wir uns nicht gegenseitig die

Schädel einschlagen!« Magnolius stolzierte in das Kaminzimmer und war in Gedanken offensichtlich immer noch bei Schwert und Mehlsack. »Gut, das will ich tun«, sagte der Prinz. »Ihr sollt diese Runde nutzen, um Euch darauf zu einigen, wer heute an welcher Aufgabe arbeiten wird.« Mit diesen Worten trat er vom Sprint Backlog zurück und übergab es gewissermaßen in die Hand der Mannschaft.

Kaum hatte der Prinz sich zurückgezogen, da stürmte der Ritter vor und begann, seinen Namen auf einige der Aufgabentäfelchen zu schreiben. »Die kann ohnehin nur ich bearbeiten – ihr habt davon keine Ahnung!«, rief er in die Runde. Da hatte er die Rechnung aber ohne die Hexe gemacht, die in diesem Moment das Kaminzimmer betrat. »Was fällt Euch ein, Aufgaben für Euch zu reservieren! Was glaubt Ihr denn, wer Ihr seid?«, keifte sie den Ritter an. Der wich instinktiv einen Schritt zurück, um sich sogleich seines Muts zu besinnen und zu kontern: »Aber es ist doch so, wie ich es sage! Ihr, verehrte Hexe, habt doch auch gefragt, ob diese Mannschaft in der Lage ist, eine solche Herausforderung zu meistern! Ich glaube nach den Erfahrungen der vergangenen Tage durchaus daran, aber ich weiß, dass nicht jeder von uns für alle Aufgaben geeignet ist. Deshalb wollte ich eine Vorauswahl treffen.« »Vielen Dank für die Blumen, Ritter! Aber auch wenn wir dieselben Zweifel hegen, so ist es noch lange nicht Euer Recht, die Arbeit unter uns aufzuteilen! Hier nimmt sich jeder für heute erst einmal eine Tafel, und dann sehen wir weiter!« Die Hexe war unglaublich wütend. Ganz unerwartet bekam sie Unterstützung vom Prinzen, der den Ritter zwang, seinen Namen auf allen Aufgabentäfelchen auszulöschen. Stattdessen sollte sich jeder reihum eine Tafel nehmen und an dieser Aufgabe arbeiten. Der Ritter strich missmutig seinen Namen auf allen Tafeln durch, nahm sich eine einzige Aufgabe und hängte sie in die Spalte »in Bearbeitung«. Dann begab er sich wieder auf seinen Platz in der Runde.

Als Nächstes war das Gespenst an der Reihe. Es druckste herum und wusste nicht so recht, welche Aufgabe es sich nehmen sollte. Als es endlich eine Wahl getroffen hatte, stellte der Ritter fest, dass diese Aufgabe abhängig war von einer anderen Aufgabe, die sich noch niemand genommen hatte. Das arme Gespenst war nun vollkommen verunsichert. Um den Auswahlprozess abzukürzen, empfahl ihm der Ritter eine recht einfache

Aufgabe. Das Gespenst griff ohne zu zögern, aber auch ohne Überzeugung zu.

Das Aschenputtel nahm sich eine der Aufgaben, die der Ritter zuvor mit seinem Namen versehen hatte. Das nahm Magnolius erstaunlich gelassen hin. Nun war es an der Hexe, eine Tafel auszuwählen. Ratlos stand sie vor dem Sprint Backlog und las in aller Ruhe flüsternd die Aufgaben durch. Mittlerweile waren drei Minuten vergangen, in denen die Hexe nur gelesen hatte. Die Geduld der Anwesenden wurde auf eine harte Probe gestellt, vereinzelt wurde getuschelt und gezischelt. Endlich verkündete die Hexe ihr Ergebnis: »Ich weiß nicht, welche Aufgabe ich nehmen soll. Kann mir bitte noch mal jemand erklären, was wir im Einzelnen damit gemeint haben?« Ein Stöhnen ging durch den Raum, das selbst die Hexe beeindruckte. Kleinlaut verkündete sie, das Gespenst bei dessen Aufgabe unterstützen zu wollen. Sie rechnete mit Widerstand, aber der Prinz sagte zu ihrer Überraschung: »Die Bearbeitung einer Aufgabe als Paar finde ich sehr gut. So könnt Ihr voneinander lernen, und vier Augen sehen bekanntlich mehr als zwei. Eine vorzügliche Idee, werte Hexe!« Auch wenn die Hexe es nicht gerne hörte, dass sie mit dem Gespenst ein Paar bildete, so war sie doch froh, dass ihre Notlösung offenbar eine gängige Praxis war.

Das Großväterchen hätte sich am liebsten auch mit jemandem zusammengetan, aber es traute sich nicht. Deshalb nahm es eine Aufgabe, die es für angemessen hielt (nicht zu einfach, aber auch nicht zu schwer) und die es inhaltlich verstanden hatte.

Der Prinz hatte sich dieses interessante Schauspiel aus der zweiten Reihe angeschaut. Er war einerseits erschrocken darüber, dass die Arbeit der vergangenen Tage offensichtlich noch nicht in den Köpfen aller verankert war, obwohl es am gestrigen Abend eigentlich ganz hoffnungsvoll ausgesehen hatte. Andererseits war er froh, dass die erste tägliche Zusammenkunft vollbracht war. Jetzt war der Prinz gespannt auf die echte Arbeit, in die sich jetzt alle stürzen konnten, denn jeder hatte eine Aufgabe für diesen Tag übernommen.

Auch wir haben uns dieses Schauspiel gerne aus der zweiten Reihe angeschaut, oder? Ist es nicht spannend zu sehen, wie unterschiedlich Menschen reagieren, wenn sie plötzlich aufgefordert werden, selbstständig Verantwortung für eine Aufgabe zu übernehmen? Das ist gewiss nicht jedermanns Sache. Eigenverantwortliches Handeln will gelernt sein, und da ist es durchaus förderlich, wenn man sich gegenseitig hilft. Ritter Magnolius hat es vorgemacht: Als Kollege Gespenst seine Unsicherheit zeigte, hat er ihn bei der Aufgabenauswahl beraten. Das muss natürlich kollegial und ergebnisorientiert erfolgen und darf nicht dazu genutzt werden, um den Kollegen vor versammelter Mannschaft zu degradieren.

Die Aufgaben stehen offensichtlich ungeordnet am Sprint Backlog der Musketiere. Wenn Abhängigkeiten zwischen einzelnen Aufgaben bekannt sind, dann sollte man diese kenntlich machen, indem man z.B. die Aufgaben in der richtigen Reihenfolge unter- oder nebeneinander hängt.

Bei Hexe und Gespenst aus der Not heraus geboren, kann man das Arbeiten in Paaren (das übrigens aus dem Extreme Programming und nicht aus Scrum stammt und dort Pair Programming heißt) auch ganz bewusst und durchgängig einsetzen, um die Ergebnisqualität zu steigern und – regelmäßige neue Paarbildungen vorausgesetzt – das Wissen im Team zu verbreiten.

5.4   Frisch ans Werk!

Der Ritter verzog sich unverzüglich in die Schreibstube, die eigens für die Durchführung der Planungs- und Konstruktionsaufgaben in einem ehemaligen Kinderzimmer eingerichtet worden war. Dort hatte sich der Prinz in jungen Jahren mit seinen Geschwistern die Zeit vertrieben. Der Prinz, der oft und gern an seine Jugend zurückdachte und überhaupt ein wenig in der Vergangenheit zu leben schien, war wenig begeistert von der Umgestaltung der Räumlichkeiten. Und so bedurfte es eines königlichen Machtworts, um die Umbaumaßnahmen durchführen zu können. Trotzdem war alles rechtzeitig fertig geworden, sodass der Ritter sofort einen der Zeichentische belegen konnte und dort alle Utensilien vorfand, die er für seine erste Aufgabe benötigte: Er sollte den Transportmechanismus entwickeln, der einen schnellen

Auf- und Abbau der ersten, noch sehr einfachen Drachenfalle ermöglichte. Das war eine Aufgabe ganz nach des Ritters Geschmack: knifflig, von großer Bedeutung und deshalb mit mehr Aufmerksamkeit bedacht als die anderen Aufgaben – so hoffte er zumindest. Deshalb gab er sich besondere Mühe. Sein Transportmechanismus sollte so kompliziert wie möglich aussehen, um den Rest der Mannschaft von den besonderen Fähigkeiten des Ritters endgültig zu überzeugen. Außerdem sollte er nicht nur für die erste, einfache Version der Falle funktionieren, sondern auch schon für die möglichen späteren Versionen der Falle gerüstet sein. Die Idee, mit einer einfachen Falle zu beginnen, hielt Magnolius ohnehin für falsch. Seiner Meinung nach bedeutete dies einen Rückschritt, denn über das Stadium einfacher Fallen waren bereits die Gesellen im ersten Lehrjahr hinaus. Der Ritter dachte immer weiter als die anderen. Er hatte bereits eine Vorstellung davon, wie die ultimative Drachenfalle am Ende aussehen sollte. Und jede dieser Ideen wollte er zumindest in Ansätzen in dieser ersten Falle verwirklichen.

Das Großväterchen kümmerte sich um die Farbgebung der Falle. Dazu musste es die Sehgewohnheiten der Drachen studieren. Die Lackierermeister in den Fallenwerkstätten kannten sich damit bestens aus, und so bot sich dem alten Mann die Gelegenheit, nach vielen Jahren mal wieder den Boden einer Fallenwerkstatt zu betreten. Er entschied sich für jene Werkstatt, in der er lange Jahre gearbeitet hatte.

Ein wenig mulmig war dem Alten schon zumute, als er an das große Tor klopfte. Der Wache musste er nur sagen, dass er zu den »Musketieren der Drachenfalle« gehörte, und schon ließ man ihn passieren. Dieser Name, ursprünglich vom König im Scherz verwendet, war vom Prinzen aufgegriffen worden und hatte sich auch über das Projekt hinaus etabliert. Das war dem Großväterchen gar nicht recht, denn wie ein Musketier fühlte sich das schmächtige Männlein aus dem Walde wahrhaftig nicht.

Schon beim Gang über den Hof stellte das Großväterchen fest, dass sich in den vergangenen Jahren in dieser Werkstatt vieles verändert hatte. Als es dann die große Werkhalle betrat, in der die Fallen endmontiert wurden, da verschlug es ihm die Sprache: Alles war gigantisch und in seinen Augen sehr modern. Wie es so mit offenem Mund und glänzenden Augen mitten in der Halle stand, da trat ein Meister an das Großväterchen heran und

fragte, wie er helfen könne. Der Alte erläuterte, wer er war und
was er wollte, und siehe da: Der Meister war hocherfreut, den
Senior begrüßen zu dürfen. Bevor er sich um dessen Anliegen
kümmerte, führte er den alten Mann erst einmal durch die ganze
Werkstatt. Der Meister wurde nicht müde, seinen Kollegen den
Ehemaligen vorzustellen, der wieder zu seinen Wurzeln zurückgekehrt war. Das Großväterchen hätte noch Stunden in der Werkstatt verbringen mögen, aber es hatte eine Aufgabe übernommen,
die erledigt werden musste. In der Lackiererei fand es die richtigen Ansprechpartner, und bald saß der Alte über vielen Papieren
und Mustern. Er schrieb und schrieb – so viel wie schon lange
nicht mehr in seinem Leben. Das war anstrengend, und dementsprechend lang waren die Pausen, die er für ausgedehnte Ent-
deckungsreisen durch die Werkstatt nutzte.

Als der Abend über Wieimmerland hereinbrach, war das
Großväterchen noch lange nicht fertig. Es verabredete sich mit
den Mitarbeitern der Lackiererei für den nächsten Morgen. Die
Aufzeichnungen durfte es glücklicherweise über Nacht liegen lassen. Schließlich wurde nach einem Wagen geschickt, der das gut
gelaunte Großväterchen zurück zur Sommerresidenz brachte.

Das Gespenst und die Hexe hatten die Aufgabe, die genauen
Maße (Minimum, Durchschnitt und Maximum) aller kleinen bis
mittelgroßen Drachenrassen in Erfahrung zu bringen und zu
dokumentieren. Da saßen sie nun und wussten nicht, wie und vor
allem wo sie beginnen sollten. Dabei hätten auch sie nur den
Drachenfallenwerkstätten einen Besuch abstatten müssen, denn
dort waren diese Informationen vorhanden und abrufbar. Auf
diese naheliegende Idee kamen die beiden aber nicht. Das
Gespenst hatte Angst davor, sich mit den Fallenbaumeistern
unterhalten zu müssen. Die Hexe war der Meinung, dass es sich
kaum lohnte, sich in diese Aufgabe einzuarbeiten, da sie in der
kommenden Woche für drei Tage zu einem Hexentreffen reisen
wollte. Dabei fiel ihr ein, dass der Prinz von diesem Termin noch
gar nichts wusste.

Das Aschenputtel kümmerte sich um die grundlegende Struktur der Falle. Dazu musste es eng mit dem Ritter zusammenarbeiten. Der aber war in die Details seiner Transportkonstruktion
vertieft und hatte keine Zeit. Das Aschenputtel wollte seinerseits
keine Zeit verlieren und wählte einen Entwurf, der einfach genug
war, um die Transportkonstruktion gegebenenfalls schnell und

einfach anpassen zu können. Dass die Falle ein Käfig sein sollte, hatte der König bekanntlich vorgegeben. So entschied sich das Aschenputtel für einen einfachen rechteckigen Käfig. Der war schnell gezeichnet und beschrieben. Offen war lediglich, wie groß der maximale Abstand der Gitterstäbe sein durfte. Hexe und Gespenst waren bei der Beantwortung dieser Frage keine große Hilfe. Glücklicherweise traf das Aschenputtel auf dem Hof das Großväterchen, das gerade von der Kutsche abstieg und sich überschwänglich beim Kutscher für den schönen Tag in der Werkstatt bedankte. Dieser Tag hatte die alten grauen Zellen ordentlich in Schwung gebracht, und so konnte das Großväterchen dem erstaunten Aschenputtel bei allen Fragen Rede und Antwort stehen. Flugs entschwand es wieder in die Schreibstube, um sein Tagwerk zu vollenden. Das Großväterchen wanderte noch eine Weile durch den Schlossgarten, um die Ereignisse dieses aufregenden Tages Revue passieren zu lassen und seine Gedanken zu ordnen. Dann genoss es das Abendessen, gönnte sich noch einen kleinen Kelch Wein und ging vergnügt zu Bett.

Endlich dürfen alle das tun, worauf sie so lange gewartet haben: richtig arbeiten! Und das tun sie auch – jeder auf seine Weise. Leider verliert sich der Ritter in Kleinigkeiten, anstatt konsequent auf das Sprint-Ziel hinzuarbeiten. Es geht in diesem ersten Sprint nämlich nicht darum, einen einzelnen Aspekt des Projekts in allen (vermuteten) Ausprägungen zu realisieren. Wichtiger ist der Durchstich: Das Produkt soll mit jedem Sprint ein Stückchen mehr wachsen und gedeihen, aber bereits am Ende des ersten Sprint funktionstüchtig sein. Das lässt sich in der Regel nur erreichen, indem man sich auf die in der Sprint-Planungssitzung verbindlich zugesagten Funktionen (sprich: Backlog Items) konzentriert. Funktionalität, die über das geforderte Maß hinausgeht, hat hier nichts zu suchen. Wer kann schon wissen, ob diese Zusatzfunktionen später tatsächlich benötigt werden? Schlimmstenfalls schleppt man unnötigen Ballast mit sich herum – zulasten der tatsächlich wertvollen Funktionen und Eigenschaften des Produkts. Dieses KISS-Prinzip (für »Keep it simple, stupid«, sinngemäß »Mach's so einfach wie möglich«) fällt insbesondere technisch versierten und technikaffinen Personen schwer. Sie erliegen gerne der Versuchung, immer ein wenig mehr zu realisieren

als gefordert – vor allem dann, wenn es dadurch besonders knifflig wird oder neue Technologien ausprobiert werden können.

Vorhin hatte ich das Arbeiten in Paaren gelobt und empfohlen, und jetzt scheint es überhaupt nicht zu funktionieren. Vielleicht sind Hexe und Gespenst kein ideales Paar? Tatsächlich ist genau diese Konstellation zweier unerfahrener Teammitglieder das Problem. Sie sind zwar nicht mehr allein, aber immer noch nicht handlungsfähig. Das muss der Scrum-Meister erkennen und entsprechende Maßnahmen in die Wege leiten. Die einfachste Lösung: Man stellt Paare aus je einem erfahrenen und einem weniger erfahrenen Teammitglied zusammen.

Auch jetzt, wo jedes Teammitglied eine eigene Aufgabe übernommen hat, darf die Teamarbeit nicht vernachlässigt werden. Das zeigt sich deutlich am Ritter und dem Aschenputtel. Die Aufgaben der beiden müssen aufeinander abgestimmt werden. Überhaupt darf, ja soll im Team miteinander gesprochen werden. Man muss nicht immer bis zur nächsten täglichen Zusammenkunft warten, um Probleme anzusprechen oder Hilfe zu erfragen. Das klingt so selbstverständlich. Trotzdem habe ich immer wieder erlebt, dass einzelne Teammitglieder ihre Aufgabe übernehmen und dann in einen produktiven Autismus verfallen.

Ist es nicht schön zu sehen, wie die Herausforderungen dieses Projekts unser Großväterchen aus der Reserve locken? Leider wird die Erfahrung der älteren Kollegen oft unterschätzt bzw. nicht genutzt. Man muss sich einmal in die Lage der Senioren versetzen, um zu verstehen, dass diese ein anderes Verständnis von idealen Arbeitsbedingungen haben als jüngere Kollegen. Bietet man ihnen die nötige Unterstützung an, so wird man meistens mit wertvollen Erfahrungen belohnt.

Falls Ihr Euch fragt, wie die Hexe die Selbstverpflichtung auf das Sprint-Ziel mit ihrem dreitägigen Besuch des Hexentreffens vereinbaren konnte, so kann ich Euch versichern, dass die anderen Musketiere der Dame mächtig ins Gewissen geredet haben. Schließlich mussten sie in diesen drei Tagen den Ausfall eines Teammitglieds kompensieren. Das ist natürlich auch der Fall, wenn ein Teammitglied krank wird. Dabei handelt es sich aber um ein unvorhersehbares Ereignis – ganz im Gegensatz zum Hexentreffen. Ihr solltet als Scrum-Meister gerade bei der Planung der ersten Sprints immer wieder die Abwesenheitszeiten Eurer Teammitglieder abfragen, um den Sprint realistisch planen zu können.

5.5 Der dritte Tag

»Wer da?«, keifte die Hexe. Irgendjemand hatte soeben an die Tür geklopft und sie unsanft aus dem Schlaf gerissen. »Ich bin es, Prinz Rollo. Ich wollte Euch nur daran erinnern, dass wir uns in einer Stunde im Kaminzimmer zur täglichen Zusammenkunft treffen. Ihr wisst ja, dass pünktliches Erscheinen eine unserer Spielregeln ist.« »Ja ja, ist ja gut. Da kommt man ein einziges Mal zu spät, und schon steht man unter Beobachtung. In was für einem Überwachungsstaat lebe ich hier eigentlich?«, jammerte die Hexe. Der Prinz erwiderte freundlich, aber bestimmt: »Wir sehen uns dann gleich beim Frühstück!« und ging.

Es dauerte tatsächlich nicht allzu lange, und die Hexe erschien im Speisesaal. Ihr Haar war ein wenig unordentlich, als ob es in Eile frisiert worden wäre, und ihre Stimmung hielt sich auch in Grenzen, aber immerhin: Sie war da. Und sie machte den Fehler, sich neben das Großväterchen zu setzen, das ihr fröhlich von den Erlebnissen des gestrigen Tages berichtete. Diese geballte Ladung guter Laune war zu viel für die Hexe. Deshalb aß sie in Windeseile ihren Teller leer, stand auf und eilte ins Kaminzimmer, um dort in Ruhe auf die anderen zu warten. »Gestern noch die Letzte und heute die Erste!«, witzelte Ritter Magnolius, als er sich kurze Zeit später vor dem Sprint Backlog positionierte. Wenn Blicke töten könnten, dann hätte er ein spontanes Rendez-vous mit seinen Ahnen gehabt. So aber zuckte er nur mit den Schultern und wandte sich dem Aschenputtel zu, das ihn kurz über die von ihr entworfene Käfigkonstruktion informierte und wissen wollte, ob sein Transportmechanismus dazu passte.

Diese Diskussion wurde jäh vom Prinzen unterbrochen, der alle zur täglichen Zusammenkunft begrüßte und das Wort an das Gespenst abgab, das zu seiner Linken schwebte. Der Kleingeist stotterte vor sich hin. Er wiederholte zunächst die Aufgabe, die er sich gestern genommen hatte. Dann erklärte er, dass weder er noch die Hexe wüssten, wie man diese Aufgabe angehen sollte. »Und warum habt Ihr dann niemanden gefragt?«, wollte der Prinz wissen. Schweigen. »Na gut. Ich schlage vor, dass Ihr heute die Drachenfallenwerkstätten besucht, um dort die nötigen Informationen einzuholen. Morgen möchte ich dann Eure Ergebnisse hören.« Jetzt war das Großväterchen an der Reihe. Er griff das Thema Drachenfallenwerkstätten auf und berichtete ausführlich vom gestrigen Besuch seiner alten Wirkungsstätte. Diese Erzählung hätte noch Stunden gedauert, wäre der Prinz nicht eingeschritten. Der hatte bemerkt, dass niemand mehr dem Großväterchen zuhörte. Er bat die Musketiere um Aufmerksamkeit, drückte dem Großvater den Redestab in die Hand und forderte ihn auf, sich auf das Wesentliche zu konzentrieren. Das tat dieser dann auch. Er gab zu, dass er die Aufgabe nur zur Hälfte erledigt hatte und den heutigen Tag benötigte, um sie zu Ende zu führen. Plötzlich bekam er ein schlechtes Gewissen, denn der Prinz hatte gesagt, dass die Aufgaben innerhalb eines Tages zu erledigen seien. Aber der Prinz beruhigte ihn und sagte, dass er sich über den beachtlichen Fortschritt sehr freue. Freudestrahlend reichte das Großväterchen den Redestab weiter.

Ritter Magnolius hatte heute Morgen ganz offensichtlich seine Rüstung poliert. Er blitzte und blinkte wie ein Gebirgssee in der Mittagssonne. Diese tadellose Erscheinung sollte die Berichterstattung untermalen, in deren Verlauf sich der Ritter im Glanz des eigenen Ruhmes sonnen wollte. Er erläuterte die geniale Transportkonstruktion, die er sich für diese und zukünftige Generationen von Drachenfallen überlegt hatte. Bewusst beiläufig erwähnte er die eine oder andere Tätigkeit, die er parallel zu seiner eigentlichen Aufgabe in Angriff genommen hatte, obwohl es dafür gar keine Aufgabentafel gab.

Als Magnolius seine Rede beendet hatte, schaute er erwartungsvoll in die Runde. »Seid Ihr denn mit Eurer Aufgabe, einen Transportmechanismus zu entwickeln, fertig geworden?«, fragte der Prinz. »Nicht ganz, Euer Durchlaucht. Aber fast! Ich bin kurz davor, die Konstruktion zu beenden. Zwar weiß ich noch nicht, wie das mit Aschenputtels Fallenentwurf zusammenpassen soll, aber das dürfte eine Kleinigkeit sein.« »Und habt Ihr Euch auch schon Gedanken darüber gemacht, wie man den Auf- und Abbau testen kann?«, wollte der Prinz wissen. Der Ritter war beleidigt, dass er nur profane Fragen gestellt bekam, anstatt mit Lob überschüttet zu werden. »Ein guter Entwurf benötigt keine Tests!«, behauptete er. Das sah der Prinz ein wenig anders, und er verlangte vom Ritter, dass dieser heute mit dem Aschenputtel zusammenarbeiten sollte, um Falle und Transportmechanismus aufeinander abzustimmen und Vorkehrungen für den Test zu treffen. Ritter Magnolius atmete tief durch, schluckte seine Enttäuschung herunter und willigte ein. Die Hexe grinste. Sie schlug vor, die

Redezeit jedes Teammitglieds bei der täglichen Zusammenkunft zu beschränken, und stellte eine Sanduhr auf den Tisch. »Die können wir benutzen, um die Redezeit zu kontrollieren«, sagte sie – in der Hoffnung, dem Ritter damit eins auszuwischen. Der aber fand die Idee gut. Nun war die Hexe beleidigt, weil ihr verbaler Giftpfeil ganz offensichtlich an der blanken Rüstung des Ritters abgeprallt war.

Das Aschenputtel stellte seine bewusst einfache Konstruktion vor, wies auf die gute Zusammenarbeit mit dem Großväterchen hin und fragte, welches Material man für die Falle verwenden wolle. Das hätte schließlich Einfluss auf die Lackierung. Weil alle nur mit den Schultern zuckten, vertagte man sich in dieser Frage auf morgen. Der Prinz wollte die tägliche Zusammenkunft gerade beenden, als es an der Tür klopfte.

5.6 Das Einhorn

Der Prinz öffnete die Tür, und herein trabte ein Einhorn. Sein seidiges Fell glänzte in einem makellosen Weiß. Es strahlte eine Ruhe und Zuversicht aus, die sofort auf alle Anwesenden überging. In dem Moment, als das Einhorn den Raum betrat, schickte die Sonne, die eben noch von einer Stratocumulus-Wolke verdeckt war, unvermittelt einen hellen Lichtstrahl in das Kaminzimmer. Als das Sonnenlicht auf das Fell des Einhorns traf, begann es zu funkeln und zu glitzern.

Dem Einhorn war dieser Auftritt unangenehm, aber nicht unbekannt. Mit sanfter Stimme begrüßte es die staunenden Musketiere: »Seid gegrüßt! Ich bin Bumaraia, Einhorn aus dem Lande Scrum. Ich bin gekommen, um Euch bei Eurer großen Aufgabe zu unterstützen. Für Euer Vertrauen möchte ich mich im Namen des Volkes von Scrum ganz herzlich bedanken. Zugleich möchte ich mich entschuldigen, dass ich mich verspätet habe, aber unser Land ist weit entfernt, und es dauert sehr lange, um unser berühmtes Scrum-Gebirge zu durchqueren. Nachdem Euer Bote bei uns eingetroffen war, habe ich mich sofort auf den Weg gemacht. Schneller ging es leider nicht.« »Ihr habt keinen Grund, Euch zu entschuldigen, werte Bumaraia«, erwiderte der Prinz. »Wir sind froh und dankbar, dass Ihr wohlbehalten hier in Wieimmerland angekommen seid, und wir heißen Euch herzlich willkommen!« Dann stellte er dem Einhorn die Musketiere einzeln vor. Als alle wieder an die Arbeit gegangen waren, setzte der Prinz das Einhorn über den Stand der Dinge in Kenntnis. Er erläuterte das Product Backlog, das Sprint-Ziel und das Sprint Backlog, und dann ging er kurz auf die aktuell in Bearbeitung befindlichen Aufgaben ein. Das Einhorn hörte geduldig zu und fragte an der einen oder anderen Stelle nach, hielt sich mit Ratschlägen aber zurück. Es wollte sich zunächst ein persönliches Bild von diesem Projekt machen – und von der Mannschaft, die dieses Projekt zum Erfolg führen sollte. Dazu wollte es mit jedem Musketier allein sprechen. Diese Vier-Augen-Gespräche *(One-on-Ones)*, so sagte das Einhorn, hätten den Vorteil, dass die Gespräche in einer sicheren Atmosphäre stattfänden, in der sich jeder Einzelne frei entfalten könne, was in der Regel in offenen und ehrlichen Gesprächen resultierte. Das fand der Prinz sehr bemerkenswert, denn er suchte seit Beginn dieses Projekts nach einer Möglichkeit, um zumindest mit dem Gespenst und der Hexe ein offenes, aber durchaus ernstes Wort zu sprechen, ohne die beiden vor der Mannschaft bloßzustellen. Er hatte gedacht (und gelernt), dass Einzelgespräche ein sehr drastisches Mittel sind und nur im äußersten Notfall eingesetzt werden sollten. Nun war er froh, dass die Lösung für sein Problem so einfach war – zumindest in der Theorie. Tatsächlich graute ihm ein wenig vor einem Vier-Augen-Gespräch mit der Hexe, aber das ließ er sich nicht anmerken. Stattdessen machte er mit dem Einhorn einen Rundgang durch die Sommerresidenz, zeigte ihm die Räumlichkeiten und wies ihm den angedachten Schlafplatz zu. Anschließend schauten sie gemeinsam nach den Musketieren, die mit der Bearbeitung ihrer Aufgaben beschäftigt waren. Aschenputtel und Ritter arbeiteten wie gewünscht in der Schreibstube zusammen. Die anderen waren in einer der Fallenwerkstätten unterwegs, um dort den Rat der Experten einzuholen.

Beim Verlassen der Schreibstube kollidierte der Prinz mit einem königlichen Boten. Als dieser sich wieder aufgerappelt und für den Zusammenstoß entschuldigt hatte, überreichte er dem Prinzen schwer atmend und mit zitternden Händen eine Depesche. Der Prinz brach das königliche Siegel, rollte das Blatt auseinander und las. Mit sorgenvoller Miene wandte er sich schließlich dem Einhorn zu: »Im Süden unseres Landes hat es heute Morgen einen Drachenangriff gegeben. Obwohl dort eine Falle der neuesten Generation zum Einsatz gekommen ist, gelang es

den Drachen, ihren gefangenen Artgenossen zu befreien. Nun
herrscht helle Aufregung am Hof. Wie soll der König seine Untertanen und die Kunden der Wieimmerländer Fallenwerkstätten
davon überzeugen, dass man sich weiterhin auf unsere Drachenfallen verlassen kann? Der König verlangt, dass wir ihm so
schnell wie möglich eine funktionierende Falle präsentieren,
deren Funktionsumfang weit über das festgelegte Sprint-Ziel hinausgeht. Was soll ich nur tun?« »Zunächst einmal die Ruhe
bewahren«, sprach das Einhorn mit sanfter Stimme, »und dann
solltet Ihr dem König erklären, dass sich eine Änderung der
Inhalte oder der Länge dieses Sprint eher nachteilig auf die
Geschwindigkeit der Produktentwicklung auswirken würde. Wir
müssten wieder neu planen, und die bereits begonnene Arbeit
käme zum Erliegen. Deshalb empfehle ich, wie geplant fortzufahren. Nicht umsonst ist ein Sprint geschützt, was bedeutet, dass
nachträgliche Änderungen nicht zulässig sind.« Der Prinz war
nicht überzeugt. »Mit Verlaub, wertes Einhorn«, sprach er aufgeregt, »aber das ist aus meiner Sicht keine Lösung. Es ist immerhin
ein königlicher Befehl, dass wir noch schneller zum Ziel kommen
sollen!« Da schaute das Einhorn den Prinzen mit seinen hell-
blauen Augen an und sprach: »Ich verstehe, dass Ihr Eurem Vater
diesen Wunsch, den Ihr Befehl nennt, nicht ausschlagen möchtet.
Aber schneller geht es leider nicht, denn wir alle – mit Ausnahme
der Hexe – können nicht zaubern.« »Ich weiß«, jammerte der
verzweifelte Prinz, »aber Befehl ist nun einmal Befehl!« »Ich
schätze, dass jetzt der Zeitpunkt gekommen ist, dem König zu
sagen, dass dieser neue Befehl nicht vernünftig ist. Ihr müsst
Euren Vater davon überzeugen, dass das Team am besten so wei-
terarbeitet, als sei dieser Zwischenfall mit dem Drachen überhaupt nicht passiert. Dann bekommt der König genau das, was er
als Sprint-Ziel formuliert hat. Die einzige Auswirkung, die dieser
Zwischenfall für uns hat, ist folgende: Wir müssen in Erfahrung
bringen, auf welche Art und Weise die Drachen ihren Artgenossen haben befreien können. Diese neue Taktik der Drachen müssen wir bei unserer Konstruktion berücksichtigen. Deshalb solltet
Ihr, werter Prinz, dafür sorgen, dass die bei diesem Unglück ver-
wendete Drachenfalle unverzüglich hierher in die Sommerresidenz gebracht wird. Damit könnt Ihr Euch Eurem Vater gegenüber als Scrum-Meister präsentieren, der die Sache im Griff hat!«
Das überzeugte und beruhigte den Prinzen. Er setzte sofort ein

entsprechendes Schreiben auf und ließ es vom Boten ins Schloss bringen. Dann bedankte er sich ausführlich beim Einhorn für dessen Unterstützung. Das Einhorn war erst vor wenigen Stunden angekommen, und schon konnte sich der Prinz kaum noch vorstellen, wie er ohne dessen Rat hatte arbeiten können. Jetzt wollte er aber erst einmal alleine sein, um diese Ereignisse zu verarbeiten.

Lange wanderte der Prinz durch den Garten der Sommerresidenz, lauschte dem fernen Rauschen der Wasserfälle und sammelte auf diese Weise seine Kräfte. Es war schon dunkel, als er sich auf den Weg zum Speisesaal machte. Die gute Stimmung, die dort herrschte, und die Anwesenheit des Einhorns bauten ihn wieder auf, und so konnte er am Ende doch noch den dritten Abend des ersten Sprint genießen.

Ach ist das schön – endlich darf auch ich in dieser wundervollen Geschichte mitspielen! Der Prinz scheint auch ganz froh zu sein. Dabei hat er seine Sache auch ohne meine Hilfe recht gut gemacht. So konnte er das Großväterchen erfolgreich daran hindern, den Rahmen der täglichen Zusammenkunft zu sprengen. Diese tägliche Zusammenkunft dient einzig und allein dem Informations- und Erfahrungsaustausch. Es ist keine Ideenbörse, kann aber durchaus als Initialzündung dienen, um spätere Gespräche in kleineren Gruppen zu initiieren. Deshalb lasse ich die tägliche Zusammenkunft gerne morgens stattfinden. Sie läutet dann einen neuen Arbeitstag ein, und jedes Teammitglied kann sich eine Aufgabe aussuchen, die es (eine entsprechende Größe der Aufgabe vorausgesetzt) noch am selben Tag komplett erledigen kann. Außerdem kann das Team die in der täglichen Zusammenkunft aufgekommenen Fragen oder Probleme direkt im Anschluss diskutieren und lösen. Einige meiner Kollegen bevorzugen es, die tägliche Zusammenkunft direkt vor dem Mittagsmahl abzuhalten. Dann kann das Team die angesprochenen Probleme beim Essen weiter diskutieren. Da ich beim Mittagsmahl nicht gerne über fachliche Dinge spreche, ist das für mich keine Option – aber das ist Geschmackssache.

Interessant war auch der Auftritt des Ritters. Persönliche Profilierung ist in einem agilen Umfeld fehl am Platz. Die Leistung eines jeden Einzelnen ist immer nur ein Beitrag zur Teamleistung. Am Ende zählt nur das vom Team erarbeitete Ergebnis. Das fällt den Stars in Unternehmen oft schwer. Sie sind es gewohnt, im Mittelpunkt zu stehen, und werden nicht selten von den zurückhaltenderen Kollegen in dieser Position bestätigt. Aus dieser Perspektive muss die Eingliederung in ein Team von Gleichberechtigten wie ein Rückschritt erscheinen. Hier ist der Scrum-Meister gefordert, um den gefühlten Macht- und Statusverlust aufzufangen und den vermeintlich Degradierten neue spannende Aufgaben zu übertragen. Das Arbeiten in Paaren ist beispielsweise ein geeignetes Ablenkungsmanöver. Und natürlich sollte man diese Teammitglieder weiterhin als Experten auf ihrem Gebiet einsetzen, denn sonst bleibt wertvolles Wissen ungenutzt.

Der Prinz musste schließlich erfahren, wie schwierig es ist, dem Druck von außen standzuhalten. Das ist die ureigenste Aufgabe eines Scrum-Meisters. Situationen, in denen der Auftraggeber mehr (oder ganz andere) Leistung in noch kürzerer Zeit vom Team fordert, gibt es mindestens so viele wie Drachen in Wieimmerland. Dabei hätte es der König dank seiner Scrum-Vorbildung eigentlich besser wissen müssen. Unvorhergesehene und dramatische Ereignisse lösen aber oft Panik aus, und die wiederum führt nicht selten zu der Art von Aktionismus, die wir beim König beobachten konnten: Wider alle Vernunft stellt er plötzlich Forderungen auf, die zwar wünschenswert, aber leider unrealistisch sind. Das Einhorn hat ... ich meine: Ich habe recht, wenn ich sage, dass eine Spontanreaktion auf diese Forderung die Sache nur verschlimmert. Wichtig ist, dass man die Ruhe bewahrt und überlegt, welche Auswirkungen das Ereignis tatsächlich auf das Projekt hat und wie man dem sinnvoll begegnet – ohne den laufenden Sprint in Gefahr zu bringen.

5.7 Wert-voll

Am nächsten Morgen ließ sich der Prinz nichts von den Sorgen anmerken, die ihm die Nachricht vom Drachenangriff bereitet hatten. Er hatte das Einhorn gebeten, die Mannschaft auf die Grundwerte von Scrum einzuschwören. Das Einhorn aber hatte darauf hingewiesen, dass man diese Werte wohl vermitteln, aber nicht erzwingen kann. Das war dem Prinzen zu viel der Wortklauberei, aber er sagte nichts und ließ das Einhorn gewähren – verschaffte ihm das doch die nötige Zeit, um in Ruhe mit dem König zu beratschlagen, wie man angesichts der aktuellen Ereig-

nisse mit dem Fallenbau-Projekt fortfahren wolle. Der Prinz war
fest entschlossen, den Empfehlungen des Einhorns zu folgen und
den Sprint wie geplant zu Ende zu führen. Mit diesem festen Ent-
schluss machte er sich auf den Weg ins Schloss.

Am Ende der täglichen Zusammenkunft lud das Einhorn alle
zu einer kurzen Vorstellung der agilen Werte ein. Die sollte nur
eine Stunde dauern, um den Sprint nicht zu gefährden. Alle
waren ganz gespannt darauf, was das Einhorn zu erzählen hatte.
Sie hatten nämlich das Gefühl, dass der Prinz seine Rolle noch
nicht ganz ausfüllte, und versprachen sich nun Gewissheit, wenn
sie vom Einhorn erfuhren, wie Scrum wirklich funktioniert.

»In Ergänzung der Spielregeln, die Ihr gemeinsam mit dem
Prinzen für dieses Projekt festgelegt habt, möchte ich Euch nun
ein paar Grundwerte vermitteln, die das Fundament unseres Projekts bilden und Grundlage für unsere Zusammenarbeit sein sollen. Ohne diese Werte fehlt den agilen Praktiken, die Ihr zum Teil
schon kennengelernt habt, die Grundlage. Der Sinn der Praktiken
erschließt sich erst, wenn man diese Werte kennt und verinnerlicht hat. Sie wurden von unseren großen Vordenkern, den altehr-
würdigen Kollegen Beedle und Schwaber, in ihrem berühmten
Werk über Scrum wie folgt definiert:

> **Selbstverpflichtung (Commitment)** Sei willens, dich auf ein Ziel zu
> verpflichten. Scrum gibt dir die nötigen Befugnisse, um diese Ver-
> pflichtung zu erfüllen.
>
> **Fokus (Focus)** Erledige deine Arbeit. Verwende all deine Energie
> und Erfahrung auf die Aufgabe, zu der du dich verpflichtet hast. Mach
> dir um alles andere keine Sorgen.
>
> **Offenheit (Openness)** Scrum macht alle Informationen über das Pro-
> jekt für alle sichtbar.
>
> **Respekt (Respect)** Individuen sind geprägt durch ihren persönlichen
> Hintergrund und ihre Erfahrungen. Es ist wichtig, die verschiedenen
> Menschen zu respektieren, die sich zu einem Team zusammenge-
> schlossen haben.
>
> **Mut (Courage)** Habe den Mut, dich einem Ziel zu verpflichten, zu
> handeln, Offenheit zu zeigen und Respekt zu erwarten.

»Mit der Selbstverpflichtung«, begann das Einhorn zu erläutern,
»habt Ihr schon in der Sprint-Planungssitzung Bekanntschaft
gemacht. Am Ende, als das Sprint-Ziel und das Sprint Backlog
festgelegt waren, wollte der König von Euch die Aussage hören,

dass Ihr das Sprint-Ziel erreichen könnt und wollt. Richtig?«
»War das nicht ein wenig übertrieben?«, warf das Großväterchen
ein. »Wir tun doch immer unser Bestes! Warum muss dieses
öffentliche Bekenntnis sein?« »Damit Ihr Euch noch einmal
bewusst macht, dass Ihr die Verantwortung für das Erreichen des
Sprint-Ziels tragt. Das ist neu, oder?« Allgemeines Nicken. »Und
es ist ungewohnt und fühlt sich zunächst nicht so gut an, oder?«
Nicken. »Ich kann Euch sagen, dass es ein erhebendes Gefühl ist,
wenn Ihr am Ende des Sprint sagen könnt, dass Ihr dieses Ziel aus
eigener Kraft erreicht habt. Aber vor diesen Lohn haben die Göt-
ter den Fleiß gesetzt. Ihr werdet mir sicher zustimmen, dass man
ein Ziel am schnellsten erreicht, wenn man geradewegs darauf
hinarbeitet. Das ist es, was der Begriff › Fokus‹ ausdrücken soll.«
Jetzt meldete sich der Ritter zu Wort: »Das klingt ja in der Theorie ganz nett, aber im richtigen Leben gibt es immer wieder
Unvorhersehbares, worauf wir reagieren müssen. Und das kann
bedeuten, dass man plötzlich doch Dinge tun muss, die nichts mit
dem Sprint-Ziel zu tun haben.« »Ihr könnt mir doch sicherlich
ein Beispiel für ein solches plötzliches Ereignis nennen, oder?«
»Hmmm ... nehmen wir mal an, dass wir für den Test der Falle
eine Hilfskonstruktion bauen müssen.« Der Ritter hatte offensichtlich aus seinem gestrigen Auftritt gelernt. Seine Aufgabe
bestand derzeit darin, ein Testverfahren für den Auf- und Abbau
der Falle zu entwickeln. »Diese Hilfskonstruktion ist nachher,
wenn die Falle fertig ist, nutzlos. Wir müssen also etwas schaffen,
das nur innerhalb des Sprint bedeutsam ist und keinen Geschäftswert für die Falle darstellt. Wie steht es da mit der Fokussierung?« »Die ist gegeben«, sagte das Einhorn mit einem Lächeln,
»denn ohne diesen Test können wir den Auf- und Abbaumecha-
nismus nicht als fertig bezeichnen.« Das Einhorn ignorierte das
leise Stöhnen, das beim Wort »fertig« erklang, und fuhr fort:
»Aber vielen Dank für Euren Mut, Ritter! Ihr habt offen eine
Frage gestellt. Die Offenheit, die das Scrum-Wertesystem meint,
umfasst aber viel mehr. Wir reden hier über die totale Transparenz der Ergebnisse – auch der Zwischenergebnisse – und des
Fortschritts eines Projekts. Das beginnt bei jedem Einzelnen, der
in der täglichen Zusammenkunft von seinem persönlichen Fortschritt für das Projekt berichtet. Und es wird fortgesetzt in den
sogenannten Burndown Charts, die wir später noch kennenlernen werden, und in der strategischen Planung. Ich persönlich bin

davon überzeugt, dass wir genau das richtige Maß an Planung
gefunden haben, um jederzeit einen ehrlichen Status des Projekts
bekommen zu können. Wir planen nicht zu viel, aber auch nicht
zu wenig. Das Wichtigste aber ist, dass wir mit den echten Daten
planen und nicht mit politisch verfälschten Informationen. Wir
sind nämlich daran interessiert, wie es wirklich um unser Projekt
steht, anstatt das Projekt so darzustellen, wie andere es gerne
sehen wollen. Das lässt sich zwar auch mit anderen Methoden
zur Projektsteuerung erreichen. Bei Scrum ist dieses Prinzip aber
im Wertesystem verankert und darf deshalb nicht aufgegeben
werden. Auch das verlangt nach einer gehörigen Portion Mut.«
Das Einhorn ließ seine Worte ein paar Sekunden lang auf die
Zuhörer wirken und wandte sich dann dem vierten Wert zu:
»Eine Beobachtung habt Ihr alle in diesen ersten gemeinsamen
Tagen sicherlich gemacht: Ihr durftet feststellen, dass Ihr alle
ganz verschieden agiert. Das solltet Ihr als Chance begreifen,
denn nur wer sich auf etwas Anderes, Fremdes einlässt, der kann
seinen Horizont erweitern. Daraus entstehen nicht selten die besten Ideen – und die brauchen wir für unser Projekt. Respektiert
einander, seid neugierig, geht immer davon aus, dass Euch die
anderen Musketiere positiv überraschen können!« Das Einhorn
bemerkte, wie die Blicke des Ritters und des Prinzen in Richtung
Hexe und Gespenst wanderten. Den beiden war dieser Grund-
satzvortrag unangenehm, weil sie ahnten, dass unbequeme Zeiten auf sie zukommen könnten. Bumaraia überlegte noch, wie es
diese schwierige Situation auflösen sollte, als die Hexe fragte:
»Und wie übertragen wir diese Werte auf unsere tägliche Arbeit?
Soll ich vielleicht jeden Morgen zunächst meinen Kollegen
Respekt zollen und beim Frühstück nur auf die Nahrungsaufnahme fokussieren?« Die anderen schmunzelten, das Aschenputtel unterdrückte ein Kichern. Nur das Einhorn blieb ernst und
antwortete: »Wir wollen es nicht übertreiben. Die Werte bilden
die Grundlage unseres Handelns, müssen sich aber nicht in jeder
Aktivität widerspiegeln. In der Tat ist es so, dass die verschiedenen Praktiken und Prinzipien von Scrum – unser Handwerkszeug, wenn Ihr so wollt – durch diese Werte motiviert werden.
Ohne Fokussierung wäre beispielsweise ein fester Zeitrahmen
schwer einzuhalten. Neben diesen Scrum-Werten gibt es übrigens
noch weitere Wertesysteme, die für agile Vorgehensweisen und
damit auch für Scrum relevant sind, aber ich will Euch nicht mit

Informationen überfrachten. Außerdem habt Ihr ja noch eine Aufgabe für diesen Tag übernommen, die erledigt sein will. Deshalb frisch ans Werk!« Mit diesen Worten beendete das Einhorn pünktlich den Ausflug in die Grundlagen der agilen Werte, und die Teammitglieder verteilten sich wieder auf die Arbeitsplätze.

5.8   Sprint Review

Der Sprint neigte sich langsam dem Ende zu. Die Arbeiten gingen mal schnell, dann wieder eher schleppend voran, aber die Motivation der Mannschaft war gut. Ein Grund dafür waren die immer neuen Paarbildungen, für die das Einhorn verantwortlich zeichnete. Nicht jeder mochte gerne mit jedem zusammenarbeiten, aber da zeigte sich das Einhorn unerbittlich. Der Ritter ließ beispielsweise das Gespenst neben sich Platz nehmen, gab ihm aber kaum eine Möglichkeit, seinen Gedanken zu folgen. Erst als das Einhorn diesen Missstand anprangerte, ließ sich Ritter Magnolius zu einer kooperativeren Arbeitsweise bewegen. Überzeugt hatte ihn das Argument des Einhorns, dass am Ende des Sprint alle über die erste Version der Falle Bescheid wissen sollten, denn schließlich handelte es sich um eine Teamleistung: Von allen erbracht, von allen getragen. Um Hexe und Gespenst aus der Reserve zu locken, ließ Bumaraia ganz beiläufig fallen, dass der König beim sogenannten Sprint Review jedem aus dem Team eine Frage stellen dürfe.

Am Ende dieses vier Wochen dauernden ersten Sprint war tatsächlich eine erste einfache Version der Falle in Teamarbeit entstanden, die nun dem König präsentiert werden sollte. Die Musketiere hatten sich gut auf das erste Review vorbereitet. Ausgehend vom Sprint-Ziel hatten sie überlegt, was man dem König alles zeigen wollte. Das war im Grunde genommen ganz einfach: Man hatte eine Falle fertiggestellt, die schnell auf- und abgebaut werden konnte. Das wollte man dem König demonstrieren und ihm anschließend ein paar Details der Falle erläutern, beispielsweise die Farbgebung. Ritter Magnolius hatte angeboten, die Präsentation der Falle zu übernehmen. Darüber waren Hexe und Gespenst sehr erfreut, denn beide hatten wenig Lust, sich den Fragen des Königs zu stellen. Dafür fühlten sie sich immer noch nicht sattelfest genug. Dem Gespenst war es ohnehin ein Graus, vor Menschen zu sprechen. Deshalb war es ein wenig entsetzt, als das Einhorn forderte, dass in diesem Review jeder eine Rolle übernehmen sollte, indem er allein oder zu zweit ein Backlog Item präsentierte. Auch der Ritter war wenig erfreut, weil ihm beim Review keine Sonderrolle zufiel. Er hatte sich im gesamten Sprint so sehr angestrengt, um am Ende als Sieger dazustehen, und nun das: Alle sollten als Mannschaft auftreten. Dem Aschenputtel, dem Großväterchen und dem Einhorn hätte der Ritter noch ein kleines Stück des Ruhmes gegönnt, nicht aber den anderen beiden Musketieren. Da er vom Einhorn eine sehr hohe Meinung hatte, verkniff er sich jedoch jegliche Kritik an dieser Entscheidung.

»Wie soll ich denn die Farbgebung der Falle präsentieren?«, fragte das Großväterchen. »Die Farbe kann man doch nur zeigen, und das ist nichts Besonderes!« Das Einhorn hatte eine Idee: »Wie wäre es, wenn Ihr all Eure Probelackierungen mitbringt, die Ihr verworfen habt. Die legen wir auf die Testfelder im Hof. Dann sieht der König, dass sich die Farben zu stark vom Untergrund abheben und deshalb für einen Drachen leicht zu orten sind. Damit verdeutlicht Ihr, warum Ihr Euch für genau diese Farbe entschieden habt, in der wir die fertige Falle lackiert haben.«

Die Hexe hatte ein ähnliches Problem: »Wie sollen wir denn die Dimensionen der verschiedenen Drachenrassen zeigen?«, wollte sie vom Einhorn wissen. »Ganz einfach!«, lautete die Antwort. »Indem Ihr ein Modell des kleinsten Drachen baut. Eigentlich bräuchten wir auch ein Modell des größten Drachen, aber das ist ein wenig zu aufwendig. Es reicht, dessen Dimensionen zu erwähnen und zu zeigen, dass die Falle groß genug ist, um ein solches Exemplar zu fangen.« »Aber unsere Falle ist doch viel zu klein, um einen großen Drachen zu fangen!«, warf das Gespenst ein. »Stimmt!«, sagte das Einhorn, »ich hatte ganz vergessen, dass die erste Version unserer Falle nur für kleine bis mittelgroße Drachen geeignet ist. Das müsst Ihr auf jeden Fall erwähnen!«

Endlich war der große Tag gekommen. Der König und sein Hofmarschall waren erschienen, um sich persönlich ein Bild vom Fortschritt dieses besonderen Projekts zu machen. Gemeinsam saßen sie im Hof der Sommerresidenz, vor sich die Falle, die mit einem Tuch vor neugierigen Blicken geschützt war. Der Prinz übernahm die Moderation. Er dankte seinem Vater und dem Hofmarschall, dass sie den weiten Weg auf sich genommen hatten, und rief allen Anwesenden noch einmal das Sprint-Ziel ins

Gedächtnis: »Eine gut getarnte Falle für kleine bis mittelgroße Drachen, einfach aufzubauen und simpel zu verschließen.« Dann stellte er kurz die Backlog Items vor, die für diesen Sprint ausgewählt worden waren.

Nun waren die Musketiere an der Reihe. Das Gespenst ergriff das Tuch und flog schnell in die Höhe. Zum Vorschein kam die zusammengelegte Falle, die aussah wie ein Stapel Holzlatten. König und Hofmarschall waren wenig beeindruckt. Das änderte sich schlagartig, als der Ritter und das Aschenputtel die Falle in Windeseile aufgebaut hatten. Genauso schnell bauten sie die Falle wieder ab und erneut wieder auf. Nun stand sie da, und zum ersten Mal sahen alle Musketiere, was sie in den vergangenen Wochen gemeinsam geschaffen hatten. Auf die Frage des Hofmarschalls, warum die Falle eine so hässliche Farbe habe, erläuterte das Großväterchen mit seinen Farbmustern die Entwicklungsgeschichte des Anstrichs. Als er sah, wie sehr die schönen Farben im kleinen Maisfeld in der Herbstsonne glänzten, leuchtete auch dem Hofmarschall ein, warum man einen gedeckten, erdigen Ton für den Anstrich gewählt hatte. Als dann die Hexe zeigte, dass selbst das kleinste bekannte Drachentier nicht durch die Gitterstäbe hindurchpasste, waren König und Hofmarschall vom Erfolg der Mission schon fast überzeugt. Der König hatte aber noch ein paar kritische Fragen, für die alle Musketiere Rede und Antwort stehen durften. Als der König wie erwartet die Größe der Falle ins Gespräch brachte, verwies das Gespenst ohne Zögern auf das Sprint-Ziel, in dem festgelegt worden war, dass man zunächst nur kleine und mittelgroße Drachen berücksichtigen wollte. Dann schaltete sich der Prinz noch einmal ein und erklärte, dass man ein Backlog Item nicht fertiggestellt hatte, weil es sich im Nachhinein als sehr aufwendig herausgestellt hatte. Man hatte sich schlicht und einfach verschätzt. Das passte dem Hofmarschall gar nicht. Als Antwort auf dessen Frage, wie so etwas passieren könne, hatte das Einhorn eine interessante Formel parat: Seiner Erfahrung nach dauert es drei Sprints, bis ein Team eingespielt ist. Während dieser Einschwingphase verbessern sich erfahrungsgemäß auch die Schätzungen in puncto Genauigkeit. Nichtsdestotrotz werde es immer wieder Fehleinschätzungen geben – das bringe die Komplexität mancher Sachverhalte einfach mit sich, referierte das Einhorn. Trotz dieses kleinen Wermutstropfens war der König sehr zufrieden. Lobend erwähnte er den Teamgeist und

die Tatsache, dass man ihm tatsächlich eine funktionierende Falle hatte vorführen können. Da fiel dem Hofmarschall ein Stein vom Herzen. Auch ihm war aufgefallen, dass die bunte Truppe, die er mit viel Mühe zusammengestellt hatte, auf dem besten Weg war, ein echtes Team zu werden.

Pünktlich zur vorgesehenen Zeit war das Review beendet. Der Prinz verabschiedete seinen Vater und den Hofmarschall, die sich sehr vergnügt auf den Weg zurück ins Schloss begaben. Die Falle nahmen sie mit. Der König wollte sie den Meistern der Fallenwerkstätten bei deren Jahreshauptversammlung präsentieren. Anschließend sollte die Falle in der Forschungsabteilung der größten Wieimmerländer Fallenwerkstatt ihren Dienst verrichten – als Käfig für jene Drachen, die zu Versuchszwecken dort gehalten wurden. Auf diese Weise durfte die Falle tatsächlich ihre Eignung als Gefängnis für Drachen unter Beweis stellen.

Das gemeinsame Mittagsmahl geriet zur spontanen Feier. Alle Musketiere waren sehr euphorisch, denn sie spürten plötzlich den Teamgeist, der sich im Laufe des Review voll entfaltet hatte. Selbst der Ritter musste zugeben, dass sich Hexe und Gespenst wacker geschlagen hatten. Wider Erwarten konnte er sich darüber sogar freuen. Das Lob des Königs beflügelte alle und spornte sie für den kommenden Sprint an, dessen Start einige kaum erwarten konnten. Davor war aber eine Übung angesetzt, auf die alle sehr gespannt waren. Es ging darum, immer noch ein wenig besser zu werden, indem man das Erlebte noch einmal Revue passieren ließ. Diese Übung hatte den interessanten Namen Retrospektive.

Der erste Sprint ist fast zu Ende! Tatsächlich hat das Team das Sprint-Ziel erreicht – und zwar gemeinsam. Auch das Review ist Teamarbeit. Manchmal geht es aber besser, wenn man einen Moderator hat. Trotzdem stellen die Teammitglieder alle erreichten Ziele gemeinsam vor und stehen dem Produktverantwortlichen Rede und Antwort. Der entscheidet übrigens darüber, ob das Sprint-Ziel erreicht wurde bzw. ob die einzelnen Backlog Items fertig geworden sind. Ist das mal nicht der Fall, so sollte das Team die unfertigen Backlog Items im nächsten Sprint bearbeiten.

Alles, was in der praktischen Anwendung demonstriert werden kann, wird entsprechend präsentiert. Es geht darum zu zeigen, dass man tatsächlich etwas Funktionierendes geschaffen hat,

und nicht nur konzeptionell tätig gewesen ist. Schließlich hat nur ein fertiges Produkt einen Geschäftswert, und genau darum geht es: Wir wollen einen Geschäftswert schaffen.

Backlog Items, die beim ersten Hinsehen als nicht präsentationstauglich eingestuft werden, bedürfen oft eines zweiten oder dritten Blicks. Wenn man dann noch ein wenig um die Ecke denkt, findet man oft doch noch einen Weg, um diese Items live vorstellen zu können.

Obwohl der Sprint am Ende erfolgreich gewesen ist, erinnern wir uns an viele kleine und größere Probleme. Werden diese nicht zeitnah gelöst, dann wirken sie im weiteren Projektverlauf nach und wachsen sich im schlimmsten Fall weiter aus. Um das zu verhindern, verwendet Scrum ein Instrument der Rückkopplung, das aus der Reflexion über das Geschehene Maßnahmen für die Zukunft ableiten soll. Es handelt sich um die bereits erwähnte Retrospektive.

5.9   Die erste Retrospektive

Der Prinz wusste, dass er einige Zeit brauchen würde, um den nächsten Sprint vorzubereiten. Deshalb fragte er das Einhorn, ob man die Retrospektive in den ersten Sprints ausfallen lassen könne. Das Einhorn schaute ihn verwundert an. Dann erklärte es, dass die Retrospektive eines der mächtigsten Werkzeuge des Scrum-Baukastens ist. Und es fragte den Prinzen, wie denn der nächste Sprint besser laufen solle als der erste, wenn man sich nicht gemeinsam überlegte, was noch optimiert werden könne. Vorsichtshalber wies es den Prinzen auch noch einmal darauf hin, dass für eine erfolgreiche Retrospektive eine Atmosphäre der Sicherheit geschaffen werden muss. Er, der Prinz, habe als Scrum-Meister sicherzustellen, dass niemandem während oder nach der Retrospektive negative Konsequenzen drohen, auch wenn er oder sie unangenehme Kritik äußert. Daraufhin bat der Prinz das Einhorn um Unterstützung bei dieser ersten Retrospektive, denn er glaubte nicht daran, dass er dieses besondere Treffen alleine moderieren könnte.

Man traf sich wieder im Kaminzimmer und schloss alle Türen. Jeder war dank des erfolgreichen Sprint Review immer noch gut gelaunt. Zugleich waren alle gespannt auf das, was sie jetzt erwarten würde. Wider Erwarten ergriff nicht der Prinz das Wort, sondern das Einhorn begann mit einer kurzen Erläuterung des Ablaufs einer Retrospektive. Dann präsentierte es die goldene Regel:

> Ganz egal, was wir entdecken werden: Wir verstehen und glauben zutiefst, dass jede(r) nach besten Kräften gearbeitet hat, wenn man den aktuellen Wissensstand, die Fähigkeiten und Fertigkeiten, die verfügbaren Ressourcen und die derzeitige Situation zugrunde legt.
> (nach Norman L. Kerths »Retrospective Prime Directive«)

Nachdem alle Anwesenden bestätigt hatten, dass sie sich entspannt und sicher fühlen, begann die eigentliche Retrospektive.

Zunächst sollte jeder ein paar Ereignisse benennen, die aus seiner Sicht einen Einfluss auf den vergangenen Sprint hatten. Das klang ganz einfach, erwies sich aber für einige Musketiere als echter Kraftakt. Das Gespenst wusste überhaupt nicht, was für eine Art von Ereignissen gemeint war. Es hatte Mühe, sich überhaupt an Einzelheiten des vergangenen Sprint zu erinnern. Das Aschenputtel war ebenfalls unsicher, fand aber einige Ereignisse, die aus fachlicher Sicht bemerkenswert waren. So hatte ihm beispielsweise die Zusammenarbeit mit dem Ritter Spaß gemacht, und auch vom Planungsspiel war es begeistert (wenngleich die Planungssitzung vor dem Sprint stattgefunden hatte). Persönliche Ereignisse behielt es lieber für sich. Die Hexe sagte nur einen Satz: »Abgesehen davon, dass mir eines Morgens ein Glas mit Kräutertee umgekippt ist, kann ich mich an nichts Bemerkenswertes erinnern.« Die anderen wussten nicht so recht, wie sie darauf reagieren sollten, denn diese Aussage war lustig und traurig zugleich. Offensichtlich hatte die Hexe keine Lust darauf, ihre persönlichen Erfahrungen aus dem ersten Sprint mit den anderen zu teilen. Mit dieser Provokation war sie drauf und dran, die gute Stimmung zunichte zu machen. Zum Glück kam als nächstes das Großväterchen an die Reihe. Dessen wichtigstes Ereignis blieb allen noch lange im Gedächtnis: »Ich bin immer noch ganz gerührt, wenn ich an den Moment denke, als ich zum ersten Mal nach vielen Jahren wieder durch das Tor meiner alten Fallenwerkstatt getreten bin. Es begann als Reise in die Vergangenheit und wurde zu einer Reise in die Zukunft, denn es hatte sich mittlerweile unglaublich viel getan. Viele der modernen Technologien

und Methoden habe ich noch nicht verstanden, und manches will
ich auch gar nicht verstehen, aber ich freue mich, dass ich diesen
Schritt gewagt habe. Und ich bin Euch dankbar, dass Ihr mich in
Eure Mannschaft aufgenommen habt und so gut unterstützt.
Danke!« Mit diesen Worten setzte sich das Großväterchen wieder. Dabei wischte es sich verstohlen eine Träne aus dem Augenwinkel, aber das sah niemand, weil der Prinz aufgestanden war
und das Augenmerk auf eine Schiefertafel gelenkt hatte, die über-
schrieben war mit den Worten: »Was lief gut?«

Bei der Suche nach Dingen, die im vergangenen Sprint gut
gelaufen waren, kamen einige interessante Themen zutage. Das
Aschenputtel hob erneut den Erfolg des Planungsspiels hervor.
Ihm gefiel, dass das Ergebnis der Schätzung eine Teamentschei-
dung war, sodass sich niemand allein rechtfertigen musste. Die
Diskussion der einzelnen Backlog Items förderte aus seiner Sicht
das gemeinsame Verständnis. Überhaupt zeigte sich das Aschenputtel überrascht, dass alle so gut über das Gesamtprojekt
Bescheid wussten. Das war auch dem Großväterchen während
des Sprint Review angenehm aufgefallen. Das Gespenst bekam
vom Großväterchen ein dickes Lob dafür, dass es dem König
mutig und offen Rede und Antwort gestanden hatte. Der Ritter
sah großzügig über dieses in seinen Augen übertriebene Lob hinweg. Er freute sich darüber, dass das Einhorn zur Mannschaft
gestoßen war. Und alle erwähnten anerkennend, dass der Prinz
seine Sache sehr gut gemacht hatte – »wenn man den aktuellen
Wissensstand und die derzeitige Situation zugrunde legt«, wie der
Ritter in Anspielung auf die goldene Regel ergänzte. Dem Prinzen
huschte ein Lächeln über das Gesicht. »Schade, dass mein Vater
jetzt nicht hier ist«, dachte er und ging lächelnd zu einer zweiten
Schiefertafel, auf der stand: »Was können wir verbessern?« »Nun
seid ihr alle aufgefordert, konstruktiv Kritik am vergangenen
Sprint zu üben«, erläuterte er den Zweck dieser Tafel. »Wie gut,
dass wir die konstruktive Kritik als Spielregel bereits zu Beginn
des Sprint 0 kennengelernt haben. Ich hoffe nur, dass Ihr Euch
noch daran erinnern könnt!«

Interessanterweise fiel den meisten der Tadel viel leichter als
das Lob. Dementsprechend war die zweite Schiefertafel am Ende
der Retrospektive voller als die Liste der Dinge, die gut gelaufen
waren. Ritter Magnolius war beispielsweise der Meinung, dass
das Planen viel zu lange dauerte. Er bevorzugte eine pragmati-

schere Vorgehensweise, die er mit der Aussage »Machen statt
Reden« auf den Punkt brachte. Außerdem wiederholte er seine
Kritik am KISS-Prinzip. Er verwies darauf, dass man später keine
Zeit haben werde, um bereits fertiggestellte Elemente noch einmal zu überarbeiten oder zu erweitern. »Glaubt mir: Ich spreche
aus Erfahrung«, untermauerte er seine Behauptung, und an den
Prinzen gewandt fügte er hinzu: »Euer Vater wird es nicht verstehen, wenn wir ihm erklären, dass beispielsweise der Schließmechanismus der fertigen Falle nachträglich weiter verbessert werden muss. Der König wird sagen, dass die Falle doch ganz
offensichtlich ein funktionierendes Schloss besitze, und dass jede
weitere Arbeit daran Zeit- und Geldverschwendung sei. So läuft
es immer, denn spätestens dann, wenn es ums Geld geht, verschließen sich die hohen Herren jedem noch so validen Argument.« Der Prinz wagte nicht zu widersprechen, denn erstens
fehlten ihm die schlüssigen Gegenargumente, und zweitens hatte
er das Gefühl, dass der Ritter in der Einschätzung seines Vaters
nicht ganz unrecht hatte. Sein Hilfe suchender Blick in Richtung
Einhorn blieb unerfüllt. Das Einhorn hatte dem Prinzen vor
Beginn der Retrospektive erklärt, dass es zwar den Rahmen für
eine erfolgreiche Retrospektive schaffen wolle, sich aber darüber
hinaus nicht in die Diskussion einmischen würde. So blieb das
Bauchgefühl des Ritters unbewertet.

Das Großväterchen druckste lange herum, bis es einen Punkt
zur Sprache brachte, der ihm sichtlich unangenehm war. »Wie Ihr
wisst, bin ich nicht mehr der Jüngste«, sagte der alte Mann so
leise, dass ihn kaum jemand verstehen konnte. »Die vielen Jahre,
die ich auf dem Buckel habe, und die harte Arbeit in meinem kleinen Gemüsegarten sowie das Holzhacken haben meinem Rücken
arg zugesetzt. Deshalb kann ich nicht mehr lange im Sitzen arbeiten, ohne dass ich Rückenschmerzen bekomme. Es wäre deshalb
sehr hilfreich, wenn ich ein Stehpult bekommen könnte.« Prinz
Rollo sah das Großväterchen fassungslos an: »Warum sagt Ihr
das erst jetzt? Mein Vater hat Euch doch gesagt, dass er alles tun
werde, um uns optimale Arbeitsbedingungen bieten zu können.
Spätestens übermorgen steht ein Pult in der Schreibstube für
Euch bereit – versprochen!« »Danke!«, hauchte das Großväterchen. »Ich wollte nicht unverschämt erscheinen, und ich wusste
auch nicht, ob der Scrum-Meister der richtige Ansprechpartner
für solche Allerweltsprobleme ist, die nicht einmal etwas mit

Scrum zu tun haben.«»Und ob er das ist!«, schaltete sich das
Einhorn ein. »Der Scrum-Meister sorgt dafür, dass sein Team
ungehindert arbeiten kann. Ganz egal, was das Team am unge-
störten Arbeiten hindert: Der Scrum-Meister muss dieses Hindernis beseitigen oder beseitigen lassen. Dabei spielt es keine Rolle,
ob Scrum die Ursache ist oder ob es sich um vermeintlich banale
Probleme handelt: zu hell, zu dunkel, zu laut, zu viele Personen in
einem Raum – die Liste möglicher Probleme ist lang, und jedes
dieser Probleme ist ernst zu nehmen. Allen gemein ist, dass sie
zügig beseitigt werden müssen, um einen schnellen Projektfortschritt zu ermöglichen. Sind Euch noch weitere Dinge eingefallen,
die wir verbessern sollten?« Die Hexe bemängelte die Kommunikation in der Gruppe. Sie fühlte sich nicht genug unterstützt und
hatte das Gefühl, dass einige der Musketiere sie absichtlich links
liegen ließen. Außerdem äußerte sie Kritik an der Definition der
Backlog Items und der daraus abgeleiteten Aufgaben. Beide
waren aus ihrer Sicht nicht immer eindeutig formuliert und zu
unterschiedlich in der Größe. Die Hexe wünschte sich außerdem
eine Verteilung der Aufgaben durch den Scrum-Meister. »Ich verstehe nicht, warum wir uns unsere Aufgaben selber suchen müssen. Ihr seid doch als Scrum-Meister der Vorgesetzte dieser
Mannschaft. Da ist es doch wohl nicht zu viel verlangt, dass Ihr
die anstehenden Aufgaben unter Berücksichtigung unserer Nei-
gungen und Qualifikationen verteilt!« Der Prinz spürte, wie ihm
beim Wort »Vorgesetzter« ein wohliger Schauer den Rücken hin-
unterlief. Im nächsten Moment schämte er sich dafür, denn er
erinnerte sich an die Worte des Einhorns, die er jetzt sinngemäß
wiederzugeben versuchte: »Ich bin in erster Linie eine Art
Schiedsrichter. Ich sorge dafür, dass die Regeln eingehalten werden – und zwar auf allen Seiten. Das bedeutet beispielsweise, dass
ich Euch während des Sprint vor Eingriffen von außen schütze,
damit Ihr konzentriert auf das Sprint-Ziel hinarbeiten könnt.«
Dabei musste er unwillkürlich an den Zwischenfall mit dem Drachen denken. Anstatt voreilig darauf zu reagieren, hatte der Prinz
das Untersuchungsergebnis abgewartet. Die Erkenntnisse aus der
Untersuchung waren dann dem Team präsentiert worden, um es
für die neuen Drachentricks zu sensibilisieren. »Wie gut, dass
mich das Einhorn unterstützt hat«, dachte er und fuhr fort:
»Dazu gehört, dass ich Hindernisse, die Euch in Eurer Arbeit
behindern, aus dem Weg räume. Aber natürlich wache ich ande-

rerseits auch über die Achtung und Wahrung der Scrum-Werte im Team. Außerdem werde ich im nächsten Sprint damit beginnen, den Fortschritt zu protokollieren. Nicht, um Euch zu kontrollieren, sondern um eine bessere Datenbasis für die Retrospektive zu haben. Ihr erinnert Euch sicherlich an die Offenheit, mit der wir unsere Ergebnisse kommunizieren wollen. Das wird zum großen Teil meine Aufgabe sein.« »Ihr wollt uns also an den König und seinen Hofmarschall verraten?«, warf die Hexe erbost ein. »Wenn die sehen, dass wir nicht so schnell vorankommen wie ursprünglich geplant, dann möchte ich Euer Angebot des persönlichen Schutzes gerne wahrnehmen, werter Prinz. Mal sehen, ob Ihr dann noch zu Eurem Wort steht!« Sichtlich erleichtert darüber, dass sie sich alle Probleme von der Seele geredet hatte, ließ sich die Hexe wieder auf ihren Stuhl fallen. Aber es lag vermutlich nicht an ihrer Erschöpfung allein, dass sie anschließend ganz still wurde, als es darum ging, aus den Kritikpunkten Maßnahmen für eine Verbesserung herzuleiten. Der Prinz hatte alle darum gebeten, sich fünf Minuten Gedanken zu machen und Verbesserungsvorschläge zu notieren.

Es waren kaum zwei Minuten dieser Denkpause vergangen, da rief ein Gong zum Abendessen. Der Prinz hatte zur Feier des Tages ein besonderes Mahl herrichten lassen. Da er das gute Essen nicht kalt werden lassen wollte, musste er die Retrospektive an dieser Stelle abbrechen. Er vertagte sie auf »irgendwann im nächsten Sprint«. Davon konnte ihn auch das Einhorn nicht abbringen. Um nichts zu vergessen, forderte der Prinz eine saubere Abschrift der beiden Schiefertafeln. Da protestierte das Einhorn erneut. Es sah die Sicherheit der Retrospektive gefährdet, weil es sich vorstellen konnte, dass der Prinz die Tafeln dem König zeigen wollte. Deshalb schnappte sich das Einhorn die Tafeln und verschloss sie in seiner Schlafkammer. Erschöpft, aber ergebnislos gingen die Musketiere in den Speisesaal und ließen sich das gute Essen schmecken.

Ich sagte es bereits: Scrum ohne Retrospektive ist kaum vorstellbar. Genau diese zeitnahe und regelmäßige Rückkopplung ist nämlich das Besondere an den agilen Vorgehensweisen. Erinnert Euch mal an Euer letztes großes Projekt. Da gab es zum Schluss vielleicht eine Lessons-Learned-Sitzung, in der Ihr das Projekt noch einmal Revue passieren ließet. Ähnlich wie in der Retro-

spektive sollten Stärken und Schwächen erkannt werden, um daraus Maßnahmen für Folgeprojekte abzuleiten. Für das vergangene Projekt kam diese Hilfe zu spät. Fehler aus frühen Projektphasen wurden unter Umständen bis zum Projektende nicht abgestellt, weil Ihr Euch nicht schon während des Projekts die Zeit für einen kritischen Rückblick genommen habt – mit dem Ziel, Euch kontinuierlich zu verbessern. Eigentlich schade, oder? Diese Rückkopplungsprozesse funktionieren übrigens völlig unabhängig von den agilen Methoden. Wie wir gesehen haben, sind die Hindernisse oft allgemeiner Natur und haben nichts mit Scrum zu tun.

Das Sammeln von Fakten und die Methode des Anordnens auf einem Zeitstrahl sind durchaus umstrittene Praktiken. Viele Teammitglieder haben Probleme damit, geeignete Fakten zu finden. Vielen ist das Ganze entweder zu oberflächlich oder zu intim. Allerdings zeigt sich immer wieder, dass einzelne Teammitglieder ganz bewusst dieses Element der Retrospektive nutzen, um von Ereignissen privater oder beruflicher Natur zu berichten, die auf ihr Verhalten im vergangenen Sprint einen Einfluss gehabt haben. Dahinter verbirgt sich nicht selten eine verkappte Entschuldigung, manchmal auch der Versuch, mit einem spaßigen Ereignis die Laune zu heben und Spannungen abzubauen. Wichtig ist, dass man die Fakten nicht bewertet und vor allem nicht abwertet, sondern einfach als Fakten akzeptiert.

Eine Retrospektive muss immer zu Ende geführt werden, sonst bleibt sie ergebnislos. Das Ergebnis einer Retrospektive sind immer konkrete Maßnahmen. Nun wird man nicht alles, was in der Retrospektive an Problemen und Verbesserungsvorschlägen angesprochen wurde, sofort umsetzen können. Wichtig ist aber, dass man die wichtigsten Probleme aus dem Weg räumt. Deshalb müssen die erarbeiteten Maßnahmen priorisiert werden. Dann kann man sich gezielt an die Umsetzung jener Maßnahmen machen, die auf der Prioritätenliste ganz oben stehen. Wollen wir hoffen, dass der Prinz das im nächsten Sprint lernen wird – der jetzt beginnt!

6 Sprint 2

Der erste echte Sprint war geschafft. Aber anstatt der Mannschaft eine kleine Pause zu gönnen, wurde für den nächsten Tag wieder eine Sprint-Planungssitzung angesetzt. Mit Ausnahme des Aschenputtels empfanden alle diese Entscheidung als ungerecht. Die enorme Kraftanstrengung, die das Erreichen des Sprint-Ziels für die Mannschaft bedeutet hatte, verlangte aus ihrer Sicht nach einer Phase der Ruhe. Dann folgte die größte Enttäuschung: Das Einhorn, von dem sich alle Unterstützung in dieser Angelegenheit erhofft hatten, rechtfertigte diese Entscheidung!

6.1 Taktvoll oder taktlos?

»Eines der Grundprinzipien von Scrum ist die Etablierung eines Taktes, nach dem das Projekt seine Sprints plant und durchführt. Wie in der Musik bildet der Takt die Grundstruktur, auf dem der Rhythmus und die Harmonie aufbauen. Ohne Takt fiele ein Musikstück auseinander. Einem Orchester fehlte in einer Takt-losen Welt die Grundlage für das gemeinsame Spiel. Und auch Euer Herz schlägt nach immer demselben Takt.« »Jetzt übertreibt Ihr es aber«, meldete sich der Prinz zu Wort, »Die Analogie in der Musik kann ich nachvollziehen, aber Scrum mit dem Wunder des menschlichen Organismus zu vergleichen, ist doch ein wenig vermessen.« Das Einhorn schmunzelte. »Na, immerhin scheint mir jemand zugehört zu haben. Ich wollte nur ausdrücken, dass ein Takt oder Rhythmus auch für ein Projekt wie dieses eine positive Wirkung haben kann. Ein Beispiel: Wenn unsere Sprints immer dieselbe Länge haben und auch der innere Aufbau mit Sprint-Planungssitzung, Review und Retrospektive identisch ist, dann´dürfte es Euch nach den ersten Sprints vergleichsweise leicht fallen, eine Schätzung für Eure Leistungsfähigkeit der folgenden Sprints abzugeben. Wir sprechen hier von der Entwicklungsgeschwindigkeit *(Velocity)* des Teams, die uns wiederum bei der strategischen Planung hilft. Mithilfe der Entwicklungsgeschwindigkeit können wir die Gesamtdauer des Projekts genauer abschätzen.« »Aber was passiert, wenn jemand krank wird oder aus anderen Gründen ausfällt? Oder wenn sich unser Team personell verändert?«, wollte das Großväterchen wissen. »Dann ändert sich natürlich auch die Entwicklungsgeschwindigkeit. Scrum geht bei seinen Planungen immer von geordneten Rahmenbedingungen und einem festen Team aus, das sich in seiner Zusammensetzung nicht ändert.« »Aber ist das realistisch?«, hakte das Gespenst nach. »In der Welt ändern sich die Dinge doch andauernd. Wie gehen wir denn damit um?« Das Einhorn lächelte den kleinen Geist so fröhlich an, dass dieser glaubte, etwas schrecklich Dummes gesagt zu haben, und sich daraufhin ganz klein machte. Das Einhorn aber sagte in die Runde: »Nehmt Euch ein Beispiel an diesem Gespenst! Anstatt die Scrum-Regeln einfach hinzunehmen, stellt es die Dinge auf den Prüfstand. Chapeau! So stelle ich mir den Umgang mit Scrum vor: kritisch hinterfragen, am eigenen Erfahrungsschatz messen und an die Projektgegebenheiten anpassen. Weiter so, Gespenst – genau diese Einstellung brauchen wir, um erfolgreich zu sein!« Alle starrten das Gespenst an. Die Verwunderung war groß, dass ausgerechnet der schüchterne und arbeitsscheue Kleingeist eine Vorbildfunktion bei der Anwendung von Scrum haben sollte. Am meisten aber wunderte sich das Gespenst selbst. Es war noch nie gelobt worden. Normalerweise erntete es Hohn und Spott oder zog den Zorn des Hofstaates auf sich, weil es allen mit seinem Herumgespuke auf den Geist ging (hmmm ... das ist wohl an dieser Stelle eine unglückliche Formulierung). Nun spürte es, wie gut sich ein Lob anfühlte, wenngleich die anderen Teammitglieder skeptisch blieben. Dieses Lob vom Einhorn höchstpersönlich spornte das Gespenst an, und es nahm sich vor, von nun an besser und intensiver mitzuarbeiten. Das Gespenst entspannte sich und ließ sich sogar zu einem schüchternen Lächeln hinreißen. Bumaraia freute sich darüber, dass ihre Worte die beabsichtigte Wirkung nicht verfehlt hatten, und fuhr fort: »Um auf Eure Frage zurückzukom-

men, liebes Gespenst: Das Agile Manifest bewertet Mut und
Offenheit für Veränderungen sehr hoch – im Vergleich zum
Befolgen eines festgelegten Plans. Wie Ihr schon sagtet: Die Welt
ändert sich fortwährend. Auf ein Projekt bezogen bedeutet es,
dass sich Anforderungen mit der Zeit verändern können. Neue
Anforderungen kommen hinzu, andere fallen weg oder bekommen eine andere Priorität. Zugleich kann der Erkenntnisgewinn
im Projektverlauf dazu führen, dass Dinge neu bewertet werden
und neue, bessere Lösungswege gefunden werden. Diesem
Umstand müssen wir Rechnung tragen, wenn wir wollen, dass
unsere Vision bestmöglich umgesetzt wird. Dabei dürfen wir wie
gesagt nicht vergessen, dass › bestmöglich‹ aus heutiger Sicht eine
andere Bedeutung haben kann als zum Zeitpunkt der Fertigstel-
lung. Zufrieden?« Mit dieser Frage wandte sich das Einhorn
direkt an das Gespenst, das eifrig nickte. »Schön, dass wir das
geklärt haben«, mischte sich da die Hexe ein. »Wie wäre es,
wenn wir uns endlich an die Planung machten? Dafür sind wir
hier heute Morgen zusammengekommen, oder?« Dem konnte
niemand widersprechen. Deshalb beeilte sich der Prinz, Ruhe und
Ordnung wiederherzustellen – das sah er als Aufgabe des Scrum-
Meisters an. Da mittlerweile auch der König (mit einstündiger
Verspätung) eingetroffen war, eröffnete der Prinz den ersten Teil
der Sprint-Planungssitzung.

Dieses Mal beteiligte sich das gesamte Team an der Auswahl
der Items aus dem Product Backlog. Das Sprint-Ziel hatte der
König wie folgt festgelegt:

> **Ziel des Sprint 2: Ein automatischer Schließmechanismus mit einem
> einzigen Auslöser für alle Drachenarten.**

Nun machten sich alle auf die Suche nach geeigneten Backlog
Items. Zweimal wurden sie fündig – dann war Schluss. Das war
deshalb ärgerlich, weil die geschätzte Größe dieser beiden Backlog Items den Sprint nicht ausfüllte. Das Team wurde unruhig.
Alle spürten, dass diesem Sprint kein guter Start beschieden war.
Der König wurde ungehalten. Er hatte heute Morgen überraschend einen Gesandten aus dem wohlhabenden Nachbarland
Sapphiria empfangen müssen. Alarmiert durch den jüngsten Dra-
chenvorfall, hatte sich der Gesandte im Auftrag seines Königs
nach dem Stand der Drachenfallenforschung erkundigen wollen.

König Schærmæn hatte den Gesandten mit Müh und Not und
dem Hinweis auf das Scrum-Projekt beruhigen und auf den
Heimweg schicken können. Dann hatte er sich so schnell wie
möglich zur Sommerresidenz bringen lassen. Nun stand er hier
im Kaminzimmer und war in Eile. Hinter sich spürte er den
Druck seines übervollen Terminkalenders in Person des Hofmarschalls, der den König mit verstohlenen Gesten daran zu erinnern
versuchte, dass er sich schnellstmöglich wieder verabschieden
müsse, um die Folgetermine annähernd pünktlich wahrnehmen
zu können. Angesichts dieses Zeitdrucks war die Sache mit den
fehlenden Backlog Items eine mittlere Katastrophe. Der König,
das Team und auch das Einhorn stellten sich eine einzige Frage:

Wie hatte das passieren können?

Selbst das Einhorn wurde unruhig – weniger, weil es auf diese
Frage keine Antwort fand (so ging es nämlich allen anderen),
sondern vielmehr deshalb, weil es die Antwort bereits erahnte.
Und weil es erkannte, dass es in dieser Angelegenheit nicht frei
von Schuld war. Aber war Schuld überhaupt der richtige Begriff?
»Ich glaube, dass wir alle – und ich schließe mich mit ein – etwas
ganz Wichtiges vergessen haben«, sprach das Einhorn. Seine
Stimme wirkte brüchig und war nicht mehr so sanft wie sonst. Es
atmete tief durch und fuhr fort: »Wir waren so sehr auf das
Gelingen des ersten Sprint fixiert, dass wir die strategische Planung ganz außer Acht gelassen haben. Ihr erinnert Euch sicherlich noch an meinen Hinweis, dass sich die strategische Planung
wie ein roter Faden durch das ganze Projekt zieht und dass wir
immer wieder überprüfen müssen, ob unser Product Backlog
noch auf dem aktuellen Stand ist. Dabei müssen wir die folgenden Sprints im Auge behalten und uns frühzeitig um das Ziel
zumindest des nächsten Sprint Gedanken machen. Das haben wir
schlicht und einfach vergessen. Es tut mir wirklich leid, dass auch
ich nicht daran gedacht habe. Bevor jetzt jemand das große Wort
› Schuld‹ verwendet: Es ist niemand schuld an dieser Situation.
Wir alle haben einen Fehler gemacht, aus dem wir jetzt lernen
und den wir gemeinsam beheben.« »Da macht Ihr es Euch aber
recht einfach, wertes Einhorn!«, wetterte die Hexe. »Wie wollt
Ihr denn die strategische Planung nachholen, ohne den Sprint aus
dem Takt zu bringen? Die Disharmonie ist aufgrund Eures Fehlers vorprogrammiert – und da wollt Ihr nicht von Schuld spre-

chen?« Jetzt platzte dem Aschenputtel der Kragen: »Schweigt still, Hexe! Eure Kritik ist unmöglich – und obendrein unsachlich und nicht konstruktiv! Das Einhorn hat eben freimütig zugegeben, dass es seinen Teil der Verantwortung für diese missliche Lage trägt. Wenn Ihr unbedingt einen Schuldigen suchen wollt, dann solltet Ihr Euch zunächst einmal an die eigene Nase fassen!« Angesichts des beeindruckenden Riechorgans der Hexe mussten die anderen unwillkürlich schmunzeln. Das lockerte die Atmosphäre so weit auf, dass sich alle wieder an die Verpflichtung zu einem konstruktiven Verhalten erinnerten und mit der Suche nach einem Ausweg aus dieser Misere begannen.

Ritter Magnolius war der erste, der einen Lösungsvorschlag anbot. Ihm war der strenge Takt der Sprints nicht wichtig – seinen Takt bestimmte der Hieb des Schwertes auf ein Schild oder vorzugsweise einen Drachen. Deshalb schlug er vor, die strategische Planung vorzuziehen und heute Nachmittag, vielleicht sogar erst morgen mit der Sprint-Planung zu beginnen. Die Hexe versuchte noch einmal, mit dem Verlust des Taktes zu argumentieren. Da die anderen Musketiere dem Vorschlag des Ritters zu folgen bereit waren, gab sie schließlich auf. Zur Entspannung der Lage äußerte das Aschenputtel den Wunsch, die Sprint-Planung erst morgen zu beginnen. Dann hätte man zwar einen um einen ganzen Tag gekürzten Sprint, dessen innere Struktur aber der aller anderen Sprints glich. Das leuchtete allen ein, und so wurde die Sprint-Planungssitzung gemeinsam auf den folgenden Tag geschoben.

König Schærmæn und der Hofmarschall wurden langsam panisch. Der königliche Terminplan war nun vollends durcheinandergeraten. Prinz Rollo musste einen Boten zum Schloss schicken, um alle Termine seines Vaters für heute und für den morgigen Vormittag abzusagen. Das war ihm sehr unangenehm, denn er kannte den Termindruck, der auf der königlichen Familie lastete, nur zu gut. Glücklicherweise war es der König höchstpersönlich gewesen, der das Einhorn zur Unterstützung dieses Teams gebeten hatte. Prinz Rollo mochte sich gar nicht ausmalen, was jetzt passieren würde, wenn er diese Entscheidung getroffen hätte. Er ließ einen beruhigenden Kräutertee servieren und versuchte, seinen Vater und den Hofmarschall wieder zur konstruktiven Mitarbeit zu bewegen und nicht mehr an die ausgefallenen Termine denken zu lassen.

Ob es an der Wirkung des Kräutertees lag, wird vermutlich nie geklärt werden. Jedenfalls funktionierte die spontane strategische Planungssitzung sehr gut. Das Ergebnis konnte sich sehen lassen: Mehrere neue Backlog Items waren erstellt worden, von denen zwei für den laufenden Sprint ausgewählt wurden. Einige der bestehenden Backlog Items wurden neu formuliert, andere in ihrer Priorität angepasst. Etwas verfrüht hatte König Schærmæn schon heute (wohlgemerkt: zu Beginn des zweiten Sprint!) ein passendes Ziel für den dritten Sprint gefunden:

> Ziel des Sprint 3: Eine Falle, deren einzelne Komponenten einfach und schnell ausgetauscht werden können, z.B. im Fall eines Defekts oder weil eine verbesserte Komponente verfügbar ist.

Zum Glück für König und Hofmarschall entschied das Team, dass es die Schätzung der neuen Backlog Items auch in Abwesenheit des Produktverantwortlichen durchführen konnte. Prinz und Einhorn versprachen, den notwendigen strategisch-planerischen Aktivitäten in diesem Sprint ausreichend Zeit einzuräumen. Der König vernahm es mit Freude und verabschiedete sich. Beim Hinausgehen versprach er, am nächsten Morgen pünktlich zu sein.

Was soll ich dazu noch sagen – außer: Entschuldigung! Die strategische Planung hört nie auf. Deshalb müssen wir in jedem Sprint ausreichend Zeit dafür einplanen. Das ist deshalb so wichtig, weil die strategische Planung die Grundlage für die nachfolgenden Sprints bildet. Das Product Backlog muss immer eine ausreichende Anzahl geschätzter und priorisierter Backlog Items aufweisen, um für das ausgewählte Product Backlog des nächsten Sprint eine geeignete Auswahl treffen zu können.

Scrum kommt so einfach und schlank daher, dass man sich kaum vorstellen kann, etwas zu vergessen. Und dann passiert es doch. Wichtig ist nur, anschließend nicht in Panik zu verfallen, sondern in Ruhe zu überlegen, wie man mit dieser Situation konstruktiv umgehen kann. Das ist sozusagen die spontane Form der Rückkopplung – oder wie wir sagen: des »Inspect and Adapt«. Es ist für den Zusammenhalt des Teams sehr wichtig, dass man keinen einzelnen Schuldigen benennt. Auch in einer solchen Situation ist das Team gesamthaft verantwortlich – das ist das Wesen eines agilen Teams. Ähnlich wie beim Planungsspiel wird der Ein-

zelne durch die Gruppe geschützt, und die Gruppe wiederum er-
fährt Schutz durch den Scrum-Meister.

6.2   Die Macht der Zahlen

Bei der zweiten täglichen Zusammenkunft des zweiten Sprint
fragte das Großväterchen, wie man sich denn sicher sein könne,
das vom König gesteckte und vom Team angenommene Sprint-
Ziel tatsächlich zu erreichen. Es hatte nämlich wieder einmal verkünden müssen, dass es seine gestrige Aufgabe nicht hatte vollenden können. Auch das Aschenputtel hatte einen Rückschlag hin-
nehmen müssen. Die von ihm übernommene Aufgabe war
komplizierter als zunächst gedacht. Nach kurzer Diskussion in
der täglichen Zusammenkunft beschloss das Team, diese Aufgabe in vier kleinere Aufgaben zu zerlegen. Der Ritter und die
Hexe hatten gemeinsam ein Aufgabentäfelchen auf dem Sprint
Backlog in die Spalte »erledigt« umhängen können. Auch das
Gespenst hatte seine Aufgabe erledigt – »fix und fertig!«, wie es
selbstbewusst betonte. Damit waren zwei Aufgaben erledigt und
eine unerledigte Aufgabe in vier neue Aufgaben umgewandelt
worden, was in der Summe bedeutete, dass es im Vergleich zum
Vortag eine zusätzliche unerledigte Aufgabe gab. Diese negative
Bilanz bereitete dem Großväterchen Sorge. Für das Einhorn aber
war es ein willkommener und, wie es betonte, für ein Scrum-Projekt durchaus üblicher Anlass, um das Team in die Geheimnisse
des agilen Berichtswesens einzuführen.

Bumaraia schnappte sich zwei große Tafeln, betitelte sie mit
»Sprint Product Burndown Chart« und »Task Burndown Chart«
und zeichnete zwei Koordinatensysteme. Auf den horizontalen
Achsen trug es die Tage bis zum Ende des Sprint ein. Die vertika-
len Achsen ließ das Einhorn zunächst unbeschriftet. »Wir wollen
von nun an zwei sogenannte Burndown Charts pflegen – genauer
gesagt: Ihr werdet sie pflegen. In diesen Graphen wird der Sprint-
Fortschritt in Form des Restaufwands verzeichnet. Wir hoffen
bzw. haben uns dazu verpflichtet, dass dieser Restaufwand bis
zum Ende des Sprint auf Null gesunken ist. Das ist dann gleichbedeutend mit dem Erreichen des Sprint-Ziels. Wegen dieser abneh-
menden Aufwandskurve haben die Graphen den Namen Burndown Chart bekommen.« »Warum aber brauchen wir zwei
Graphen?«, wollte das Gespenst wissen. »Ich dachte, dass Scrum
ganz rank und schlank daherkommt.« »Das stimmt, und wir
werden auch nur so viele Informationen in diesen Berichten sammeln, wie sie für uns entscheidend sind. Diese zwei Sichten auf
den Sprint-Fortschritt haben sich aus meiner Sicht bewährt. Ich
will auch nicht verschweigen, dass einige Scrum-Einhörner lieber
mit andersgearteten Berichten arbeiten, aber diese beiden sind
nun einmal meine Favoriten. Beginnen wir mit dem Task Burndown Chart. Dieser Graph bietet uns genau die Informationen,
die das Großväterchen sucht. Hier wird tagesaktuell die Summe
der noch zu erledigenden Aufgaben eingetragen. Wie wir eben
gesehen haben, kann es passieren, dass neue Aufgaben hinzukommen oder bestehende Aufgaben aufgeteilt werden. Um diese
Veränderungen in der Summe der Aufgaben am Task Burndown
Chart ablesen zu können, werden wir täglich die Gesamtsumme
aller Aufgaben dieses Sprint ermitteln und ebenfalls in diesen
Graphen eintragen.« »Warum tun wir das?«, wollte die Hexe
wissen. »Um uns nachher vor dem König rechtfertigen zu können, wenn wir die versprochenen Aufgaben nicht wie geplant
erledigt haben?« »Hier geht es nicht um Rechtfertigung«, erwiderte das Einhorn, »sondern nur darum, dass wir in der Retrospektive genügend Informationen an der Hand haben, um Rück-
schlüsse aus den vergangenen Sprints ziehen und Verbesserungen
für die folgenden Sprints initiieren zu können. Sollte sich herausstellen, dass die Gesamtsumme aller Aufgaben im Verlauf des
Sprint stetig zunimmt, dann sollten wir uns Gedanken über
unsere Aufgabendefinition machen, denn offensichtlich sind wir

dann zu grobkörnig unterwegs.« Das leuchtete allen sofort ein, woraufhin das Einhorn die aktuellen Tagesdaten in das Task Burndown Chart einzeichnete. Dann wandte es sich dem zweiten Graphen zu. »Es ist zwar schön zu wissen, wie es um die Abarbeitung der Aufgaben bestellt ist, aber das ist nur die halbe Miete. Schließlich wollen wir keine Aufgaben erledigen, sondern Backlog Items umsetzen. Ein Backlog Item, das am Ende des Sprint nur zum Teil fertiggestellt wurde, gilt als nicht erledigt. Deshalb ist das Sprint Product Burndown Chart aus Sicht des Produktverantwortlichen der wichtigere Bericht. Hier zeichnen wir ein, wie viele Backlog Items wir in diesem Sprint noch erledigen müssen.« Das Einhorn begann damit, mehrere aufeinandergestapelte Rechtecke unterschiedlicher Höhe zu zeichnen. »Diese Rechtecke repräsentieren die einzelnen Backlog Items dieses Sprint. Die Höhe entspricht der geschätzten Größe. Sobald ein Backlog Item vollständig abgearbeitet wurde, verschwindet es aus diesem Graphen. Am letzten Tag des Sprint sollte der Graph dann leer sein.« Das Einhorn schaute in die Runde, und als keine Fragen zu den Burndown Charts kamen, beendete es seine Ausführungen zum agilen Berichtswesen mit den Worten: »Das sind die beiden Berichte, mit denen wir beginnen wollen. Getreu dem Grundsatz › So wenig wie möglich, so viel wie nötig‹ halten wir den Aufwand für das Erstellen der Berichte in Grenzen. Deshalb verzichten wir auch auf aufwendig gestaltete Berichte und begnügen uns mit diesen beiden Tafeln. Das hat zwei große Vorteile: Erstens können wir die Graphen direkt nach der täglichen Zusammenkunft ganz schnell auf den aktuellen Stand bringen. Zweitens sollen diese beiden Burndown Charts für jeden von uns jederzeit präsent sein. Deshalb hänge ich sie direkt neben das Sprint Backlog. Damit erzeugen die Graphen eine, wie soll ich sagen, positive Dringlichkeit, die uns alle immer wieder daran erinnert, dass wir uns auf das Sprint-Ziel konzentrieren müssen. Nun habe ich Euch aber lange genug von der Arbeit abgehalten. Ich wünsche Euch ein frohes Schaffen!«

Das Einhorn zog sich mit dem Prinzen in den Garten der Sommerresidenz zurück, um ihm noch mehr Details zu den Berichten und zu möglichen weiteren Berichtsarten zu vermitteln. Außerdem bat es den Prinzen darum, die tägliche Aktualisierung der Burndown Charts dem Team zu überlassen und nur dann einzugreifen, wenn diese Aufgabe in Vergessenheit geraten sollte.

Sonst, so das Einhorn, bestünde die Gefahr, dass das Team diese Charts als Kontrollinstrumente des Scrum-Meisters deutete. Im schlimmsten Fall wäre eine Vertuschung des tatsächlichen Fortschritts die Folge, nur um die Charts gut aussehen zu lassen. Prinz und Einhorn waren sich einig darüber, dass das nicht der Sinn und Zweck dieser Berichte war, wenngleich dem Prinzen solche schöngerechneten Berichte durchaus bekannt waren. Der Prinz versprach, die Berichte ehrlich und unverfälscht an seinen Vater und den Hofmarschall weiterzugeben. Er hoffte, dass die transparente Darstellung des aktuellen Sprint-Status im Kaminzimmer den König motivieren würde, öfter als bisher in der Sommerresidenz vorbeizuschauen. »Eigentlich eine großartige Idee«, dachte er. »Diese einfache und transparente Form der Darstellung führt im Idealfall dazu, dass alle Projektbeteiligten näher zusammenrücken und sich öfter sehen. Das Kaminzimmer wird langsam, aber sicher zum Marktplatz der guten Ideen ...«

6.3   Tägliche Zusammenkunft XXL

Am nächsten Morgen freuten sich alle darauf, den aktuellen Fortschritt in die Burndown Charts eintragen zu dürfen. Ob es an dem neu eingeführten Berichtswesen lag oder einfach daran, dass die gestern übernommenen Aufgaben so detailliert und überschaubar waren, dass sie tatsächlich innerhalb eines Tages erledigt werden konnten, ist unbekannt. Jedenfalls konnte heute jedes Teammitglied sein Täfelchen in die Spalte »erledigt« verschieben. So gesehen hätte die tägliche Zusammenkunft schnell beendet sein müssen, zumal auch die Auswahl der neuen Aufgaben zügig vonstatten ging. Dann aber übernahm der Ritter die Aufgabe, den allgemeinen Auslösemechanismus der Falle zu konstruieren, an den später verschiedene Sensoren für die unterschiedlichen Drachenarten angebunden werden sollten. Plötzlich war die Diskussion in vollem Gange.

»Ich habe mir gestern Abend überlegt, wie der Sensor für die Fleischfresser aussehen müsste!« Das Gespenst war hellwach und ganz aufgeregt, weil es seine gute Idee loswerden wollte. »Er müsste die Form eines Knochens haben. Wenn der Drache auf den Knochen beißt, dann wird durch diesen Druck der Sensor aktiviert, und die Falle schnappt zu!« Zufrieden verschränkte das Gespenst die Arme vor der schmalen Brust und schaute in die

Runde. »Wieso Knochen?«, fragte das Aschenputtel. »Ich
dachte, dass diese Drachen ihre Beute lebend fangen.« Allgemeines Nicken. »Dann übt ein Knochen sicherlich nicht den erwarte-
ten Reiz bei diesen Drachen aus, oder?« »Aber wenn der Sensor
die Form und Größe einer ausgewachsenen Kuh hat, dann
bekommen wir vermutlich Platzprobleme, denn wir müssen ja
auch noch die Sensoren für die anderen Drachenarten in der Falle
unterbringen«, gab der Ritter zu bedenken. »Noch wissen wir
aber gar nicht, wie groß diese anderen Sensoren sein werden«,
antwortete das Gespenst, »und vielleicht kann man die ja auch
außerhalb der Falle unterbringen! Eine Kuh finde ich natürlich
auch viel besser als einen einzelnen Knochen, aber die Größe ist
schon ein Argument. Vielleicht nehmen wir einfach ein kleineres
Tier, beispielsweise eine Ziege.« Das Gespenst war so sehr von
seiner Idee einer Beute-Imitation überzeugt, dass es andere Möglichkeiten der Sensor-Konstruktion von vornherein ausschloss.
Wieder einmal war es das Aschenputtel, das die Musketiere aus
ihren typischen Denkmustern befreite. »Wenn die anderen Sensoren außerhalb der Falle angebracht werden könnten, dann mag
das vielleicht auch für Euren Sensor gelten, liebes Gespenst. Ich
glaube, dass wir alle schon wieder viel zu techniknah denken,
ohne uns zuvor in ausreichendem Maße den Anforderungen
gewidmet zu haben, die unser Produktverantwortlicher an den
Auslösemechanismus stellt. Dabei formuliert das Sprint-Ziel eine
klare Erwartung. Warum orientieren wir uns nicht einfach
daran?« »Wie recht Ihr habt!«, säuselte Magnolius. »Mir gingen
gerade ähnliche Gedanken durch den Kopf, aber so schön und
prägnant hätte ich es nie formulieren können, liebes Aschenputtel!« Das Mädchen spürte, dass es errötete, und bedeckte scham-
haft sein Gesicht mit dem Kopftuch. Des Ritters Antlitz strahlte
heller als seine blank geputzte Rüstung in der Morgensonne. Und
die anderen Musketiere? Die staunten darüber, dass der Ritter
tatsächlich soeben vor versammelter Mannschaft eine Schwäche
eingestanden hatte. Die Hexe hatte trotz der über die Jahre
gepflegten Verbitterung ihre weibliche Intuition nicht verloren.
Sie erkannte sofort den Grund für den plötzlichen Sinneswandel
des Ritters und konnte sich ein Schmunzeln nicht verkneifen.
»Das kann noch lustig werden«, dachte sie und trug ihren Teil
zur Diskussion um die Sensoren bei, indem sie mit ätzenden
Bemerkungen das konstruktive Gespräch torpedierte. Das Groß-

väterchen hielt sich aus alledem heraus. Es hatte eine klare Aufgabe, die nicht direkt mit den Sensoren zu tun hatte. Nun war der alte Mann in der Zwickmühle: Einerseits wollte er arbeiten, andererseits war die tägliche Zusammenkunft noch nicht offiziell beendet worden. Was tun?

Die Diskussion hätte noch lange gedauert, wenn nicht das Einhorn eingeschritten wäre und die Versammlung aufgelöst hätte. Es erinnerte noch einmal daran, dass die tägliche Zusammenkunft ausschließlich der Problemidentifikation dienen sollte. Die Problemlösung sollte dann in nachgelagerten Besprechungen stattfinden – z.B. direkt nach der täglichen Zusammenkunft. »Deshalb«, so das Einhorn, »habe ich dafür gesorgt, dass die tägliche Zusammenkunft morgens stattfindet, und nicht etwa direkt vor der Mittagspause. Sonst hättet Ihr nämlich keine Möglichkeit, Eure Diskussion schnell zu führen, solange die Ideen noch frisch sind – und der Magen noch nicht voll ist. Heute können wir diesen Effekt leider nicht nutzen, weil wir zu viel und zu lange diskutiert haben.«

Nach dem Mittagsmahl führten alle Betroffenen die Diskussion um die Sensoren fort. Eine Stunde später hatten sie ihre Ideen ausgetauscht und eine Lösung skizziert, die die Anforderungen für alle Drachenarten abdeckte. Nun wusste jeder, wie er seinen Sensor entwickeln musste, und alle machten sich an die Arbeit – mit dem guten Gefühl, genau zu wissen, was zu tun ist.

Der Prinz hatte die Diskussion und das Eingreifen des Einhorns stumm und tatenlos verfolgt. Er war enttäuscht, dass das Team immer noch mit der korrekten Anwendung der Scrum-Werkzeuge zu kämpfen hatte. Sorge bereitete ihm die weiterhin destruktive Einstellung der Hexe. Die Entwicklung des Gespensts sah er mit Freude, aber auch mit Besorgnis, denn er ahnte, dass der Flattermann noch einen weiten Weg vor sich hatte, um sich vom Mitläufer zum selbstständigen Teammitglied zu entwickeln. Außerdem befürchtete der Prinz, dass bereits ein kleiner Rückschlag den Motivationsschub des Gespensts nachhaltig bremsen könnte. Da erinnerte sich Prinz Rollo daran, was das Einhorn über die Vier-Augen-Gespräche gesagt hatte. Er nahm sich fest vor, schon morgen mit den beiden Sorgen-Musketieren unter vier Augen zu sprechen. Er hoffte, dass die sichere Atmosphäre, in der die Gespräche stattfinden sollten, dazu führen würde, dass Hexe und Gespenst offen und ehrlich ihr Herz ausschütteten.

6.4   Unter vier Augen

Am nächsten Tag stand der Prinz ungewöhnlich früh auf. Er war eigentlich ein Langschläfer und konnte mit der Morgenstunde nicht viel anfangen. Heute war alles anders, denn er brauchte einen klaren Kopf für die bevorstehenden Vier-Augen-Gespräche. Deshalb spazierte er allein durch den Garten der Sommerresidenz. Die Sonne war noch nicht aufgegangen, und Nebelschwaden betteten die Blumenbeete und Rosensträucher wie auf Watte. Die kühle, feuchte Luft regte das Gehirn des Prinzen an. Langsam entwickelte sich in seinem Kopf eine geeignete Strategie. Er wollte sehr behutsam vorgehen. Insbesondere galt es zu vermeiden, dass die anderen Musketiere etwas mitbekamen. Glücklicherweise waren Gespenst und Hexe derzeit ein Zweierteam – da fiel es nicht weiter auf, wenn einer der beiden für eine Stunde fehlte.

Nach der täglichen Zusammenkunft ließ er Gespenst und Hexe zunächst zu ihrem gemeinsamen Arbeitsplatz gehen. Dann machte er wie zufällig einen Rundgang. Das tat er öfter, weshalb auch niemand Verdacht schöpfte. Die letzte Station des Rundgangs hatte er mit Bedacht ausgewählt. Zunächst erkundigte er sich bei Gespenst und Hexe nach deren Befinden. Dann wollte er wissen, wie sie mit ihrer Arbeit vorankamen. Die Antworten waren wenig konkret und bestätigten nur die Befürchtungen des Prinzen. Endlich bat er die Hexe, mit ihm für ungefähr eine Stunde in das Studierzimmer des Königs zu kommen. Wider Erwarten machte die Hexe keine Szene. Sie schien zu spüren, dass es einen guten Grund geben müsse und dass dieser Grund nicht gerade angenehm zu sein schien. Wie ein Schatten schlich sie hinter dem Prinzen her, der mit jedem Schritt unruhiger wurde.

Schließlich standen sie vor dem Studierzimmer. Der Prinz öffnete die Tür und bat die Hexe in ein geschmackvoll eingerichtetes Zimmer. Die lange Fensterfront ließ viel Licht in den Raum strömen und bot zudem einen atemberaubenden Blick auf die Wasserfälle. Heute konnte man die rauschenden Kaskaden allerdings nur hören, weil sie immer noch hinter einer dichten Nebelwand verborgen waren. In unzähligen Regalen, die bis unter die stuckverzierte Decke reichten, stapelten sich Bücher. Mitten im Raum stand ein großer Globus. Der Prinz steuerte auf eine Nische zu, in der zwei Sessel standen. Dazwischen dampfte auf einem kleinen

Tisch eine Kanne Tee. Der Prinz bedeutete der Hexe mit einer Handbewegung, in einem der Sessel Platz zu nehmen. Er bot ihr einen Tee an, und sie nahm dankend an.

In diesem gemütlichen Sessel, mit der Tasse Tee in der Hand, wirkte die Hexe sehr friedlich und gelassen. Das beruhigte den Prinzen ein wenig. Er überlegte gerade, wie er das Gespräch eröffnen sollte, als die Hexe ihm zuvorkam. »Ich nehme an, dass Ihr mich sprechen wollt, weil Ihr mit meinem Verhalten nicht zufrieden seid. Das kann ich gut verstehen. Auf der anderen Seite erwarte ich auch, dass Ihr mich versteht. Ich wollte nicht an diesem Himmelfahrtskommando teilnehmen. Euer Hofmarschall war es, der mich in diese Mannschaft zwang. Da könnt Ihr nicht von mir erwarten, dass ich mich frohen Mutes in die Arbeit stürze. Außerdem verstehe ich nicht, was dieses komische Scrum soll. Und von dem Musketier-Quatsch bekomme ich Pickel! Können wir nicht einfach ein ganz normales Projekt machen? Dann würde ich mich wenigstens mit der Vorgehensweise auskennen und müsste mich nur in die Materie des Drachenfallenbaus einarbeiten. Davon habe ich nämlich, ehrlich gesagt, überhaupt keine Ahnung. Scrum und Drachenfallen gleichzeitig zu lernen – das haut die stärkste Hexe um! Wenn Ihr eine Idee habt, wie ich das schaffen soll, dann immer raus damit!« Die Hexe blickte den Prinzen erwartungsvoll an. Der war auf den plötzlichen Vorstoß nicht gefasst gewesen und hätte beinahe seinen Tee verschüttet. Hastig nahm er einen Schluck und verbrannte sich dabei die Zunge. Da saß er nun, verunsichert und mit einem tauben Gefühl im Mund. Er hatte Angst, dass die Worte nur noch lallend über seine Lippen kämen. Deshalb flüsterte er ganz vorsichtig: »Also, ich muss sagen, dass mich Eure prompte Selbsteinschätzung ein wenig aus dem Konzept gebracht hat. In der Tat wollte ich mit Euch über Eure Rolle in dieser Mannschaft sprechen. Viel mehr als Euer Verhalten interessieren mich aber die Gründe für dieses Verhalten. Die habt Ihr ja nun schon ganz freizügig genannt. Leider kann ich Euch nicht von dieser Doppelbelastung befreien. Ich kann Euch aber für beide Themen einen erfahrenen Experten zur Seite stellen. Das Einhorn ist sicherlich bereit, Euch in puncto Scrum auf die Sprünge zu helfen, werte Hexe. Und was die Fachlichkeit angeht, so werde ich den Ritter um Unterstützung bitten.« Nun musste die Hexe ihre Teetasse sehr gut festhalten. »Bitte, lieber Prinz: alles, aber nicht den Ritter! Wir beide werden

nie wirklich auf einen gemeinsamen Nenner kommen. Die Fachlichkeit ist auch nicht das Problem – das eigne ich mir schon an.
Mit einer Unterstützung durch das Einhorn wäre mir schon
genug geholfen.« Der Prinz versprach, noch heute mit dem Einhorn zu sprechen. Danach plauderte er noch ein wenig mit der
Hexe, bis er sie wieder an ihren Arbeitsplatz brachte und das
Gespenst mit in das Studierzimmer nahm.

Das Gespenst saß zusammengesunken in dem bequemen Sessel und sagte kein Wort. Ängstlich starrte es den Prinzen an,
gespannt darauf, was dieser zu sagen hatte. Die Dosis Selbstbewusstsein für das Gespenst, dargereicht in Form von Lob durch
das Einhorn, war angesichts der Unsicherheit über das bevorstehende Gespräch komplett verflogen. Der Prinz spürte das und
eröffnete das Gespräch deshalb mit einem Lob: »Ich freue mich,
dass Ihr so gut mit der Hexe zusammenarbeitet. Es ist nicht
leicht, aus fünf verschiedenen Individuen eine Mannschaft zu formen. Das funktioniert nur, wenn alle Beteiligten ihren Beitrag
leisten. Eure Bereitschaft zum Arbeiten in Paaren ist genau das,
was ich mir gewünscht habe.« Langsam wich die Anspannung
aus dem fahlen Antlitz des Gespensts. Es hauchte ein »Danke!«
in den Raum. »Aber, wertes Gespenst, erlaubt mir bitte eine
Frage: Glaubt Ihr, dass die Hexe der ideale Partner ist? Seid Ihr
der Meinung, dass die Aufgabe, die Ihr Euch ausgesucht habt,
von Euch gut bearbeitet werden kann?« »Äh, ja, ich glaube
schon«, stotterte das Gespenst. »Wünscht Ihr Euch nicht manchmal den Ritter an Eurer Seite, von dessen Erfahrung Ihr profitieren könntet?« »Hmmm, ja, das wäre vielleicht auch nicht
schlecht«, stammelte der Geist und rutschte unruhig auf seinem
Sessel hin und her. »Das wird ein schwieriges Gespräch!«, dachte
der Prinz und wagte einen weiteren Anlauf: »Fühlt Ihr Euch vielleicht mit der Aufgabe überfordert? Oder ist es eher Scrum selbst,
das Euch Sorgen bereitet?« Langsam, ganz langsam taute das
Gespenst auf. Es begann, von seinen Ängsten zu sprechen.
Davon, dass es eigentlich gar nicht so recht wusste, was es in dieser Mannschaft sollte. Dass es sehr menschenscheu war und deshalb Probleme hatte, in einer Gruppe zu arbeiten. Dass die Hexe
so etwas wie ein Rettungsring war, an den es sich verzweifelt
klammerte. Und dass es heute erkennen musste, dass der Motivationsschub durch das Einhorn vor ein paar Tagen nur kurz ange-
halten hatte. Immer wieder musste der Prinz dem armen

Gespenst die Details aus der Nase ziehen. Dabei blickte ihn der unruhige Geist aus seinen leeren Augen an. Dieser Blick war ein Hilfeschrei, und der Prinz versuchte zu helfen. Er bot auch dem Gespenst seine Unterstützung an. Das Einhorn sollte ein wenig Nachhilfe in Sachen Scrum und mannschaftsdienlichem Verhalten geben. Um das Gespenst fachlich fit zu machen, verabredeten beide, dass ihm bei den nächsten Aufgaben ein anderer Partner zugeteilt werden sollte. Mit dieser Absprache entließ der Prinz das Gespenst zurück an die Arbeit. Dann saß er noch ein paar Minuten da und versuchte, sich eine Meinung über die beiden Gespräche zu bilden. Er bedauerte, dass das Einhorn nicht dabei gewesen war, aber ein Vier-Augen-Gespräch hatte nur zwei Beteiligte – das sagte schon der Name. Der Prinz war gespannt, ob die Gespräche und die vereinbarten Maßnahmen die gewünschte Wirkung entfalten würden. Er leerte seine Tasse Tee und machte sich wieder ans Tagesgeschäft.

Ich möchte behaupten, dass dies für Prinz Rollo der bisher schwierigste Tag im ganzen Scrum-Projekt gewesen ist – aber auch einer der erfolgreichsten. Vier-Augen-Gespräche helfen dem Scrum-Meister, die einzelnen Teammitglieder besser kennenzulernen. Und sie bieten den Teammitgliedern die Möglichkeit, in einer sicheren Atmosphäre offen über ihre Sorgen und Ängste zu sprechen. Wichtig ist, dass der Scrum-Meister dem Gesprächspartner glaubhaft versichert, dass alles, was in diesem Vier-Augen-Gespräch besprochen wird, vertraulich behandelt wird. Das hat der Prinz leider versäumt.

Um nicht einzelne Teammitglieder durch gezielte Einladungen zu Vier-Augen-Gesprächen bloßzustellen, empfehle ich, diese Gespräche reihum mit allen Teammitgliedern zu führen. Ihr werdet feststellen, dass auch jene Teammitglieder, die Ihr gut zu kennen glaubtet, ihre kleinen und großen Geheimnisse haben. Mit viel Fingerspitzengefühl und ein wenig Glück werdet Ihr Euer Team viel intensiver und manchmal von einer ganz anderen Seite kennenlernen. Außerdem bietet Euch das Vier-Augen-Gespräch die Möglichkeit, Lob und Tadel ganz gezielt und frei von Nebeneffekten anzubringen.

Die Gespräche funktionieren übrigens oft besser, wenn der Scrum-Meister kein Linienvorgesetzter ist. Sonst läuft man Gefahr, dass die Unterhaltung zum Mitarbeitergespräch mutiert –

dabei soll es vor allem um die Belange des Projekts gehen. Damit sind nicht allein die fachlichen Belange gemeint. Verhaltensweisen, Umgangsformen und Regeln spielen eine große Rolle im täglichen Miteinander und haben einen wesentlichen Einfluss auf das Klima im Team und damit auch auf dessen Leistung.

Noch ein Hinweis zum Schluss: Bei Eurem ersten Vier-Augen-Gespräch dürft Ihr die eigene Unsicherheit ruhig offen ansprechen. Dann kann Euer Gegenüber Euer Verhalten viel besser einschätzen. Und Ihr kommt nicht in die unangenehme Lage, plötzlich nicht mehr weiter zu wissen, das aber nicht sagen zu dürfen, weil Ihr ja bis dahin Souveränität ausgestrahlt habt. Ihr seht: Auch im Vier-Augen-Gespräch gelten die agilen Grundwerte. Diese Praktik verlangt eine gehörige Portion von dem, was man gemeinhin als Soft Skills *bezeichnet. Uwe Vigenschow, Björn Schneider und Ines Meyrose haben zu diesem Thema zwei schöne Bücher verfasst (»Soft Skills für Softwareentwickler« und »Soft Skills für IT-Führungskräfte und Projektleiter«), die ihren festen Platz in der Wieimmerländer Staatsbibliothek gefunden haben.*

Dieser Exkurs war Euch hoffentlich nicht zu soziologisch. Wenn Ihr es zur Abwechslung wieder etwas ökonomischer mögt, dann folgt mir doch bitte in die strategische Planung, die jetzt tatsächlich innerhalb des Sprint stattfindet.

6.5   Die strategische Planung geht weiter

»Die strategische Planung geht weiter« – diese Lehre, die das Team aus der Sprint-Planungssitzung gezogen hatte, wurde wie verabredet noch in diesem Sprint in die Tat umgesetzt. Dem Prinzen war es gelungen, seinen Vater und den Hofmarschall am späten Nachmittag in die Sommerresidenz einzuladen, um gemeinsam mit dem Team eine Schätzklausur *(Estimation Meeting)* durchzuführen.

Das Einhorn kannte die perfektionistische Neigung einiger Teammitglieder. Es rechnete damit, dass das Großväterchen und eventuell auch das Aschenputtel nicht eher ruhen würden, bis alle neuen Backlog Items initial geschätzt und alle vorhandenen Backlog Items auf der Basis des aktuellen Wissensstands neu bewertet worden waren. Deshalb begann es die Schätzklausur, die wie alle anderen Treffen im Kaminzimmer stattfand, mit einer Warnung:

»Werter Produktverantwortlicher, geschätzter Hofmarschall, lieber Scrum-Meister, liebes Team! Ich möchte Euch warnen. Allzu leicht wird aus einer Schätzklausur eine Mammutsitzung. Wir wollen aber nur die neuen Anforderungen des Produktverantwortlichen als Backlog Items formulieren und schätzen sowie die Schätzung jener Backlog Items neu bewerten, von denen wir annehmen, dass sie im nächsten oder übernächsten Sprint bearbeitet werden sollen. Dabei kann sich natürlich die Priorisierung der Backlog Items ändern. Alle anderen Backlog Items bleiben zunächst unberührt. Das sollt Ihr bitte immer im Hinterkopf haben, wenn wir uns jetzt erneut an die strategische Planung wagen. Dafür habe ich einen festen Zeitrahmen von 90 Minuten angesetzt. Bis dahin solltet Ihr alle neuen Backlog Items fertig bearbeitet und das Backlog für die kommenden zwei Sprints vorbereitet haben. Liegen die Karten für das Planungsspiel bereit? Gut – dann kann es losgehen!«

Der König erläuterte dem Team eine Reihe von neuen Anforderungen an die Drachenfalle. Die besten Ideen kamen ihm immer morgens, wenn er seinen Körper in einer wohltemperierten Mischung aus Quellwasser und parfümierter Eselsmilch badete. Dann ließ er seine Gedanken schweifen – und die drehten sich in letzter Zeit fast ausschließlich um die Drachenfalle. Bei einem dieser Bäder hatte er beispielsweise die kühne Idee gehabt, die Fallen mit einem Alarmierungssystem zu versehen. Dazu sollte jede Falle mit dem nächstgelegenen Gebäude verbunden werden. Sobald ein Drache in die Falle geraten war, sollte dort eine Glocke ertönen. Die Bewohner dieses Gebäudes müssten dann einen Notfallplan befolgen, der unter anderem die Alarmierung eines Ritters aus der Gilde der Drachenfänger beinhaltete. Damit wollte der König dem Problem begegnen, dass die Ritter insbesondere bei nächtlichen Drachenfängen zu spät eingriffen und somit den Artgenossen des Gefangenen viel Zeit blieb, um einen oder mehrere Befreiungsversuche zu unternehmen.

Einige der neuen Anforderungen kamen nicht vom König, sondern aus der Bevölkerung und von den Kunden, die Wieimmerländer Drachenfallen nutzten. Es war die Aufgabe des Hofmarschalls, diese Wünsche und Problembeschreibungen zu sammeln, zu gruppieren und zunächst dem König zu präsentieren, der diese in der Schätzklausur darstellte und kurz erläuterte.

Nach jeder Anforderung machte er eine Pause, um dem Team die Möglichkeit zu geben, nachzudenken und Fragen zu stellen.

Das Team hörte den Ausführungen des Königs konzentriert zu. Der Prinz konnte förmlich spüren, wie es in den Köpfen der Musketiere arbeitete. Ausdruck dieser Denkarbeit waren die gezielten Fragen, die der König ruhig und meistens präzise beantwortete. Ab und zu war die Antwort allerdings sehr unscharf. Dann fragte das Team so lange nach, bis der König mehr Details preisgab oder das Backlog Item zurückstellte, weil er merkte, dass diese Idee noch nicht genügend ausgereift war. Als Vertrag dafür, dass Produktverantwortlicher und Team die Anforderung verstanden hatten, galt das fertig formulierte Backlog Item. Dieses Item wurde direkt nach seiner Erschaffung in einem Planungsspiel vom Team geschätzt. Der König, assistiert von seinem Hofmarschall, priorisierte das Item und ordnete es in das Product Backlog ein. Das Einhorn musste nur selten an den festen Zeitrahmen erinnern. Kurz vor dem Ende dieser Sitzung bat das Einhorn alle Anwesenden, das Product Backlog daraufhin zu überprüfen, ob es sauber formulierte und geschätzte Backlog Items in ausreichender Zahl für die kommenden zwei Sprints aufwies. Es dauerte nur fünf Minuten, bis der Produktverantwortliche und das Team die Aktualisierung des Product Backlog für abgeschlossen erklärten. Der König bedankte sich beim Team für die konstruktive Zusammenarbeit und reiste zusammen mit dem Hofmarschall wieder ab. Die Musketiere packten ihre Karten für das Planungsspiel zusammen und warfen noch einen gemeinsamen Blick auf das veränderte Product Backlog, dem man gar nicht ansah, wie viel Arbeit bereits darin steckte. Dann gingen alle zum gemeinsamen Abendmahl.

Meinen größten Fehler in diesem Projekt habe ich nun endlich ausgemerzt. Jetzt läuft die strategische Planung parallel zur taktischen Arbeit in den Sprints. Diese Dualität von Strategie und Taktik, gepaart mit einem realistischen Vorausblick, der üblicherweise nicht mehr als zwei Sprints umfasst, macht den Kern der agilen Planung aus.

An der Schätzklausur sollten übrigens neben dem Produktverantwortlichen und dem Team alle benötigten Experten teilnehmen. Eigentlich müsste der Produktverantwortliche zu dieser Klausur einladen – schließlich ist er es, der an einer Aktualisie-

rung des Product Backlog interessiert ist. Es ist aber auch nicht schlimm, wenn der Scrum-Meister den Produktverantwortlichen dabei unterstützt. Darüber hinaus sorgt der Scrum-Meister lediglich für den reibungslosen Ablauf der Veranstaltung und die Einhaltung des festen Zeitrahmens.

Den Aufwand für das kontinuierliche Weiterentwickeln des Product Backlog und das Vorbereiten der nächsten Sprints sollte man mit fünf bis zehn Prozent der in einem Sprint verfügbaren Arbeitszeit ansetzen. Mit diesem Richtwert solltet Ihr rechnen, wenn Ihr die Entwicklungsgeschwindigkeit für die ersten Sprints bestimmt. Natürlich gilt auch hier, dass Ihr die Werte aus den vergangenen Sprints verwendet, um den zu erwartenden strategischen Planungsaufwand für die nachfolgenden Sprints zu schätzen. Diese Schätzmethode wird auch als Prinzip des gestrigen Wetters (Yesterday's Weather Principle) *bezeichnet. Ihr liegt die Erkenntnis zugrunde, dass das gestrige Wetter in den meisten Fällen dem heutigen Wetter entspricht. Zwar fließen zu Beginn eines Projekts die meisten neuen Ideen ein und viele Backlog Items müssen wiederholt überarbeitet werden. Das liegt an dem hohen Grad an Ungewissheit bei Projektbeginn und der zunächst steilen Lernkurve, die im Laufe des Projekts oft abflacht. Dafür kann der Produktverantwortliche jederzeit einen Kreativitätsschub bekommen, oder äußere Einflüsse (beispielsweise plötzlich am Markt auftauchende Konkurrenzprodukte) zwingen ihn dazu, die Anforderungen grundlegend zu überdenken. Aber da Ihr ja Veränderungen gegenüber sehr aufgeschlossen seid und das Wetter von gestern kennt, kann Euch so etwas kaum aus der Bahn werfen – nicht wahr?*

6.6   Drei auf einen Streich

Der Sprint war in vollem Gange. Überall herrschte emsiges Treiben, das in der täglichen Zusammenkunft neu synchronisiert wurde. Gespenst und Hexe ließen sich immer noch gerne bei der täglichen Auswahl der Aufgaben beraten. Seitdem der Prinz nach den Vier-Augen-Gesprächen das Einhorn um Hilfe gebeten und die Paare immer neu zusammengestellt hatte, bekamen die Hexe und das Gespenst genau das Maß an Unterstützung, das sie im ersten Sprint vermisst hatten. Die Hexe war ein wenig ruhiger geworden, was sicherlich darin begründet lag, dass sie jetzt mehr zu tun hatte und das Team ihr deutlich zu verstehen gab, dass es auf ihren Beitrag zum Teamergebnis zählte. Trotzdem kam ab und zu ihr ätzender Spott zum Zuge, was in den meisten Fällen einfach ignoriert wurde, manchmal aber zu offenen Konflikten führte. Insbesondere Ritter Magnolius war nicht willens, die destruktive Geisteshaltung der Hexe zu dulden. Der Prinz vermied es aus gutem Grund, Ritter und Hexe zur Arbeit als Paar zu motivieren. Mit dem Aschenputtel schien Magnolius hingegen eine ideale Partnerin gefunden zu haben. Beide hatten sehr viel Erfahrung auf ganz unterschiedlichen Gebieten vorzuweisen. Das Aschenputtel hatte sich zudem den »Blick über den Tellerrand« – so waren seine Worte – bewahrt. Darunter verstand es eine Betrachtung der anstehenden Aufgabe aus verschiedenen Blickwinkeln. Diese ganzheitliche Sichtweise und die Kombination des Wissens von Aschenputtel und Ritter hatten einen enorm positiven Einfluss auf das Ergebnis. Dem Prinzen fiel es schwer, dieses traumhafte Duo immer wieder zu trennen. Das war aber notwendig, um das Wissen besser im Team zu verteilen, denn sowohl der Ritter als auch das Aschenputtel waren für die anderen Teammitglieder gern gesehene Partner (die eben erwähnte problematische Paarung ausgenommen). Da sich die Teammitglieder ihre Aufgaben mittlerweile eigenständig suchten, egal ob allein oder als Paar, musste der Prinz an dieser Stelle nicht mehr unterstützend eingreifen und konnte sich stattdessen mehr um die konsequente Dokumentation des Projektfortschritts in den Burndown Charts kümmern. Das sollte eigentlich das Team erledigen, aber die Musketiere hatten diese Aufgabe gerne an ihren Scrum-Meister abgegeben.

Bei der Analyse der Burndown Charts hatte der Prinz eine interessante Entdeckung gemacht: Das Task Burndown Chart beschrieb tendenziell (von ein paar Ausschlägen nach oben abgesehen) die erwartete abfallende Kurve. Das Sprint Product Burndown Chart hatte nach einer Woche Arbeit ein Backlog Item weniger zu verzeichnen als zu Beginn des Sprint. Seitdem war es jedoch unverändert. Der Prinz konnte dieses Verhalten nicht deuten, traute sich aber nicht, das Einhorn darauf anzusprechen. Mittlerweile – so dachte er – war er lange genug Scrum-Meister, um auf eigenen Füßen zu stehen und nicht bei jeder Kleinigkeit die Hilfe des Experten in Anspruch nehmen zu müssen. Deshalb verdrängte der Prinz seine Entdeckung. Schließlich ging die

Arbeit gut voran, wie aus dem Task Burndown Chart ersichtlich war. Der Prinz hatte deshalb auch nichts einzuwenden, als ihn das Einhorn fragte, ob es für drei Tage zum Schloss des Königs reisen dürfe, um dort ein paar höhere Beamte in der Kunst von Scrum zu unterweisen.

Der Sprint neigte sich dem Ende zu, und immer noch wies das Sprint Product Burndown Chart dieselbe Anzahl unerledigter Backlog Items auf. Drei Tage vor Ende des Sprint fragte der Prinz in der täglichen Zusammenkunft, was das Team beim Review zu zeigen gedenke. Gemeinsam schaute man auf das Sprint Backlog – und stellte fest, dass von allen Backlog Items eine große Anzahl an Aufgaben erledigt worden war. Jedes Backlog Item hatte allerdings noch eine oder mehrere unerledigte Aufgaben, die man nun genauer unter die Lupe nahm. Es stellte sich heraus, dass die meisten dieser Aufgaben entweder zu kompliziert oder nicht genau definiert waren – oder schlicht zu uninteressant, um die Begeisterung der Teammitglieder zu wecken. Deshalb waren diese Aufgaben liegen geblieben. Der Prinz war schockiert. Er schätzte, dass alle uninteressanten Aufgaben durchaus in den verbleibenden zwei Arbeitstagen erledigt werden konnten. Die anderen Aufgaben mussten jedoch unweigerlich in den nächsten Sprint verschoben worden. Das wäre nicht weiter schlimm gewesen – wenn es nicht bedeuten würde, dass keines der noch unerledigten Backlog Items in diesem Sprint beendet werden konnte. Damit hatte das Team in diesem Sprint nur ein einziges Backlog Item erledigt. Das wurde jetzt auch den anderen Musketieren klar. Entsetzt starrten sie auf das Sprint Backlog. Jeder versuchte, eine Kombination von Aufgaben zu finden, mit der wenigstens einige der Backlog Items noch in diesem Sprint beendet werden konnten. Dieses Kunststück wollte aber niemandem gelingen. Das Großväterchen hatte immerhin einen Verbesserungsvorschlag, der eine solche Situation in Zukunft verhindern sollte. »Wir müssen uns angewöhnen, die Backlog Items nacheinander abzuarbeiten, anstatt parallel an Aufgaben mehrerer Backlog Items zu arbeiten«, sagte es. »Aber das haben wir doch ganz bewusst gemacht, weil es thematisch so gut passte«, entgegnete das Gespenst. »Es kann sich doch nicht jeder mit allen Themen gleich gut auskennen! Und überhaupt: Manche Backlog Items sind nicht groß genug, um von uns allen parallel bearbeitet zu werden.« »In diesem Fall darf natürlich ein zweites Backlog Item hinzugenommen werden«, konterte das

Großväterchen. »Wir müssen aber verhindern, dass wir alle Backlog Items anfangen und keines zu Ende bringen. Was sollen wir
jetzt dem König und dem Hofmarschall präsentieren?« Betretenes
Schweigen. Und eine zögerliche Frage des Gespensts: »Die unfertigen Ergebnisse – mit dem Hinweis, dass wir nicht ganz fertig
geworden sind?« Dieser Vorschlag rief die Hexe auf den Plan.
»Wie wollt Ihr das bewerkstelligen? Denkt doch mal nach! Ihr
habt am Sensor für die Riesendrachen gearbeitet, nicht wahr?
Und der ist in einem halb fertigen Zustand, oder? Da gibt es nix
zu zeigen! Klar, Ihr könnt den Sensor herumreichen – Technik
zum Anfassen. Aber wenn der König die Frage stellt, ob er den
Sensor in Aktion sehen kann – was sagt Ihr dann? › Wartet noch
eine Woche, dann wird der Sensor funktionieren‹ ? Die Aufmerksamkeit unseres Scrum-affinen Herrschers wird Euch sicher sein –
nicht aber seine Begeisterung ...« Auch der Prinz rügte das
Gespenst für dessen Missachtung der Scrum-Regeln. Es war der
Ritter, der die Aufmerksamkeit der Musketiere wieder auf das
eigentliche Problem lenkte: Was sollte man dem König im Sprint
Review zeigen? Man einigte sich darauf, nur das eine Backlog
Item zu präsentieren, das tatsächlich fertig geworden war. Dann
wollte man noch einige wichtige Konzepte vorstellen, die in diesem Sprint entstanden waren und die die Funktionsweise der Falle
prägen sollten. Damit zeigte das Team, dass es in der Lage war,
die Vision des Königs nicht nur taktisch, sondern auch strategisch
in die Tat umzusetzen. Schließlich wollte der Prinz im Vorgriff auf
die Retrospektive die heute gelernte Lektion zum Besten geben. Er
hatte sich freiwillig für diese unangenehme Aufgabe angeboten –
zum einen, weil er sich als Scrum-Meister dafür verantwortlich
sah, und zum anderen, weil er seinen Vater gut kannte und
wusste, wie man eine solche Nachricht am besten überbrachte.

Das Sprint Review war dementsprechend kurz. Das freute
König und Hofmarschall, die wieder einmal nur sehr wenig Zeit
mitgebracht hatten. Natürlich waren beide über das Nichterreichen des Sprint-Ziels wenig begeistert. Sie lobten aber die offene
und ehrliche Art, in der das Team mit diesem Problem umging.
Die Selbsteinsicht und die konstruktive Vorgehensweise bei der
Problembewältigung imponierten dem König, weshalb er ganz
ruhig blieb und den Tadel nur sehr dosiert einsetzte. Er wusste,
dass sich das Team noch mehr über den Misserfolg ärgerte als er
selbst, und das war aus seiner Sicht Strafe genug.

Die anschließende Retrospektive brachte wenig neue Erkenntnisse. Anhand der Burndown Charts konnte das Team noch einmal nachvollziehen, wie es zu dieser ungenügenden Zielerreichung gekommen war. Das Einhorn zeigte dem Team im Detail, wie man die Burndown Charts zu lesen hatte und welche Schlüsse man daraus ziehen konnte. Im Task Burndown Chart gab es Abschnitte, in denen die Kurve entgegen dem Trend plötzlich anstieg. Dies deutete auf neu hinzugekommene bzw. verfeinerte Aufgaben hin, die einer genaueren Betrachtung unterzogen wurden. Die Diskussion jener Aufgaben, die während des Sprint verfeinert werden mussten, verbesserte das Verständnis der Musketiere für die ideale Größe von Aufgaben. Das Einhorn warnte jedoch vor übertriebener Euphorie: »Eine einzige Analyse macht aus einem Musketier noch keinen fehlerfreien Aufgabenschnitzer«, sagte es, »aber darum geht es auch nicht. Ihr sollt einfach nach und nach lernen, immer sicherer und genauer zu schätzen. Und wenn Ihr trotzdem in Zukunft bei einer Schätzung völlig danebenliegt, dann ist auch das kein Problem, sondern völlig normal.«

So ging ein Sprint zu Ende, der sehr ambitioniert und strukturiert begonnen hatte und dann ein überraschendes Ende fand.

Das Beispiel der parallel bearbeiteten Backlog Items führt uns die strenge Definition des Begriffs »fertig« sehr deutlich vor Augen. Fertig im Sinne von Scrum bedeutet, dass das Sprint-Ergebnis so, wie es ist, produktiv verwendet werden kann. Es ist also ausreichend getestet, das Zusammenspiel der Komponenten ist reibungslos, und eigentlich steht der Auslieferung nichts im Wege. Alles, was diese Kriterien nicht erfüllt, ist nicht fertig – so einfach ist das. Nun gibt aber niemand gerne zu, nicht fertig geworden zu sein. Um das zu verhindern, sollte das Team immer eine Aufgabe, sprich: ein Backlog Item zur Zeit bearbeiten. Ist das Backlog Item fertig (im oben beschriebenen strengen Sinn), dann wird das nächste Backlog Item bearbeitet und so weiter. Dabei kann es zu Überschneidungen kommen, denn oft gibt es für ein Backlog Item zum Ende hin nicht mehr genügend Arbeit für das gesamte Team. Ein Teil des Teams beginnt dann damit, am nächsten Backlog Item zu arbeiten, und der Rest des Teams stößt später hinzu. Trotzdem gilt der Grundsatz: Zu jeder Zeit immer nur ein Backlog Item!

Die nicht fertig gewordenen Backlog Items sollten im kommenden Sprint bevorzugt bearbeitet werden. Dazu ist es unerlässlich, die Items neu zu schätzen, um den zu erwartenden Restaufwand möglichst gut zu kennen. Die neue Schätzung beschränkt sich auf den Restaufwand, denn eine nachträgliche korrigierte Schätzung der bereits erledigten Arbeiten ist für die agile Planung ohne Wert.

7   Sprint 3

Die gute Laune, die nach dem erfolgreichen Abschluss des ersten Sprint geherrscht hatte, war nach dem zweiten Sprint verflogen. Die Musketiere wollten den dritten Sprint noch ernsthafter und konzentrierter angehen – und sie hatten das Einhorn gebeten, lenkend einzugreifen, sobald es merkte, dass das Projekt auf die schiefe Bahn zu geraten drohte. Das Einhorn hatte eine bessere Idee: Es wollte den Prinzen rechtzeitig auf mögliche Probleme hinweisen und mit ihm Lösungsstrategien entwickeln, die er dann dem Team vorschlagen und gemeinsam mit dem Team in die Tat umsetzen sollte.

7.1   Architektur

Gut gewappnet machte sich das Team daran, das dritte Sprint-Ziel zu erreichen. Dieses Ziel hatte der König schon vorzeitig im zweiten Sprint formuliert, jetzt aber noch um ein wichtiges Detail ergänzt:

> Ziel des Sprint 3: Eine Falle, deren einzelne Komponenten einfach und schnell ausgetauscht werden können, z.B. im Fall eines Defekts oder weil eine verbesserte Komponente verfügbar ist. Das gilt bevorzugt für jene Komponenten, in denen die Drachen erfahrungsgemäß am schnellsten lernen.

Der König wusste, dass seine Vision einer hoch flexiblen, in allen Komponenten frei anpassbaren Drachenfalle nicht realisierbar war. Um sich der Vision realistisch anzunähern, hatte er das

Sprint-Ziel um diese Einschränkung ergänzt – eine Entwicklung, die die Musketiere wohlwollend zur Kenntnis nahmen.

Da die Backlog Items in der Schätzklausur des vergangenen Sprint gewissenhaft bearbeitet worden waren, stellte die Zusammenstellung des ausgewählten Product Backlog und das Definieren der Aufgaben zu den ausgewählten Backlog Items keine große Herausforderung dar. Die Sprint-Planungssitzung war bereits am frühen Nachmittag beendet, sodass sich die Musketiere schon am ersten Tag des Sprint mit architektonischen Fragestellungen beschäftigen konnten. Das Sprint-Ziel verlangte nach einem übergeordneten Komponentenmodell, das die äußere Struktur der Komponenten und deren Verbindungsstellen mit anderen Komponenten abstrakt beschrieb. Nach diesem Modell sollten dann die verschiedenen Komponenten der Drachenfalle konstruiert werden, wobei zunächst zu klären war, in welche Komponenten man die Falle sinnvoll zerlegen konnte. Das Einhorn hatte vorgeschlagen, diese Grundlagenforschung gemeinsam im Team zu betreiben, damit alle denselben Wissensstand hatten. Diese Tätigkeit war nicht als Aufgabe beschrieben worden, weil alle Teammitglieder davon betroffen waren – wer hätte dann die Aufgabe als die seine annehmen sollen? Auf den Vorschlag des Einhorns hin wurde die Architekturdiskussion als eine den Sprint begleitende Tätigkeit verstanden – ähnlich wie die Schätzklausur, für die es auch keine Aufgabentafel gab.

Die Architekturdiskussion wurde wie erwartet vom Ritter geführt – im doppelten Wortsinn, denn er übernahm einerseits die Führung der Gruppe, andererseits führte er lange Monologe mit sich selbst. Sekundiert wurde er vom Aschenputtel, das begeistert an seinen Lippen hing – immer bestrebt, noch mehr über den Fallenbau zu lernen. Das Großväterchen fragte oft nach, und einige Male griff es in die Diskussion ein, wenn die Ausführungen des Ritters seiner Meinung nach zu weit abschweiften oder in die falsche Richtung führten. So dachte der Ritter an eine geklebte Verbindung zwischen den Bauteilen. Sein Vorbild waren die Schnecken, die untrennbar mit dem Boden verbunden zu sein schienen, sodass sie sich mühelos sogar kopfüber fortbewegen konnten. Die Tatsache, dass sie sich fortbewegten, war der Beweis dafür, dass die Verbindung zum Untergrund schnell wieder gelöst werden konnte. Ritter Magnolius war fast besessen von der Idee, hinter das Geheimnis des Schneckenschleims zu kommen und ihn für die einzelnen Komponenten der Falle nutzbar zu machen. Es kostete das restliche Team einiges an Mühe und Überzeugung, um den Ritter von dieser Idee abzubringen. Die Hexe brachte es in ihrer unnachahmlichen Art auf den Punkt: »Zwei Dinge solltet Ihr bedenken, Ritter. Erstens: Ihr könnt die Seitenwände der Falle nicht von lebenden Schnecken zusammenhalten lassen. Die werden wohl kaum an Ort und Stelle verharren, bis ein Drache in die Falle geraten und vom Räumkommando unschädlich gemacht worden ist. Zweitens: Ihr könnt eine Schnecke zwar fragen, woraus ihr Schleim gemacht ist. Sie wird Euch aber nicht antworten, weil sie nicht sprechen kann, und außerdem weiß sie die Antwort ohnehin nicht. Ihr könnt ja schließlich auch nicht sagen, woraus, sagen wir mal ... Eure Zähne bestehen. Lasst uns lieber an vernünftigen Lösungen arbeiten, anstatt auf einen Schnecken-Dolmetscher zu warten!« Und so verwarf man gemeinsam die Idee des alles verbindenden Schneckenschleims.

Das Großväterchen hatte eine gute Idee. »Ist im Marstall eigentlich noch die Falle verwahrt, aus der neulich ein Drache befreit worden war?«, fragte er. »Dann sollten wir uns diese Falle mal näher anschauen: Welche Bestandteile der Falle wurden beim Befreiungsversuch zerstört und müssen deshalb ausgetauscht werden? Welche Verbindungsstellen waren stark genug, um den Angriffen von außen standzuhalten? Diese und weitere Fragen werden uns wertvolle Hinweise liefern, um die Falle sinnvoll in einzelne Komponenten zu untergliedern, die einerseits die Gesamtstabilität der Falle erhöhen und andererseits modular genug sind, um bei der Reparatur beschädigter Fallen möglichst wenig Material zu verschwenden. Je größer nämlich die Komponenten sind, desto mehr Material muss ausgetauscht werden. Früher haben wir solche Fallen in tagelanger Kleinarbeit aufwendig wiederhergestellt, aber heutzutage wird ja lieber weggeworfen und neues Material eingebaut. Dieser Verschwendung würde ich gerne einen Riegel vorschieben!« Obwohl der Prinz die Argumente des Großväterchens für antiquiert und übertrieben hielt, so reizte auch ihn der Blick auf die zerstörte Falle, die er seinerzeit auf Anraten des Einhorns in die Sommerresidenz hatte bringen lassen. Er führte alle Musketiere in den großen Marstall. Dort stand die lädierte Falle, genauer gesagt: Das, was von ihr übrig geblieben war, lag dort in vielen Einzelteilen auf dem Boden verteilt. Die Analyse glich einem Puzzlespiel. Mit archäologischer Akribie trug das Team die Einzelteile zusammen, sortierte und katalogisierte sie und dokumentierte die Schäden. Dann versuchten die Musketiere, sich eine Vorstellung von den Befreiungsversuchen zu machen. Leider war nicht bekannt, wie viele Drachen an der Befreiung beteiligt gewesen waren und welcher Rasse diese angehörten. Nach einer kurzen Unterbrechung (der Prinz hatte nach Licht schicken lassen und eine Abendvesper in den Marstall bestellt) hatten sie die vielen möglichen Varianten der Befreiungstaktiken im Ausschlussverfahren auf nur drei Varianten reduzieren können. Damit, so der Prinz, wollten sie es bewenden lassen. Er bedankte sich für das Durchhaltevermögen des Teams an diesem überlangen Arbeitstag und wünschte allen eine gute Nacht.

Am darauffolgenden Tag wollte sich das Team wieder in die Architekturarbeit stürzen. Der Prinz aber begrenzte die Zeit für diese Aufgabe auf einen halben Tag. Er hatte gestern Abend noch mit dem Einhorn gesprochen, und das hatte ihn davon überzeugt, dass solche Grundsatzdiskussionen am besten in einem festen Zeitrahmen geführt werden, um nicht ergebnislos auszuufern. Nach dem Mittagsmahl setzte man sich erneut zusammen, um den Erkenntnisstand zusammenzufassen und eine verbindliche Grobarchitektur zu entwerfen. Diese umfasste eine Reihe von Eckpunkten, die bei der Konstruktion der Fallenbauteile unbedingt beachtet werden mussten. Mit dieser Architektur konnte der Sprint so richtig beginnen.

Ich weiß, dass es technikaffinen Menschen schwerfällt, die spannende und kreative Architekturdiskussion zeitlich begrenzt führen zu müssen, aber es hilft ungemein! Sonst besteht tatsächlich die Gefahr, dass viel diskutiert, aber wenig entschieden wird. Kein Wunder, denn täglich gibt es neue Erkenntnisse, die berücksichtigt werden wollen, und über Nacht kommen einem die allerbesten Ideen – die sich bei der Diskussion im Architekturgremium als mittelmäßig herausstellen. Mit der Architektur verhält es sich ähnlich wie mit den Anforderungen: Sie verändert sich im Laufe der Zeit. Deshalb ist es nicht sinnvoll, zu Projektbeginn eine detaillierte und unumstößliche Architektur zu definieren. Eine solide Basisarchitektur tut's auch. Alles Weitere wird dann durch geplante Strukturverbesserungen, sogenannte Refactorings, gelöst.

7.2   Die Akte Aschenputtel

Mittlerweile waren wieder einige tägliche Zusammenkünfte und Vier-Augen-Gespräche ins Land gegangen. Auch heute Morgen hatten sich die Musketiere im Kaminzimmer vor dem Sprint Backlog versammelt. Der Prinz konnte sich jetzt dezent im Hintergrund halten, denn seine Mannschaft hatte komplett die Kontrolle über dieses allmorgendliche Treffen übernommen, das Ritter Magnolius in Anlehnung an die Aufgabentäfelchen scherzhaft »Tafelrunde« getauft hatte. Heute aber musste sich der Scrum-Meister überraschend rechtfertigen – und das kam so:

Den Musketieren war sofort aufgefallen, dass das Aschenputtel an diesem Morgen fehlte. Das war sehr ungewöhnlich, denn die Disziplin des Mädchens konnte man nur als vorbildlich bezeichnen. Noch bevor die tägliche Zusammenkunft begann, war das Großväterchen zu Aschenputtels Schlafkammer gegangen, um sich nach dem Befinden der Kollegin zu erkundigen. Überrascht stellte es fest, dass die Schlafkammer leer war. Niemand wusste etwas über den Verbleib des Aschenputtels. Erst im Laufe der täglichen Zusammenkunft klärte sich die Angelegenheit auf – als nämlich das Großväterchen den Prinzen direkt darauf ansprach. Der erklärte knapp, dass er das Aschenputtel zur Jahrestagung der Wieimmerländer Hauswirtschafterinnenzunft entsandt hatte. Dort sollte es sich weiterbilden, um nach dem Projekt der bösen Stiefmutter eine noch größere Hilfe zu sein. Auf diese Weise, so dachte der Prinz, wäre die Stiefmutter nicht mehr gar so zornig. Er hatte nämlich immer noch einen gehörigen Respekt vor der resoluten Dame.

Die Mannschaft war entsetzt. Wie konnte der Prinz es wagen, ein Musketier mitten im Sprint für eine andere Aufgabe abzuziehen, die nicht einmal etwas mit dem Sprint-Ziel zu tun hatte? »Hättet Ihr uns das nicht vor dem Sprint mitteilen können?«, wollte das Großväterchen wissen. »So geht das nicht!«, echauffierte sich die Hexe. »Hier stehen alle für einen und einer für alle! Wir lassen uns nicht willkürlich auseinanderreißen!« Dabei funkelte sie den Prinzen mit ihren dunklen Augen an. Den beeindruckte das mittlerweile nicht mehr, und deshalb konterte er ganz ruhig: »Werte Hexe! Ihr vergesst, mit wem Ihr es hier zu tun habt! Ich bin immer noch der Sohn des Königs, und als solcher kann ich solche Entscheidungen ganz allein treffen. Außerdem muss ich auch über unsere Aufgabe hinaus denken – dieser Blick über den Tellerrand wird von einem verantwortungsvollen Projektleiter erwartet. Das hat sicherlich unangenehme Auswirkungen auf diesen Sprint, aber einen Tod muss man bekanntlich sterben.« Ritter Magnolius war beim Wort »Tod« aus seiner Lethargie erwacht. In die war er verfallen, als ihm klar wurde, dass das Aschenputtel auf eine Fortbildung geschickt worden war, er aber weiterhin in dieser immer noch zweitklassigen Mannschaft schuften musste. Nun wandte er sich direkt an den Prinzen: »Euer Durchlaucht! Ihr habt natürlich recht, wenn Ihr sagt, dass man nicht alles gleichzeitig erreichen kann. Aber warum muss die ganze Mannschaft leiden, nur damit das Aschenputtel seine Fertigkeiten auf einem Gebiet verbessert, das wir für die aktuellen Herausforderungen definitiv nicht benötigen? Was nützt uns eine bessere Hauswirtschafterin, wenn uns dafür eine sehr gute Ingenieurin fehlt? Wir haben dem König ein Versprechen gegeben, und Ihr, werter Prinz, seid drauf und dran, die Erfüllung dieses Versprechens zu gefährden.« Die Antwort auf diese Anklage war eine unnatürlich lange Stille – ein deutliches Zeichen dafür, dass der Prinz persönlich betroffen war und einige Zeit brauchte, um sich eine Antwort zurechtzulegen. Ihm war das kollektive Kopfnicken nicht entgangen, das während der kurzen Rede des Ritters die Runde machte. Was konnte er nun tun? Sein Blick wanderte zum Einhorn, aber das schaute ihn nur mitleidig an. Es konnte ihm in dieser Situation nicht helfen, das spürte der Prinz. Deshalb entschied er sich für eine einfache Deeskalationsvariante: Er forderte die Musketiere auf, mit der täglichen Zusammenkunft fortzufahren, ohne einen weiteren Kommentar zur »Akte Aschenputtel« abzugeben. Die Musketiere quittierten den aus ihrer Sicht feigen Rückzug mit einem Murren, besannen sich dann aber auf den Sprint und machten sich wieder ans Tagesgeschäft. Nur der Ritter blieb eine Zeit lang im Kaminzimmer sitzen und grübelte vor sich hin. Als er auf die Fragen des Prinzen nicht reagierte, ließ dieser ihn in Ruhe und zog sich zurück. Er hatte das Gefühl, dass es besser wäre, den Teammitgliedern heute nicht allzu oft über den Weg zu laufen.

Als Scrum-Meister und Linienvorgesetzter in Personalunion darf man nie die Rolle (Scrum-Meister) mit der Position in der Hierarchie (Personalvorgesetzter) verwechseln. Allerdings hat der Prinz recht, wenn er sagt, dass man auch über das Projekt hinausblicken muss – aber das kann man ganz prima gemeinsam mit dem Team tun.

Grundsätzlich gilt, dass das Team während des Sprint ungestört auf das Sprint-Ziel hinarbeiten können muss. Dem Scrum-Meister kommt diesbezüglich eine Schutzfunktion zu. Er hat das Team gegen Störungen von außen abzuschirmen. In diesem Fall hat der Prinz genau das Gegenteil getan: Er hat durch das eigenmächtige Entsenden des Aschenputtels eine Störung im Team verursacht – ohne Einfluss von außen. Das ist inakzeptabel – nicht allein der Sache wegen, sondern vor allem wegen des Vertrauensbruchs, den der Scrum-Meister in diesem Moment begangen hat. Der Fakt, dass die ganze Sache nur auf Nachfrage des Teams ans Tageslicht kam, war dann auch das Gegenteil einer vertrauensbildenden Maßnahme. Obwohl das Team vermutlich nicht nachtragend ist, so wirkt der Verlust von Vertrauen lange nach. Nun werdet Ihr vielleicht fragen, warum ich nichts gegen die Pläne des Prinzen unternommen habe. Ich will es Euch sagen: Auch ich war nicht eingeweiht worden. Es gibt Dinge, die spielen sich nur innerhalb der herrschenden Schicht (neudeutsch Management genannt) ab.

7.3   Das ist nichts für mich!

Die Backlog Items aus dem vergangenen Sprint waren bis auf ein Item abgearbeitet worden, als es mit der letzten Altlast Probleme gab. Das problematische Backlog Item war eigentlich ganz harmlos. Es handelte sich um einen der Sensoren für die Falle:

> Die Drachenfalle soll einen Sensor und Köder besitzen, der geeignet ist, die großen Veganer-Drachen anzulocken und in der Falle zu fangen.

Auslöser des Streits war eine ganz normale tägliche Zusammenkunft, bei der die Hexe plötzlich nicht wusste, welche Aufgabe sie nehmen sollte. Das war früher an der Tagesordnung gewesen, aber in letzter Zeit kaum noch vorgekommen. Da stand sie nun vor dem Sprint Backlog und starrte die Aufgaben an, als könne sie diese mit ihrem Blick aus der Welt schaffen. Das funktionierte leider nicht, und so schaute sie Hilfe suchend in die Runde. Schließlich meldete sich das Aschenputtel zu Wort, das mittlerweile von der Jahrestagung der Wieimmerländer Hauswirtschafterinnenzunft zurückgekehrt und freudig im Kreis der Musketiere willkommen geheißen worden war. »Warum übernehmt Ihr nicht die Aufgabe, den idealen Köder für die Veganer-Drachen zu finden? Das ist doch eigentlich ganz einfach: Ihr geht zur Fallenwerkstatt von Meister Roch. Dort findet Ihr die Experten für Veganer-Drachen. Von denen werdet Ihr alles Wissenswerte über diese Riesen der Lüfte erfahren.« Die Hexe schaute das Aschenputtel verständnislos an. »Aber ... ich habe bisher noch nie etwas mit den Veganer-Drachen zu tun gehabt! Mein Spezialgebiet ist die karnivore Spezies. Warum sollte ich mich jetzt in eine völlig neue Drachenart einarbeiten? Das können doch andere viel besser! Das Gespenst zum Beispiel. He, Geist! Ihr habt doch mit dem Ritter am Sensor für die Mais-Mampfer gearbeitet, oder? Wollt Ihr nicht diese Aufgabe übernehmen, und ich erledige Eure Aufgabe?« »Nein!«, sagte das Gespenst mit fester Stimme, schwebte aber zugleich ein Stück zurück, um den direkten Aktionsradius der Hexe zu verlassen. »Außerdem bin auch ich mit einer Veganer-Aufgabe beschäftigt. Tut mir leid, aber Ihr werdet wohl die Reise in die Werkstatt antreten müssen!«, setzte das Gespenst nach. »Das werde ich nicht!« Die Hexe war beleidigt. »Diese Aufgabe ist nichts für mich! Der Aufwand, den ich treiben müsste, um diese Drachenart zu studieren, steht in keinem Verhältnis zum Nutzen. Ihr wollt mir diese Aufgabe doch nur deshalb geben, weil niemand von Euch Lust dazu hat, den beschwerlichen Weg zu der Fallenwerkstatt von Meister Roch anzutreten! Aber wenn Ihr glaubt, dass ich Euch diesen Gefallen tue, dann habt Ihr Euch getäuscht! Schönen Tag noch!« Mit hochrotem Kopf stürmte sie aus dem Raum. Alle schauten ihr teils schmunzelnd, teils kopfschüttelnd nach. Dann richteten sich die Blicke auf den Prinzen. Der wusste natürlich, was zu tun war – aber das behagte ihm überhaupt nicht. Prinz Rollo atmete tief durch und blickte die Musketiere mit einer säuerlichen Miene an, so als ob er ihnen die Schuld an dieser Situation geben wollte. Dann nahm er widerwillig die Verfolgung der Hexe auf. Kaum hatte der Prinz

den Raum verlassen, da setzte das Team die tägliche Zusammenkunft fort, als ob nichts gewesen wäre.

Der Prinz fand die Hexe in ihrer Schlafkammer. Sie blätterte
in ihrem zerfledderten alten Hexenbuch und erweckte den
Anschein, als würde sie zwischen den magischen Abbildungen,
Zaubersprüchen, Mixturen und den vielen handgeschriebenen
Anmerkungen die Lösung für das Sensoren-Problem suchen. Tatsächlich versuchte die Hexe, sich abzulenken, um nicht mehr an
den emotionalen Zwischenfall denken zu müssen. Je tiefer sie in
sich hineinhorchte, desto deutlicher wurde ihr bewusst, dass sie
sich vor allem darüber ärgerte, dass man ihr nur eine vergleichsweise einfache Aufgabe zutraute. Das störte sie in zweierlei Hinsicht: Zum einen fühlte sie sich in ihrer Ehre gekränkt, denn auch
sie hatte dank Paararbeit viel über den Drachenfallenbau gelernt,
und dank der Hilfe des Einhorns konnte sie immer besser mit der
Teamarbeit umgehen. Zum anderen schämte sie sich für dieses
falsche Ehrgefühl, das sie zu allem Überfluss seinerzeit dem Ritter
vorgeworfen hatte, als der sich gezielt jene Aufgaben herausge-
pickt hatte, die das meiste Ansehen und die größte Herausforderung versprachen. Die Hexe hasste es, mit ihren eigenen Waffen
geschlagen zu werden. Kopfzerbrechen bereitete ihr die Frage,
wie ihr der erneute Anschluss an das Team gelingen könnte. Aus
eigener Kraft, davon war sie überzeugt, war das nur schwer möglich. Da traf es sich gut, dass sie in diesem Moment von ihrem
Hexenbuch aufblickte und den Prinzen entdeckte. Der hatte die
ganze Zeit ruhig in der halb geöffneten Tür gestanden und die
Hexe beobachtet. Jetzt richtete er ebenso ruhig das Wort an die
Magierin, der die Verzweiflung aus den Augen abzulesen war.
»Bitte versteht meine Anwesenheit nicht als Kontrolle, werte
Hexe. Ich möchte mich nur nach Eurem Befinden erkundigen.
Und ich wollte fragen, ob ich Euch in irgendeiner Weise behilflich
sein kann.« Die Hexe schaute den Prinzen eine ganze Weile mit
ihren müden Augen an, bevor sie antwortete: »Ihr könnt mir in
der Tat helfen, denn ob Ihr es glaubt oder nicht: Ich möchte nur
allzu gerne wieder ein anerkanntes Mitglied der Musketiere sein.
Ich weiß, dass das nach meinem Wutausbruch nicht einfach ist.
Alleine werde ich es nicht schaffen, aber gemeinsam mit Euch
traue ich mir zu, wieder auf das Team zuzugehen und um Verzeihung zu bitten.« Der Prinz war froh über die Selbsteinsicht der
Hexe, ließ sich aber nichts anmerken. Stattdessen sagte er: »Ich

rechne es Euch sehr hoch an, dass Ihr dem Team einen so großen Stellenwert einräumt. Das freut mich sehr, denn ich war mir bis heute nicht sicher, ob Ihr Euch in dieser Runde wirklich wohl- fühlt. Das ist offenbar der Fall, und deshalb will ich alles tun, um Euch wieder zu integrieren. Verzeihen ist sicherlich der erste Schritt in die richtige Richtung, und ich erwarte auch vom Team, dass es Euch diesen Ausrutscher verzeiht. Ich muss Euch aber ganz ehrlich sagen, dass das Team meiner Meinung nach in der Sache recht hat, will sagen: Ich kann nicht akzeptieren, dass Ihr Euch weigert, eine Aufgabe anzunehmen, die Euch weder geistig noch zeitlich überfordert und die Euch schlicht und einfach nur zu anstrengend ist. Ihr habt in diesem Projekt die einmalige Mög- lichkeit, Neues zu entdecken und dabei miteinander und vonein- ander zu lernen. Das ist zwangsläufig mit Anstrengung verbun- den, und es macht nicht immer Spaß. Aber haben wir nicht alle das Sprint-Ziel vor Augen, und fiebern wir nicht alle dem Tag ent- gegen, an dem wir dem Produktverantwortlichen zeigen können, dass wir dieses Ziel nach besten Kräften angestrebt und erreicht haben? Das haben wir ihm schließlich zu Beginn des Sprint ver- bindlich zugesagt! Denkt bitte noch einmal darüber nach, werte Hexe, bevor wir ...« »Ihr habt ja recht! Ihr habt ja so recht! Ich weiß auch nicht, was vorhin in mich gefahren ist. Je länger ich darüber nachdenke, desto überzeugter bin ich, dass meine Angst der Auslöser ist – die Angst, nicht akzeptiert zu werden, nur eine untergeordnete Rolle zu spielen ...« »Aber, aber, werte Hexe – wer hat denn behauptet, dass Ihr kein vollwertiges Mitglied des Teams wäret? Ich bin froh, dass hier ganz unterschiedliche Cha- raktere mit den verschiedensten Stärken versammelt sind – und natürlich auch mit einer entsprechenden Vielfalt an Schwächen. Das, liebe Hexe, macht die wahre Stärke eines Teams aus! Zuge- geben: Wenn Ihr ein wenig freundlicher im Umgang mit den anderen sein könntet, dann wäre es oftmals einfacher. Ihr habt nun einmal ein sehr spezielles Naturell. Aber, mal so ganz unter uns: Haben die anderen Musketiere denn nicht auch ihre Macken? Und auch wenn Ihr Euch sicherlich über den Ritter oder das Gespenst oder auch über mich aufregt: Habt Ihr Eure Mit- streiter im Grunde Eures Herzens nicht längst akzeptiert – und zwar so, wie sie sind?« Das war zu viel für die arme Hexe. Schlag- artig brachen alle Dämme, und hemmungslos ließ sie ihren Trä- nen freien Lauf. Der Prinz nahm ihr behutsam das Hexenbuch aus den Händen, um das empfindliche Papier vor den Tränen zu schützen, und drückte ihr stattdessen sein seidenes, goldgewirktes Taschentuch in die Hand. Die Hexe vergrub ihr Gesicht in dem kostbaren Stoff, und wie sie so dasaß, erinnerte sie an eine arme Sünderin, die am Rockzipfel des Priesters um Vergebung bat. Von dieser Assoziation peinlich berührt, versuchte der Prinz, die Hexe wieder aufzurichten. Er nahm ihre Hände in die seinen und brachte sie dazu, ihm in die Augen zu schauen. »Ich verordne Euch für heute einen freien Tag«, sprach er zu ihr. »Morgen bei der täglichen Zusammenkunft werde ich Euch bei Eurer Entschuldigung unterstützen und das Team bitten, Euch wieder in seine Mitte aufzunehmen. Es wäre mit Sicherheit sinnvoll, wenn Ihr dem Team versichern könntet, dass Ihr aus dem Vorfall gelernt habt und bei der Aufgabenwahl in Zukunft ergebnisorientierter vorgehen werdet. Wenn das Team Euch in diesem Punkt Glauben schenkt, dann steht einer gemeinsamen Zukunft in diesem Projekt nichts mehr im Wege – das könnt Ihr mir glauben!« »Das will ich Euch gerne glauben, Prinz Rollo«, flüsterte die Hexe mit zittriger Stimme. »Ich danke Euch von ganzem Herzen für Eure Unterstützung – nicht nur heute, sondern auch bei unseren Vier-Augen-Gesprächen im Studierzimmer, eigentlich immer dann, wenn's schwierig wird.« »So verstehe ich nun einmal meine Rolle als Scrum-Meister. Anfangs hatte ich noch Probleme damit, diesen zwischenmenschlichen Aspekten den richtigen Stellenwert einzuräumen. Das Einhorn hat mich sanft, aber bestimmt in die richtige Richtung gedrängt, besser: geleitet. Ich durfte erfahren, wie wertvoll die Hilfe anderer sein kann, und diese Erfahrung spornt mich an, selber zum Helfer zu werden.« Mit diesen Worten erhob sich der Prinz. Er hob kurz die Hand zum Gruß, verließ das Zimmer und schloss leise die Tür. Dann informierte er die anderen Musketiere über den verordneten Kurzurlaub der Hexe. Die Begeisterung hielt sich in Grenzen, aber niemand traute sich, diese Entscheidung zu kommentieren.

Am nächsten Morgen nahm die Hexe all ihren Mut zusammen und gewährte kurz vor der täglichen Zusammenkunft den anderen Musketieren einen Blick in ihr Gefühlsleben. Sie umriss in kurzen Sätzen die wesentlichen Beweggründe für ihr Verhalten, um dann hinzuzufügen, dass sie ihre Lektion gelernt habe. Als sie ihre Mitstreiter der Reihe nach anschaute und um Verzeihung bat, hatte nicht nur die Hexe einen Kloß im Hals. Es ging den anderen ähnlich wie gestern dem Prinzen: Sie hatten Mitleid mit der Hexe und suchten nach Worten oder Gesten, um ihr zu signalisieren, dass sie in dieser Runde wieder willkommen war. Dieses Kunststück gelang schließlich keinem Geringeren als dem Ritter. Er nahm sich das Täfelchen mit der Aufgabe, die gestern den Eklat ausgelöst hatte, lächelte milde und erklärte feierlich: »Hat die tägliche Zusammenkunft schon begonnen? Egal. Diese Aufgabe möchte ich gerne gemeinsam mit der Hexe erledigen. Wir beide haben in diesem Projekt noch nie als Paar zusammengearbeitet. Es ist an der Zeit, diesen Zustand zu ändern. Der Nächste bitte!« Damit hatte die tägliche Zusammenkunft offiziell begonnen. Nach deren Ende machte sich Ritter Magnolius in Begleitung der Hexe sofort auf den Weg zum Meister Roch.

Oha! Ihr seht, dass die wahren Herausforderungen nicht in der Fachlichkeit zu suchen sind, sondern im menschlichen Miteinander. In dieser Atmosphäre, die von Nähe, Offenheit und Transparenz geprägt ist, bleibt es nicht aus, dass ab und zu Grenzen überschritten werden. Das kann so weit gehen, dass die Intimsphäre einzelner Teammitglieder verletzt wird. So etwas lässt sich nicht verhindern, weil jeder seine persönliche Schutzzone unterschiedlich groß absteckt. Außerdem sind diese Grenzen insbesondere für das ungeübte Auge nur schwer zu erkennen. Positiv betrachtet zeigen Reaktionen wie die der Hexe solche Grenzen deutlich auf und verhindern zukünftige Grenzverletzungen. Außerdem werden unterschwellige Ängste und Vorurteile ans Tageslicht gebracht – und bei Licht betrachtet lassen sich diese viel einfacher bewältigen als im Dunkel der Seele. Das ist Euch jetzt schon wieder zu psychologisch, oder? Aber zwischenmenschliche Konflikte sind nun einmal nicht wegzudiskutieren. Wenn wir die Soziologen und Psychologen fragen, dann gibt es leider kein Patentrezept für das erfolgreiche Miteinander von Menschen. Wir können nichts anderes tun, als diesen Konflikten Raum zu geben und sie als Chance zu verstehen, um unsere Art der Zusammenarbeit neu zu justieren, damit es in Zukunft besser klappt. Damit sind wir wieder bei der Rückkopplung und der kontinuierlichen Verbesserung, die Ihr ja mittlerweile zur Genüge kennt. Und auch das Vier-Augen-Gespräch möchte ich Euch in diesem Zusammenhang wieder ans Herz legen. Bevor Ihr Euch jetzt gelangweilt zurücklehnt: Ist es nicht faszinierend, wie immer wieder alles inein-

ander spielt und sich die einzelnen Werte und Ideen zu einem in sich schlüssigen System fügen? Das ist die wohl faszinierendste Entdeckung, wenn man sich auf das Abenteuer namens Agilität einlässt.

7.4 Ein Königreich für einen Experten!

Die täglichen Zusammenkünfte liefen mittlerweile sehr gesittet und konzentriert ab. Das Team kam mit den Arbeiten gut voran, und alle waren sehr optimistisch, dass sie das Sprint-Ziel locker erreichten. Eine Woche nach Sprintbeginn war es dann plötzlich da: das Problem, mit dem niemand gerechnet hatte.

Begonnen hatte alles mit der Frage, die das Großväterchen bereits bei der Sprint-Planungssitzung geplagt hatte: Die Drachenfalle sollte bekanntlich in jenen Komponenten flexibel umrüstbar sein, die die Drachen erfahrungsgemäß am schnellsten überwanden. Nun galt es herauszufinden, um welche Komponenten es sich dabei handelte. Die Aufgabe bestand darin, die Befreiungsversuche der letzten Jahre dahin gehend zu analysieren, welche Schwachstellen der Fallen die Drachen entdeckt und für die Befreiung genutzt hatten. Die drei am häufigsten ausgenutzten Schwachstellen sollten genauer analysiert werden. Wenn die neue Falle in diesen Bereichen flexibel genug war, dann sollten die meisten Befreiungsversuche der Drachen erfolgreich verhindert werden können. »Aber woher sollen wir denn wissen, welche Schwachstellen von den Drachen am häufigsten ausgenutzt werden? Gibt es darüber gesicherte Zahlen?«, wollte das Großväterchen wissen. Der Prinz wusste auf diese Frage keine Antwort. »Lasst es uns doch einfach versuchen!«, schlug er vor. Das gefiel den Musketieren aber nicht. »Wenn wir es nur versuchen, dann kann es passieren, dass wir am Ende des Sprint kein Ergebnis vorweisen können, weil wir beispielsweise bei der Analyse in eine Sackgasse geraten sind und das zu spät bemerkt haben«, warnte das Aschenputtel. »Der König wird wenig begeistert sein, wenn wir die Zeit verplempern. Das kann auch nicht in Eurem Sinne sein, werter Prinz.« »Stellt Euch doch nicht so an!«, sagte der Prinz leicht angesäuert. »Ihr habt es schon zweimal geschafft, in nur vier Wochen eine funktionierende Drachenfalle zu bauen – da werdet ihr doch wohl nicht vor dieser klitzekleinen Herausfor-

derung kapitulieren! Als festen Zeitrahmen für diese Forschungs-
aktivitäten setze ich drei Tage an.« Grummelnd machte sich das
Team an die Arbeit.

Bei der nächsten täglichen Zusammenkunft konnten die Musketiere tatsächlich erste Ergebnisse vorweisen. Das Aschenputtel
und das Gespenst hatten in den Drachenwerkstätten nachgefragt.
Die Hexe und das Großväterchen waren zeitgleich in das Wieimmerländer Staatsarchiv gegangen, um dort nach Aufzeichnungen
von Drachenübergriffen zu suchen. Insbesondere interessierten sie
sich für Berichte, in denen sich die Drachen aus der Falle befreit
hatten. Diese Befreiungsversuche dokumentierten sie akribisch.
Gemeinsam mit den Protokollen der Interviews aus den Werkstätten hatte man nun schon eine Menge Material zusammengetra-
gen. Dieses sollte jetzt analysiert, gruppiert und ausgewertet werden. Dann, so die Hoffnung, hätte man eine erste Ahnung von den
Lieblingstricks der Drachen. Der Prinz war begeistert, weil er mit
seiner Einschätzung des Teams recht gehabt hatte.

Trotz der schnell erzielten Ergebnisse blieben Zweifel, ob die
zusammengetragenen Informationen tatsächlich gut genug waren.
Natürlich hatte man bei den Recherchen nicht alle Berichte aus-
werten können. Was, wenn man einen nicht repräsentativen Ausschnitt der Realität erwischt hatte? Diese Zweifel wurden bald
zum Gesprächsthema Nummer eins. Daran konnten auch die
Beruhigungsversuche des Prinzen nichts ändern.

Eines Morgens fragte das Gespenst, ob es denn keinen Experten gäbe, der sich mit dieser Fragestellung auskannte. Diese
harmlose Frage hatte eine durchschlagende Wirkung. Alle redeten plötzlich wild durcheinander, und jeder hatte eine eigene Idee,
welchen Experten man zu diesem Thema befragen könnte. Der
Prinz gab zu bedenken, dass ein Experte bezahlt werden müsse.
Er wusste nicht, ob der König dieses Geld bewilligen würde. Da
schnappte sich der Ritter den Redestab und läutete das Glöckchen. Nachdem Ruhe eingekehrt war, machte er eine ganz einfache, aber sehr plakative Rechnung auf: »Was ist günstiger: Einen
Experten für ein paar Tage zu engagieren oder eine fünfköpfige
Mannschaft einen Sprint lang ergebnislos arbeiten zu lassen?«
Der Prinz wollte schon mit diesem Argument zum König gehen,
da meldete sich das Großväterchen zu Wort. »Warum fragen wir
nicht einen der Experten aus unseren Fallenwerkstätten?«, wollte
der alte Ingenieur wissen. »Ich wüsste da sogar einen guten Kan-

didaten, der sich intensiv mit den Befreiungstaktiken der Biester auseinandergesetzt hat. Lasst uns doch mal in Erfahrung bringen, ob er uns für einen Tag zur Verfügung stehen kann, bevor wir für viel Geld einen fremden Berater konsultieren, dessen Expertise wir nicht genau kennen.« »Wenn wir uns von einem Wieimmerländer Fallenbauer beraten lassen, dann schmoren wir wieder im eigenen Saft«, hielt der Ritter dagegen. »Ich möchte eine unabhängige Meinung hören. Wir sollten zumindest einen Ritter befragen, wenn wir schon keinen Externen beauftragen dürfen. Was meint Ihr, Prinz Rollo?« Den Prinzen reizten am Vorschlag des Großväterchens zwei Aspekte: Erstens musste er nicht die Genehmigung seines Vaters einholen. Und zweitens war die Befragung eines Fallenbauexperten aus einer eigenen Werkstatt nicht mit zusätzlichen Kosten verbunden. Und so wurde der Vorschlag des Großväterchens auf Anraten des Prinzen angenommen. Zwei Tage später stand der erwähnte Fallenbaumeister den Musketieren Rede und Antwort. Auch wenn er nicht jede Frage zur Zufriedenheit aller beantworten konnte, so waren seine Erfahrungsberichte eine wichtige Bereicherung für das Team. Er setzte sich auch mit den vom Team geleisteten Vorarbeiten auseinander, ergänzte einige Aspekte und sorgte auf diese Weise dafür, dass am Abend alle Musketiere das gute Gefühl hatten, dieses Thema wirklich durchdrungen und umfassend bearbeitet zu haben.

Braucht ein Projektteam mit einem guten Know-how-Mix und gesundem Menschenverstand einen (externen) Experten? Ihr habt ja gesehen, dass das Team bereits auf dem richtigen Weg war und allein von seinen Selbstzweifeln gebremst wurde. Da hätte der Scrum-Meister durchaus etwas für das Selbstbewusstsein des Teams tun können. Leider war sich Prinz Rollo selber unsicher. Um dieser Unsicherheit zu begegnen, ist das Konsultieren eines Experten sicherlich eine adäquate Maßnahme. Ich gebe allerdings zu bedenken, dass man nur selten die Koryphäe bekommt, die man eigentlich haben möchte. So viele echte Experten gibt es nämlich gar nicht. Unser Team hat in dreifacher Hinsicht Glück gehabt. Erstens: Es gab einen Experten auf dem gesuchten Gebiet. Zweitens: Das Großväterchen kannte den Experten. Es wusste, was man von diesem erwarten konnte. Drittens: Der Experte war sofort verfügbar – und sogar ohne zusätzliche Kosten

(abgesehen vom eintägigen Arbeitsausfall des gesamten Teams).

Die Bestätigung, dass man auf dem richtigen Weg war, ist ein wichtiges und wertvolles Ergebnis, das man nicht als Selbstverständlichkeit abtun darf. Mein Appell lautet: Traut Euren Teams mehr zu! Ermutigt sie, sich selbst das Expertenwissen anzueignen. Sie müssen sich auch zutrauen, nur mit einem Ausschnitt der Realität zu arbeiten. Nicht immer kann man für alle Eventualitäten gerüstet sein und alle möglichen Alternativen planen. Das ist vergleichbar mit der Frage, wie viele der Anforderungen zu welchem Prozentsatz definiert sein müssen, bevor man mit der Arbeit beginnt. In Scrum beginnen wir sehr früh mit der Arbeit – wohl wissend, dass sich die Dinge ändern können und werden. Wir wissen auch, dass unser Wissen nicht immer repräsentativ ist. Manchmal können wir nur einen einzigen Kunden befragen, um unser Verständnis einer Anforderung zu vertiefen. Trotzdem setzen wir diesen einzelnen Kundenwunsch im Zweifelsfall um, anstatt lange darauf zu warten, dass andere Kunden Zeit für uns haben. Es ist besser, ein Ergebnis zu haben, über das es verschiedene Meinungen gibt und über das man deshalb im Sprint Review diskutieren wird, als gar kein Ergebnis zu haben.

Solltet Ihr als Scrum-Meister merken, dass das Team in die falsche Richtung läuft oder sich im Kreis dreht, dann müsst Ihr handeln. Externe Hilfe wirkt oft schon deshalb Wunder, weil sie von außen kommt. Es muss aber nicht immer ein Berater sein. Bei der Suche nach den Experten wird man oft auch in den eigenen Reihen fündig.

Idealerweise bringt der Experte sein Wissen nachhaltig in das Team ein. Das ist insbesondere dann notwendig, wenn es sich bei dem Wissen um eine Kernkompetenz handelt, die auch in Zukunft für das Projekt von Bedeutung ist. Um diesen Wissenstransfer zu bewerkstelligen, sollte der Experte mindestens einen Sprint lang mit dem Team zusammenarbeiten.

7.5   Begegnungen

Eine halbe Stunde vor Mitternacht – die kleine Turmuhr der Sommerresidenz hatte soeben zweimal geschlagen – erwachte das Gespenst aus einem unruhigen Schlaf. Es lag eine Weile wach in seinem Bett, unfähig, sich zu bewegen, und ebenso unfähig, wieder einzuschlafen. Seit Beginn dieses Projekts hatte das Gespenst jede Nacht durchgeschlafen – ein eindeutiges Zeichen dafür, dass diese Aufgabe ihm viel Kraft und Konzentration abverlangte, die durch eine ausgedehnte Nachtruhe kompensiert werden mussten. »Ich scheine mich mittlerweile an diese Belastung und an das Arbeitstempo gewöhnt zu haben«, dachte das Gespenst gerade, als es das Schnaufen hörte. Zuerst ganz leise, schwoll es deutlich an, um dann wieder fast unhörbar leise zu werden. Das Geräusch schien aus dem Hof oder aus einer der Schlafstuben zu kommen. Es war gut möglich, dass eines der Musketiere sein Stubenfenster hatte offenstehen lassen, um die klare, kühle Nachtluft als Einschlafhilfe zu nutzen. Als das Gespenst genauer hinhörte, schien sich jedoch unter das Schnaufen ein leises Stöhnen gemischt zu haben. Dem Gespenst lief ein Schauer den Rücken hinunter. Was mochte das bloß sein? »Steh auf und finde es heraus!«, sagte der Geist zu sich selbst, erhob sich von seinem Bett und öffnete leise seine Zimmertür. Langsam, vorsichtig nach links und rechts spähend, schwebte das Gespenst den Flur entlang. Es flog an den Türen vorbei, die zu den Zimmern des Ritters und des Aschenputtels führten. Aus dem Augenwinkel heraus bemerkte es, dass die Tür des Ritters einen Spaltbreit offenstand, dachte sich aber nichts dabei. Da! Wieder dieses Stöhnen! Das Gespenst flog nun etwas schneller. Die in Ölfarben gebannte Ahnengalerie, mit die die rechte Wand des Ganges geschmückt war, wirkte im fahlen Licht des Vollmonds wie eine Parade von Bleichgesichtern. Das Gespenst hob sich mit seinem blassen Teint kaum von den Konterfeis der königlichen Urahnen ab. Aber anstatt sich mit den Gemälden zu beschäftigen, schwebte der mutige Geist bis zum Ende des Ganges, um dann nach links in einen weiteren Flur abzubiegen. Dieser endete vor einer verschlossenen Tür, die zu dem Kreuzgang führte, der den Innenhof der Sommerresidenz umgab. Das Gespenst wusste, dass das Öffnen dieser Tür einen großen Lärm verursachen würde. Leider hatte es nie gelernt, durch Wände zu gehen. Um diese Fertigkeit beneidete es viele seiner luftigen Kollegen, scheute aber den Trainingsaufwand. Deshalb musste der Geist einen anderen Weg nehmen. Die Wand zum Hof war in regelmäßigen Abständen von Rundbögen durchbrochen, die mit Bleiglasfenstern verschlossen waren. Eines dieser Fenster war immer geöffnet, um den Flur zu belüften. Der Geist machte sich lang und dünn und fädelte sich vorsichtig durch die Fensteröffnung.

Im Hof angekommen, nahm das Gespenst seine ursprüngliche Gestalt an und versteckte sich hinter einem großen Buchsbaum, der vom königlichen Gartenbaumeister zu einem Greif
getrimmt worden war. Im Schutz dieses Fabelwesens spähte das
Gespenst auf den Hof. Was es dort erblickte, verschlug ihm die
Sprache: Keine zehn Meter von seinem Versteck entfernt saß ein
leibhaftiger Drache auf dem weißen Kiesweg im Hof der Sommerresidenz. Mittlerweile hatte das Gespenst genug über die verschiedenen Drachenarten gelernt, um mühelos eine Artbestimmung
vornehmen zu können. Es handelte sich um einen Veganer-Drachen. Dafür sprach auch, dass das Tier die liebevoll angelegte und
mit Chrysanthemen bewachsene Ziergrünfläche in der Mitte des
Hofes fast vollständig verspeist hatte. Jetzt schien es sich aber
vornehmlich mit sich selbst zu beschäftigen. Dem Gespenst fiel
auf, dass der Drache mit seiner langen Zunge den linken Flügel
leckte. Diese Geste erinnerte an die Körperpflege von Katzen –
nur dass dieser Drache ein wenig größer und gefährlicher war. Bei
genauer Betrachtung konnte man sehen, dass dieser Flügel in
einem unnatürlichen Winkel vom schuppigen Körper des Tieres
abstand. Offenbar hatte sich der Drache verletzt und wollte sich
jetzt an diesem ruhigen Plätzchen gesund pflegen. Jedes Mal,
wenn der Drache sich den verletzten Flügel leckte, stieß er das

leise Stöhnen aus, das dem Gespenst schon aufgefallen war, als es noch gemütlich in seinem Bett gelegen hatte. Jetzt hockte das Gespenst hinter dem Buchsbaum, zitterte am ganzen Körper und wünschte sich nichts sehnlicher, als dass dies nur ein böser Traum sei, aus dem es gleich erwachen würde. Aber der grüne Berg aus Muskeln und schuppiger Haut dort vor ihm war kein böser Traum, sondern gefährlich real. Das Gespenst wusste, wie aggressiv ein ausgewachsener Veganer-Drache werden konnte, wenn er sich in die Enge gedrängt fühlte. Was sollte es jetzt tun? Eines war klar: Im Alleingang war dieser Eindringling nicht zu besiegen. Wen aber konnte das Gespenst wecken? Die Hexe fiel definitiv aus. Die zu erwartenden lauthalsen Beschimpfungen ob der nächtlichen Störung hätten den Drachen gewarnt. Das Großväterchen schlief mit Ohrstöpseln. Vor dem Ritter hatte das Gespenst zu viel Respekt, und es befürchtete zudem einen ähnlichen Gefühlsausbruch wie bei der Hexe. Der Prinz? Nein, ein Mitglied der königlichen Familie durfte man nicht wecken. Blieb das Aschenputtel. »Natürlich! Warum habe ich nicht gleich daran gedacht. Sie wird mir nicht böse sein, und außerdem hat sie immer eine gute Idee«, dachte das Gespenst, als es sich wieder vorsichtig durch das offene Fenster zwängte. Schnell schwebte es den Flur entlang, rauschte um die Ecke – und sah gerade noch, wie Ritter Magnolius in sein Zimmer huschte. »Was hat der denn nachts auf dem Flur zu suchen?«, fragte sich das Gespenst und klopfte vorsichtig an Aschenputtels Tür. Es war darauf vorbereitet gewesen, sich mehrfach bemerkbar machen zu müssen, um das Aschenputtel zu wecken. Umso überraschter war das Gespenst, als schon nach dem ersten Klopfen Aschenputtels Stimme aus dem Zimmer erklang. »Was willst du denn nun noch? Kannst du denn nie genug bekommen?« Was hatte das zu bedeuten? War das eine geheime Losung? Musste der einsame Drachenjäger jetzt etwas wie »Es weht ein warmer Wind, trinkt kaltes Wasser« sagen? Diese Parole hatte er einst bei den Schlosswachen aufgeschnappt. Das Gespenst wusste nicht, was es sagen sollte, und stammelte vor sich hin. Aus dem Zimmer drang die verstörte Stimme des Aschenputtels. »Hallo? Wer ist denn da? Seid Ihr es, liebes Gespenst?« »Ja!« »Und was macht Ihr mitten in der Nacht vor meiner Tür?« »Ich, äh, im Hof sitzt ein Drache!« »Sehr witzig. Lasst mich jetzt bitte schlafen.« »Pssst, nicht so laut!«, flüsterte das Gespenst aufgeregt. »Ich meine es ernst: Draußen im

Hof sitzt ein verletzter Veganer-Drache, und ich weiß nicht, was ich mit ihm machen soll.« Dieser Satz hatte seine Wirkung nicht verfehlt. Das Gespenst konnte hören, wie das Aschenputtel aus dem Bett sprang. Es riss die Tür auf und zog den völlig überrumpelten Geist in sein Zimmer. Hier standen sie nun und überlegten, wie sie weiter vorgehen sollten. Das Aschenputtel hatte tatsächlich eine gute Idee. »Wir haben jetzt die einmalige Chance, den Köder für Veganer-Drachen zu testen, den wir in der letzten Woche entwickelt haben – am lebenden Objekt!« »Aber ist das nicht viel zu gefährlich?« »Was ist die Alternative?« »Wir könnten den Drachen fangen lassen und unsere Falle an ihm testen.« »Ihr kennt doch den Kodex. Wir dürfen einen Drachen nicht einfach so gefangen nehmen. Wer sollte das auch tun, so mitten in der Nacht? Nein, lass uns den Köder holen und dessen Wirkung testen.« »Aber sollten wir das nicht mit Prinz Rollo besprechen und von ihm genehmigen lassen?« »So viel Zeit bleibt uns nicht. Außerdem könnt Ihr Euch wohl den Tumult vorstellen, der entsteht, wenn wir alle Musketiere wecken und ihnen von Eurer Entdeckung berichten. Nein, wir machen das allein. Vielleicht sollten wir den Ritter mitnehmen – der schläft ohnehin noch nicht, äh, glaube ich zumindest.« »Das stimmt – ich habe ihn eben noch über den Flur huschen sehen!«, ergänzte der Geist und wandte sich der Tür zu. So entging ihm, dass das Aschenputtel errötete. Rasch zog es sich notdürftig an und folgte dem Gespenst auf den Flur. Das stand schon vor dem Zimmer des Ritters und wollte gerade anklopfen, als das Aschenputtel herbeigeeilt kam. Mit sanftem Druck und einem »Lasst mich das bitte machen«, schob sie den Geist beiseite. Dann öffnete sie die Tür und flüsterte in den Raum: »Ich bin's. Ich habe das Gespenst bei mir. Wir brauchen deine, ich meine: Eure Hilfe.« Magnolius erschien in der Tür, und auch er sah nicht verschlafen aus. Das Aschenputtel schilderte ihm kurz die Lage und erläuterte den Plan, den es geschmiedet hatte. Der Ritter hörte sich alles in Ruhe an und sagte schließlich seine Unterstützung zu.

Zu dritt schlichen sie in die Werkstatt. Dort lag, in feuchte Tücher eingeschlagen, der Köder. Er sollte eigentlich bis zum Sprint Review konserviert und dort präsentiert werden, aber das war jetzt nebensächlich. Vorsichtig schlug das Aschenputtel die Tücher auseinander und entnahm den Leinensack, der mit einer intensiv riechenden Mixtur aus zermahlenen Kräutern, Blättern und Pflanzen gefüllt war. »Wo wollen wir den Köder auslegen?«, wollte das Gespenst wissen. »In sicherer Entfernung vom Schloss.« Der Ritter war jetzt in seinem Element. »Ich kenne eine Stelle, die übersät ist mit Brassica oleracea var. acephala. Dort lasst uns den Köder ausbringen.« »Brassica – was?«, fragte das Gespenst. Das Aschenputtel flüsterte ihm zu: »Er meint Zierkohl. Ihr müsst wissen, dass Magnolius ein passionierter Gärtner ist.« »Ach!« Das Gespenst war platt. Aber es hatte keine Zeit, sich über dieses ungewöhnliche Hobby des starken Mannes zu wundern, denn es galt, den Drachen so schnell wie möglich aus der Sommerresidenz zu locken. Geführt vom Ritter, eilten die drei Musketiere zu der Stelle mit dem Zierkohl. Der Prinz hatte nicht übertrieben: Geschätzte eintausend Kohlköpfe wuchsen dort, deren innere Blätter weiß im Mondlicht leuchteten. Das Aschenputtel legte den Köder nieder. Dann versteckten sich die drei Drachenjäger hinter einer mächtigen Eiche und warteten. Minuten vergingen, aber nichts geschah. Sie hatten bereits eine geschlagene Viertelstunde gewartet, als der Ritter leise fragte: »Seid Ihr Euch eigentlich sicher, dass die Veganer-Drachen über einen ausgeprägten Geruchssinn verfügen?« »Sicher bin ich mir nicht«, antwortete das Aschenputtel, »aber wie sonst sollen die Biester ihre Nahrung finden?« »Vielleicht können sie das Gemüse gut sehen?«, mutmaßte das Gespenst, dem das Auf-der-Lauer-Liegen nicht behagte. »Das finden wir nur heraus, wenn wir den Köder etwas näher an den Drachen heranbringen«, entschied der Ritter, nahm den Köder und marschierte in Richtung Sommerresidenz. Mitten auf dem Kiesweg, der direkt zum großen Tor führte, legte er das Kräuterbündel erneut nieder. Wieder versteckten sich die Musketiere und warteten. Wieder passierte nichts. Beim nächsten Versuch positionierten sie den Köder direkt unter dem Torbogen, dann am Brunnen und schließlich mitten auf dem Vorplatz. Das war ein gefährliches Unterfangen, denn nun lag der Köder im Sichtfeld des Drachen. Der schien die vermeintliche Leckerei trotzdem nicht zu bemerken. Ritter Magnolius war jetzt sehr erbost über dieses Tier, das ihn um die wohlverdiente Nachtruhe brachte. Deshalb nahm er den Köder und warf ihn dem Drachen mit einem wohldosierten und wohlplatzierten Wurf direkt vor die Krallen. Dabei muss der Sack eine der Krallen getroffen haben. Jedenfalls zuckte der Drache plötzlich zusammen und schlug mit der Tatze nach dem vermeintlichen Angreifer. Als der sich nicht wehrte, nahm es den Sack in die Kralle, führte ihn vor seine Nase und roch daran, führte ihn dann dicht vor die Augen, und warf ihn schließlich in seinen Schlund. Eine kurze Kaubewegung, ein Schlucken, und schon landete die Arbeit der vergangenen Woche im Magen dieser großen Bestie. »Mist!«, fluchte das Gespenst. »Wieso Mist?«, entgegnete das Aschenputtel. »Wir haben gerade gelernt, dass Veganer-Drachen – oder zumindest dieses Exemplar – weder gut sehen noch gut riechen können. Erstaunlich, dass sie trotzdem ausreichend Nahrung finden.« »Vielleicht fressen sie deshalb nur bei Tageslicht«, murmelte das Gespenst vor sich hin. »Was habt Ihr da gerade gesagt?« Magnolius war plötzlich hellwach. »Ich sagte, dass das vielleicht der Grund dafür ist, dass die Viecher nur bei Helligkeit fressen.« »Natürlich!« Dem Ritter fiel es wie Drachenschuppen von den Augen. »Diese Drachenart reagiert auf große, rechteckige Flächen, weil es diese für Felder hält. In der Sommerresidenz ist der Drache deshalb auf dem Innenhof gelandet – der ist quadratisch und hat bei Vollmond hell geleuchtet – wie ein Kohlfeld! Dabei hätte der Veganer nur ein kleines Stück weiter fliegen müssen, um mit einem echten Kohlfeld belohnt zu werden.« »Schön – aber nun habe ich zwei Fragen«, beklagte sich das Gespenst. »Erstens: Was fangen wir mit dieser Erkenntnis an? Zweitens – und das ist das größere Problem: Wie bekommen wir den Drachen vom Hof?« Der Ritter hatte auf beide Fragen eine Antwort: »Zweitens: Ich werde den Drachen auf die konventionelle Art verjagen. Macht Euch gefasst auf ein Lehrstück in Sachen Drachenkampf! Erstens: Wir sollten die Fallenwerkstätten über diese Eigenart der Veganer-Drachen umgehend in Kenntnis setzen. Dafür müssen wir morgen in der täglichen Zusammenkunft unbedingt eine neue Aufgabe definieren. So, jetzt aber zu uns beiden, mein Lieber!« Mit diesen Worten marschierte Magnolius furchtlos über den Hof, um den Drachen mit seinem Schwert im hinteren Rückenbereich zu touchieren. Aschenputtel und Gespenst schauten halb fasziniert, halb ängstlich zu, wie der Ritter auf diese Weise den Drachen vor sich hertrieb. Das Tier war offensichtlich flugunfähig und humpelte langsam voran (Veganer-Drachen sind unschlagbar in der Luft, aber nicht gut zu Fuß). Als der Drache das Zierkohlfeld entdeckte, war er abgelenkt. Der Ritter ließ ihn jetzt in Ruhe weiden und ging zurück zur Sommerresidenz. Dort fiel ihm das Aschenputtel schluchzend in die Arme. »Ich hatte solche Angst um dich«, flüsterte sie und schlang ihre Arme noch fester um den Ritter, der zögerlich ihre Umarmung erwiderte. Da standen sie nun eng umschlungen, und das Gespenst verstand die Welt nicht mehr. Der angekündigte Drachenkampf war leider ausgeblieben. Die Art und Weise, in der Ritter Magnolius den verletzten Drachen vor sich her getrieben hatte, sah alles andere als gefährlich aus. Und trotzdem zitterte das Aschenputtel vor Angst um den Ritter! Das Gespenst hatte plötzlich eine Vermutung, warum es den Ritter des Nachts auf dem Flur angetroffen hatte – aber die behielt es besser für sich. Leise schwebte der Geist in Richtung Schlafgemach davon – hier gab es für ihn nichts mehr zu tun, und die Lust aufs Herumspuken war ihm nach diesen nächtlichen Begegnungen und Erkenntnissen gründlich vergangen.

Bitte verzeiht mir diesen Scherz, aber ist es nicht schön, wenn man in einem Projekt Kontakt zum echten Kunden seines Produkts bekommt? Der Vergleich ist zwar an den Haaren herbeigezogen. Nichtsdestotrotz spielt bei den agilen Vorgehensweisen der Kunde eine große Rolle. Durch die ständige, aktive Einbeziehung in den Entwicklungsprozess soll verhindert werden, dass das Produkt an den Bedürfnissen und Wünschen der Kunden vorbei entwickelt wird. Da sie es sind, die letztendlich mit dem Produkt arbeiten sollen, müssen sie auch ein gewisses Mitspracherecht bei der Gestaltung besitzen. Ein guter Produktverantwortlicher berücksichtigt natürlich die Kundenwünsche. Trotzdem schadet es nie, als Entwickler ab und zu einem echten Kunden über die Schulter zu schauen und mit diesem über seine Arbeit zu sprechen. Oft erfährt man Dinge, die man bisher in der Produktentwicklung bzw. im Projekt gar nicht oder mit einem falschen Stellenwert berücksichtigt hatte. Man lernt, wie die Kunden tatsächlich mit dem Produkt umgehen – und das unterscheidet sich oft erheblich von der Vorstellung, die Entwickler vom Umgang mit dem Produkt haben. Auf diese Weise nähern sich das fachliche Verständnis der Kunden und das technische Verständnis der Entwickler einander an. Das wiederum ist eine notwendige, aber nicht hinreichende Bedingung für ein (aus Kundensicht) gutes Produkt.

Soweit die fachliche Erkenntnis. Jetzt kommen wir aber zu einem viel spannenderen Aspekt: Im Team scheint es zu knistern

und zu menscheln. Das bleibt nicht aus, wenn ein attraktiver und weltgewandter Ritter auf eine intelligente und charmante junge Dame trifft – und trotzdem führt es immer wieder zu überraschenden Situationen. Mal sehen, ob es auch Auswirkungen auf den Projektverlauf hat. Meiner Erfahrung nach strahlen diese zwischenmenschlichen Aspekte eine starke Wirkung auf das gesamte Team aus. Wenn persönliche Beziehungen mit einem Mal ein Thema sind, dann dreht sich plötzlich das Gefühlskarussell aus Liebe, Eifersucht und Stolz und nimmt das ganze Team mit auf die Reise. Die Musketiere bilden da keine Ausnahme. Wir Scrum-Einhörner haben gelernt, die Gefühlswelten unserer Teammitglieder ernst zu nehmen und zu berücksichtigen: bei der Planung, der Paarbildung, der Retrospektive, ...

7.6   Ritter in Love

Am nächsten Morgen musste das Aschenputtel ihre beiden nächtlichen Begleiter wecken – sonst hätten beide die tägliche Zusammenkunft verschlafen. Nur mithilfe einer kalten Dusche (bzw. im Fall des Gespensts mit einem Flug durch den morgendlichen Nebel) und eines starken Frühstückskaffees konnten die Drachenjäger die Augen offenhalten. Bevor die Hexe eine spitze Bemerkung machen konnte, platzte das Gespenst mit der Neuigkeit des Tages heraus: »Wir hatten in der letzten Nacht Besuch von einem Veganer-Drachen! Er saß hier im Hof und fraß die Chrysanthemen!« Der Geist machte eine kurze Pause, um die Worte auf seine Zuhörer wirken zu lassen, und er wurde nicht enttäuscht. Prinz, Hexe und Großväterchen hingen förmlich an seinen Lippen. »Erzähl weiter!« Die Hexe konnte die Spannung kaum ertragen. »Hmmm ... Viel mehr gibt es nicht zu erzählen.« Das Gespenst gab sich bescheiden. »Wir haben bei der Gelegenheit den Köder getestet – leider erfolglos. Die Veganer haben einen wenig ausgeprägten Geruchssinn, und sonderlich gut sehen können sie nachts auch nicht. Ritter Magnolius musste dieser Bestie den Köder fast in den Rachen werfen, sonst hätte sie den nie gefunden!« Das Großväterchen musste lachen. Das tat gut, denn mit jedem Lacher fiel die Spannung von ihm ab. Die Vorstellung, nur wenige Meter neben einem riesigen Drachen geschlafen zu haben, hatte das Zeug dazu, ihm für die nächsten

Nächte unangenehme Albträume zu bescheren. Deshalb wollte das Großväterchen so viel wie möglich über diesen nächtlichen Zwischenfall wissen. Und das Gespenst erzählte gerne davon. Ab und zu ergänzten Ritter und Aschenputtel ein paar Details. »Die Idee mit dem Köder stammt übrigens vom Aschenputtel«, schloss das Gespenst seinen Bericht. »Ich wäre nie darauf gekommen. Wie gut, dass ich mich dazu entschlossen hatte, das Aschenputtel zu wecken.« Kaum hatte es diese Worte ausgesprochen, da fiel ihm wieder die nächtliche Begegnung mit dem Ritter ein. »Hoffentlich fragt jetzt niemand, warum wir auch den Ritter geweckt haben«, dachte das Gespenst. Es wusste, dass ihm niemand zutraute, den Ritter aus eigenem Antrieb aus dem Schlaf zu reißen. Aber Prinz, Hexe und Großväterchen waren so fasziniert von seinem Bericht, dass sie solche Feinheiten gar nicht bemerkten. Dafür war dem Gespenst etwas aufgefallen: Das Aschenputtel und Ritter Magnolius hatten bisher kaum miteinander geredet. Auch jetzt standen sie weit entfernt voneinander und schauten sich kaum an. »Komisch – nachts noch gekuschelt, und heute extrem distanziert«, dachte das Gespenst, musste sich aber selber eingestehen, dass es sich in Frauendingen nicht sonderlich gut auskannte. Ein weibliches Gespenst war ihm – leider – noch nicht über den Weg gelaufen, und Frauen aus Fleisch und Blut interessierten sich nicht für einen flüchtigen Gesellen wie ihn. Das hätte sich nach seiner Heldentat in der vergangenen Nacht schlagartig ändern können – wenn es in diesem Team eine Musketeuse gäbe, die im richtigen Alter wäre und sich von solchen Taten beeindrucken ließe. Das Aschenputtel wäre eine Kandidatin gewesen, aber sie hatte den Ritter auserkoren, und gegen diesen Konkurrenten war das Gespenst eindeutig unterlegen. »Warum mache ich mir eigentlich plötzlich solche Gedanken?«, wunderte sich der Geist. Bisher hatte ihn dieser zwischenmenschliche Aspekt überhaupt nicht berührt. Warum war das jetzt anders? Lag es daran, dass er den Ritter beinahe in flagranti erwischt hätte? Aber warum konnte er den beiden nicht einfach ihr junges Glück gönnen? Während dem Geist diese und ähnliche Gedanken und Gefühle im müden Kopf herumkrochen, entsann sich der Prinz des eigentlichen Zwecks der morgendlichen Zusammenkunft. »Liebe Leute! Die geschilderten Ereignisse sind wahrlich aufregend, und ich bin stolz darauf, dass die drei Musketiere diese schwierige Situation so bravourös gemeistert haben.

Wir dürfen aber dennoch nicht vergessen, dass wir hier und heute zusammengekommen sind, um die Aufgaben auszuwählen, die wir heute erledigen möchten.«»Einen Moment noch!« Der Ritter ging zum Sprint Backlog und nahm sich eine leere Aufgabentafel. »Wir müssen eine zusätzliche Aufgabe definieren und schnellstmöglich erledigen. Die Drachenfallenwerkstätten müssen umgehend Kenntnis über das Beuteverhalten der Veganer-Drachen erlangen. Die Tatsache, dass diese Drachen nur große Flächen erkennen können, kann auch Auswirkungen auf die aktuelle Baureihe der Drachenfallen und den Aufstellort der Fallen haben.« Diese Aufgabe fasste er in knappen Worten zusammen und hängte die Tafel in die Spalte »zu erledigen«.

Als die tägliche Zusammenkunft endlich begann, trauten sich weder Hexe noch Großväterchen, die neue Aufgabe zu übernehmen, und wählten deshalb andere Aufgaben aus. Beide hatten das Gefühl, dass es den Drachenjägern gebührte, die neuen Erkenntnisse in die Wieimmerländer Welt hinauszutragen. Das war eine durchaus ehrenvolle Aufgabe mit beträchtlicher Außenwirkung. Deshalb zögerte auch das Gespenst, die frische Aufgabentafel zu nehmen. Sein Selbstbewusstsein wurde zwar täglich stärker, aber immer noch scheute es das Rampenlicht. Es malte sich im Geiste aus, wie alle Arbeiter der Fallenwerkstatt zusammengerufen wurden, um seinen Bericht über den Drachenkontakt aus erster Hand zu hören. Der Gedanke an die große Menschenmenge bereitete ihm Unbehagen und feuchte Hände. Deshalb wollte sich das Gespenst lieber um den Köder für die Smoks kümmern – große, Feuer speiende Biester, die Rinder und Schafe fraßen und auch eine Jungfrau nicht verschmähten. Kaum hatte der Geist die zugehörige Aufgabentafel in der Hand, da meldete sich das Aschenputtel zu Wort. »Warum möchtet Ihr nicht zur Fallenwerkstatt reisen, liebes Gespenst? Ihr wart es doch, der den Drachen entdeckte!« »Das stimmt, aber Ritter Magnolius hatte die Idee, die Werkstätten zu informieren! Und außerdem dachte ich, dass Ihr beide vielleicht ...« Weiter kam das Gespenst nicht, denn der Ritter polterte unvermittelt los: »Schlechte Idee, Spukgesicht! Ich werde ganz bestimmt nicht gemeinsam mit dieser ... Dame die Werkstätten besuchen – das kann sie auch ganz alleine erledigen. Wir haben schon zu viel Zeit verloren und können es uns nicht leisten, gemeinsam diese Aufgabe in Angriff zu nehmen.« Das Aschenputtel errötete wieder und antwortete ungewohnt schnippisch: »Wenn Ihr diese Aufgabe übernehmen solltet, dann kann ich Euch nur raten, eine Begleitung mitzunehmen, denn in der Dunkelheit findet Ihr alleine niemals den Weg zurück in die Sommerresidenz. Das Gespenst wäre doch ein adäquater Kompagnon, nicht wahr?« »Nicht, dass mir Euer Rat wichtig wäre, aber das Gespenst nehme ich gerne mit!«, dröhnte der Ritter. Da drückte ihm das Gespenst die Aufgabentafel in die Hand und sagte: »Abgemacht! Wir beide werden die Werkstätten informieren! Nun seid Ihr an der Reihe, liebes Aschenputtel.« Das Mädchen funkelte den Ritter böse an und nahm sich die Aufgabe, die das Gespenst ursprünglich wählen wollte. Der kleine Geist hatte befürchtet, dass das Aschenputtel den vom Ritter ins Feld geführten Vorwurf der Ineffizienz postwendend zurückspielen würde. Vermutlich war das Mädchen aber noch zu aufgewühlt, um an der aus Projektsicht unnötigen Paararbeit von Ritter und Gespenst Anstoß zu nehmen.

Nun waren alle für diesen Tag mit Arbeit versorgt. Die Hexe verzog sich in die Schreibstube, das Großväterchen ging in die Werkstatt, um an einem Sensor für die Smoks zu arbeiten, und das Aschenputtel stattete der Küche einen Besuch ab, um dort nach geeigneten Zutaten für den Köder zu suchen. Übrig blieben der Ritter und das Gespenst. Bevor sie aufbrachen, wollte Magnolius noch etwas Wegzehrung einpacken. Dazu hätte er aber in die Küche gehen müssen. Glücklicherweise spürte das Gespenst die Nöte des Ritters und bot an, den Küchenmeister um ein paar Stullen für den Weg zu den Werkstätten zu bitten. Der Ritter war dem Gespenst sehr dankbar für diesen Freundschaftsdienst. Er wollte im Hof auf seinen Begleiter warten.

Als das Gespenst wenig später mit einem Sack voll Speisen in den Hof trat, in dem des Nachts der Drache gelegen hatte, trug Ritter Magnolius eine Schweineblase über der Schulter, die er am Brunnen mit frischem Wasser gefüllt hatte. Gut gerüstet machten sich die beiden Musketiere auf den langen Fußweg. Der Ritter war sehr gesprächig, und das Gespenst hatte den Eindruck, als wäre es dank seiner Heldentat in der Achtung des Ritters deutlich gestiegen. Ein weiterer Grund mochte aber auch die Tatsache sein, dass Aschenputtels Stern aus Sicht des Ritters tief gesunken war. Noch immer wusste das Gespenst nicht, was zwischen den beiden vorgefallen war – aber es traute sich nicht, den Ritter danach zu fragen. Die Hoffnung, dass der Zufall ihm zu Hilfe kommen könnte, erfüllte sich tatsächlich eine halbe Stunde später. Magnolius hatte gerade die Vorteile und Nachteile von Teamarbeit beschrieben und schloss seine Betrachtungen mit den Worten »Teamarbeit ist so lange gut, wie sie mich nicht einengt. Ich habe ein Problem damit, wenn andere versuchen, mich meiner Freiheit zu berauben. Meine Toleranzgrenze ist diesbezüglich sehr eng gesteckt. Es genügt schon, wenn man sich zu sehr um mich sorgt.« »So wie es das Aschenputtel tut?«, fragte das Gespenst ganz vorsichtig. »Genau das meine ich. Schön, dass auch Ihr das erkannt habt, Kamerad. Ich war schon kurz davor zu glauben, das Aschenputtel hätte recht mit ihrem Vorwurf, dass mein Freiheitsdrang unnatürlich ist. Aber mal ganz ehrlich unter uns zwei Musketieren: In Wahrheit sind es doch die Frauen mit ihrem übertriebenen Bindungszwang, die für die zwischenmenschlichen Probleme verantwortlich sind. Das seht Ihr doch genau so, oder?« »Wenn ich ehrlich sein soll, habe ich mir darüber bisher keine Gedanken gemacht, genauer: keine Gedanken machen müssen. Frauenbekanntschaften habe ich nicht ...« Dem Gespenst war es sehr peinlich, sich so plötzlich dem Ritter offenbaren zu müssen. Der aber nahm diese Beichte ganz gelassen und machte seinem neuen Freund Mut: »Na, das kommt bestimmt noch. Ihr seid ein cleverer und umgänglicher Bursche. Ihr werdet schon sehen: Irgendwann kommt die Richtige. Dann könnt Ihr nur hoffen, dass sie es langsam angehen lässt und Euch nicht gleich an die kurze Leine nimmt. Und wenn Amors Pfeil erst einmal so richtig tief sitzt, dann nimmt ohnehin das Schicksal seinen Lauf, ohne dass Ihr auch nur das Geringste dagegen tun könnt. Wenn ich Euch noch einen freundschaftlichen Rat geben darf: Lasst niemals zu, dass sie sich Sorgen um Euch macht. Das ist die schlimmste Form der Freiheitsberaubung, gegen die es nicht einmal vernünftige Argumente gibt. Der Sorge um Euer Wohl habt Ihr nichts entgegenzusetzen. Ihr könnt Euch in dieser Situation nur noch entscheiden, ob Ihr damit leben könnt oder nicht. Wenn Ihr, liebes Gespenst, diese Frage mit ›Nein‹ beantwortet, dann solltet Ihr die Konsequenz ziehen. Das habe ich heute Morgen getan. Aber jetzt lasst uns nicht mehr über dieses unerfreuliche Thema sprechen.« Diesem Wunsch kam das Gespenst nur allzu gern nach. Das Gespräch hatte eine Wendung genommen, die ihm wenig behagte und die Erinnerungen an das Wechselbad der Gefühle weckten, durch das der Geist heute Morgen vor der täglichen Zusammenkunft gegan-

gen war. Hatte er noch vor wenigen Stunden den Wunsch nach
einem zwischengeistlichen Verhältnis gehabt, so war er jetzt froh,
lediglich mit fachlichen und technischen Herausforderungen konfrontiert zu sein. »Das Leben ist viel einfacher, wenn keine
Gefühle im Spiel sind«, befand der Geist und nahm sich vor, in
Zukunft noch mehr Zeit in die fachliche Weiterbildung zu investieren. Mit einem Lebensabschnittsgespenst an seiner Seite, so
seine innerliche Argumentation, wäre das nur noch eingeschränkt
möglich, was wiederum dem Projektfortschritt hinderlich wäre.
Diese Begründung erschien dem Geist sehr schlüssig, und sie
machte ihn zufrieden, weil sie seine derzeitige Situation rechtfertigte. Froh, einen Wegweiser fürs Leben und mit dem Ritter
zudem einen neuen Freund gefunden zu haben, setzte das
Gespenst fröhlich plaudernd den Weg zur Fallenwerkstatt fort.

*Große Gefühle! Waren sie gestern noch das Elixier für Höchst-
leistungen, so sind sie heute der größte Bremsklotz für die persönliche Motivation und Leistungsfähigkeit derjenigen, die den
Sprung in dieses Wechselbad gewagt haben. Ritter und Aschenputtel haben sich im Laufe des Projekts zunächst fachlich und
später auch persönlich schätzen gelernt. Das hat mich sehr gefreut, denn es stellt in dieser Branche die Ausnahme dar. Der
Frauenanteil in den Fallenwerkstätten ist verschwindend gering.
Das ist schade, weil die weiblichen Charakterstärken in dieser
Männerdomäne ihre positive Wirkung sehr gut entfalten könnten. Intuition, Einfühlungsvermögen, Kommunikationsfähigkeit
– all das hat das Aschenputtel vielen ihrer männlichen Kollegen
voraus. Selbst Ritter Magnolius hat gemerkt, dass ihm das
Aschenputtel ebenbürtig ist. Er hat diese Entdeckung positiv ver-
arbeitet und davon profitiert, anstatt das plötzliche Auftreten eines weiteren Experten als Konkurrenz und Bedrohung zu verstehen. Das ist löblich – aber wer weiß, wie sich der Ritter verhalten
hätte, wenn dieser Experte ein Mann gewesen wäre?*

*Persönliche Beziehungen sind übrigens nicht der einzige
Grund für Konflikte in Teams. Die Literatur nennt darüber hin-
aus Macht- oder Rollenkonflikte, finanzielle Ungerechtigkeiten,
Statuskonflikte und Stress als Auslöser für zwischenmenschliche
Probleme.*

7.7 Hindernislauf

Beim Sprint Review durfte sich der König die verschiedenen Köder und Sensoren anschauen, mit denen alle bekannten Drachenarten in die Falle gelockt werden sollten. Das war bekanntlich eine Altlast aus dem zweiten Sprint, die die Musketiere in diesem Sprint bevorzugt bearbeitet hatten – mit großem Erfolg. Nur für die Veganer-Drachen musste im kommenden Sprint ein geeigneter Köder entwickelt werden – der erste Entwurf hatte sich ja als untauglich erwiesen. Die anderen Drachenarten hatten hingegen in Versuchen erfolgreich auf die Köder reagiert, wie das Großväterchen eindrucksvoll berichtete. Es hob die gute Zusammenarbeit mit der Forschungsabteilung der größten Fallenwerkstatt hervor. Dort waren einige Exemplare jeder Drachenart kaserniert, um den Fallenbauern für Neuentwicklungen als Untersuchungsobjekt zur Verfügung zu stehen. Eine kleine Wieimmerländer Minderheit prangerte diese Tierversuche offen an, aber die meisten Wieimmerländer verstanden den unfreiwilligen Dienst der Drachen als eine Form der Wiedergutmachung. Die Musketiere brauchten diese Drachen, um Details der neuen Falle testen zu können. Das größte Mitleid für diese Tiere empfand die Hexe. Sie hatte von Berufs wegen ein Faible für jene Geschöpfe, die nicht allzu hoch in der Gunst der Bevölkerung standen. Kröten, Fledermäuse und Spinnen gehörten zu ihren Lieblingen – und seit Neuestem auch die Drachen. Deshalb steckte sie den fliegenden Ungeheuern bei ihren Besuchen im Käfigtrakt der Forschungsabteilung immer wieder etwas zum Naschen zu: ein paar Maiskolben, Stoff- und Lederreste, und einmal schmuggelte die Hexe sogar ein ganzes Spanferkel mit List und charmanten Worten an den Fallenforschern vorbei zu den inhaftierten Drachen.

Die Präsentation der Sensoren und Köder war (von besagter Ausnahme abgesehen) erfolgreich – wie aber sah es mit dem eigentlichen Sprint-Ziel aus? Das Team hatte versprochen, eine Falle zu entwickeln, deren Einzelkomponenten schnell und unkompliziert austauschbar waren. Für die Präsentation dieses Sprint-Ziels hatte sich das Team etwas Besonderes ausgedacht. Die Falle stand für das Sprint Review wieder im Hof der Sommerresidenz. Die Hexe hatte ihren kurzen Vortrag über die Komponentenarchitektur der Falle beendet, als plötzlich der Ritter mit dem Gespenst in einen (gespielten) Streit geriet. Der freche

Geist flog dem Ritter ständig vor der Nase herum, war aber nicht zu fassen. Da zückte Ritter Magnolius sein Schwert und hieb auf das Gespenst ein, das unter den Attacken des Ritters langsam zurückwich, bis es plötzlich vor der Falle stand. Der Ritter holte weit aus, nahm all seine Kraft zusammen und ließ das schwere Schwert durch die Luft sirren. Der König und der Hofmarschall schauten entsetzt auf das Gespenst, das in letzter Sekunde in die Höhe schnellte und so dem schweren Hieb entkam. Der traf mit voller Wucht die Falle. Mühelos durchschnitt das Schwert die Seitenwand – wie ein Messer, das durch ein Stück Butter gleitet. Das Birkenholz der Käfigwand zerbarst mit einem lauten Krachen, und die Luft war erfüllt von Holzsplittern, die wie kleine Geschosse in alle Richtungen schwirrten. Inmitten dieses Chaos stand Ritter Magnolius und starrte auf das Unheil, das er angerichtet hatte. Der Prinz schlug die Hände über dem Kopf zusammen und stotterte: »Das kann doch nicht wahr sein! Ihr könnt doch nicht einfach die Arbeit der letzten vier Wochen mit einem Handstreich zunichte machen, Ritter! Was sollen wir denn dem König jetzt präsentieren?« »Es ... tut mir leid! Ich ... ich weiß auch nicht, wie mir das passieren konnte. Bitte, Euer Durchlaucht, vergebt mir! Ich verspreche Euch, in Zukunft meine Gefühle besser im Zaum zu halten!« König Schærmæn der Weißnichtwieviele wusste nicht, wie er auf dieses ungewöhnliche Ereignis reagieren sollte. Als sich auch noch das Gespenst bei ihm entschuldigte, war der König drauf und dran, das Sprint Review abzubrechen und zurück ins Schloss zu fahren. Da aber sagte der Prinz zu ihm: »Ich habe alles unter Kontrolle, Vater! Setzt Euch wieder und habt ein wenig Geduld – das Sprint Review geht gleich weiter.« Und an das Team gewandt, sagte er in einem schneidenden Kasernenhof-Ton: »Ihr baut sofort die zerstörte Seitenwand aus und ersetzt sie durch unsere Reserve-Wand. In fünf Minuten möchte ich hier eine intakte Falle sehen. An die Arbeit!« Wie emsige Bienen schwärmten die Musketiere aus. Jeder schien genau zu wissen, was zu tun war: Während die Hexe und das Aschenputtel die zerstörte Fallenwand stützten, löste das Großväterchen die Verbindungen, mit denen die Wand mit dem Rest der Fallenkonstruktion verbunden war. Der Ritter und das Gespenst eilten in den Marstall und brachten eine neue, intakte Fallenwand herbei, die das Großväterchen in Windeseile befestigte. In weniger als fünf Minuten war die Falle repariert. Das

Team trat beiseite, und mit einem breiten Grinsen im Gesicht
betrachteten alle den König, der immer noch unter dem Eindruck
der jüngsten Ereignisse auf die Falle starrte. Die plötzliche Freude
des Teams konnte er nicht deuten, bis ihm der Hofmarschall ins
Ohr flüsterte: »Ihr wurdet soeben Zeuge eines Schauspiels! Es
hatte offensichtlich den Zweck, Euch Euer Sprint-Ziel möglichst
anschaulich zu präsentieren. Das Team hat es wohl ein wenig
übertrieben, aber das Ergebnis kann sich sehen lassen. Deshalb
bitte ich Euch: Lasst Nachsicht walten!« König Schærmæn nickte
langsam, sammelte sich kurz und wandte sich dann an die Musketiere, die ihn erwartungsvoll anschauten. Er erhob sich aus seinem Sessel und klatschte Beifall. »Bravo! Ich bin beeindruckt. Ihr
seid nicht nur gute Fallenbauer, sondern auch hervorragende
Schauspieler! Vielleicht sollte ich das Projekt an dieser Stelle
abbrechen und Euch für das Hoftheater engagieren. Ach nein, ich
lasse Euch lieber weiter an der Falle arbeiten. Der Austausch der
Seitenwand war wirklich beeindruckend. Lassen sich die anderen
Komponenten auch so schnell ersetzen?« Als hätte es auf dieses
Stichwort gewartet, trat das Aschenputtel vor und fragte freundlich: »Welche Komponente sollen wir denn jetzt austauschen,
Euer Hoheit?« »Wie wäre es mit dem Smok-Sensor?« »Sehr gern,
Euer Hoheit!« Das Aschenputtel öffnete die Fallentür, kniete nieder und demontierte mit wenigen Handgriffen den Sensor für die
großen Fleischfresser. »Leider haben wir nur ein Exemplar dieses
Sensors gebaut. Deshalb werde ich jetzt dasselbe Exemplar wieder einbauen – wenn es Euch recht ist …« Der König nickte, und
wenige Augenblicke später war die Falle wieder einsatzbereit.
Sichtlich beeindruckt ließ sich der König vom Team die Details
der Falle zeigen. Auch der Hofmarschall nutzte die Gelegenheit,
um die Falle genau zu inspizieren. Als er sich mit der Konstruktion der Sensoren beschäftigte, berührte er aus Versehen einen
der Auslöser. Er hörte hinter sich ein leises Surren, und als er sich
umdrehte, konnte er gerade noch sehen, wie die Falle mit einem
lauten »Klack!« ins Schloss fiel. Wieder stand das Team grinsend
um die Falle herum, und der arme Hofmarschall fühlte sich wie
ein Vogel im Käfig. Der König lachte herzlich, befahl dann aber
schnell, den Hofmarschall aus seiner misslichen Lage zu befreien.
Nachdem sich der erste Staatsdiener von diesem Schock erholt
hatte, drängte er darauf, den Rückweg anzutreten. Der König
aber hatte andere Pläne. Er wollte gerne an der Retrospektive

teilnehmen und fragte, ob das Team damit einverstanden sei. Niemand widersprach, und so blieb dem Hofmarschall nichts anderes übrig, als ebenfalls den Nachmittag in der Sommerresidenz zu verbringen. Auf die Frage, wie man vor Einbruch der Dunkelheit zurück im Schloss sein wolle, bekam der Hofmarschall eine einfache Antwort: »Wir werden hier in der Sommerresidenz nächtigen. Ich habe das Personal schon angewiesen, unsere Zimmer herzurichten und zu heizen. Auf diese Weise kann ich mich mit einem gemeinsamen Abendessen und Frühstück beim Team für die hervorragende Leistung bedanken.«

Die Retrospektive verlief wie gewohnt offen und ehrlich. Die Anwesenheit des Königs hatte keinen negativen Einfluss auf die Diskussionen. Das erste längere Gespräch drehte sich um die Frage, ob man Ergebnisse eines Sprint wegwerfen dürfe. Die Frage stammte vom Großväterchen. Der sparsame alte Mann wehrte sich gegen den Plan, das einfache Fallenschloss, welches man für den zweiten Sprint gebaut hatte, zu verschrotten. Das Einhorn konnte ihn aber davon überzeugen, dass der Wert nicht allein im Schloss selbst steckte, sondern auch (bzw. vor allem) in den Ideen und der grundlegenden Konstruktion dieses Schlosses. Darauf aufbauend sollte im nächsten Sprint eine verbesserte Version gebaut werden. Mit dieser Erklärung gab sich der Alte zufrieden. »Wir werden immer wieder Artefakte erzeugen, die später nicht mehr in ihrer ursprünglichen Form benötigt werden«, ergänzte das Einhorn. »Soweit es sinnvoll und vom Produktverantwortlichen gefordert ist, können wir diese Dinge nach und nach erweitern und verbessern. Manchmal ist das aber nicht möglich, oder es ist mit erheblichem Aufwand verbunden. In diesem Fall muss man vom Ideal der Weiterentwicklung in kleinen Schritten abweichen und eine Neuentwicklung wagen. Die ursprüngliche Lösung ist dann plötzlich nur noch ein Prototyp. Die bei dessen Entwicklung gemachten Erfahrungen, Ideen und Konstruktionen werden selbstverständlich bei der Neuentwicklung berücksichtigt.« Das Team war mittlerweile pragmatisch genug, um diesen Hinweis als projektspezifische Adaption anzunehmen. »Vor wenigen Wochen hätten wir einen solchen Vorschlag als Unsicherheit gewertet – oder gar als unerlaubtes Abweichen von den Scrum-Regeln«, dachte das Aschenputtel. »Glücklicherweise wissen wir es heute besser.«

Auf der Liste der Dinge, die verbessert werden können, fanden sich in diesem Sprint auffallend viele Hindernisse, die dem Prinzen bereits im vergangenen Sprint zur Beseitigung aufgetragen worden waren. Einige dieser Themen bearbeitete der Prinz bereits. So kümmerte er sich beispielsweise darum, dass die Arbeitsräume besser geheizt wurden. Andere Hindernisse aber hatte er schlichtweg vergessen. So waren die dringend benötigten Scharniere, mit denen die Gitterwände ausgestattet werden sollten, immer noch nicht eingetroffen. Die Schmiede, in der die Scharniere in Auftrag gegeben worden waren, hatte sich in der Vergangenheit durch hohe Qualität, aber leider auch durch stark verzögerte Lieferungen einen Namen gemacht. Deshalb hatte der Prinz die Aufgabe bekommen, regelmäßig bei der Schmiede vorstellig zu werden und den Status quo zu erfragen. »Wann wart Ihr denn zuletzt bei der Schmiede?«, wollte die Hexe wissen. »Welche Schmiede? Ach, stimmt – das wollte ich ... Das habe ich vergessen«, musste der Prinz zugeben. »Warum schreibt Ihr Euch diese Aufgaben nicht auf?«, fragte die Hexe. »Gute Idee!«, befand das Einhorn. »Das machen wir im Lande Scrum auch so. Diese Hindernisliste *(Impediment Backlog)* wird aber nicht vom Scrum-Meister im stillen Kämmerlein geführt, sondern wie üblich hier im Kaminzimmer aufgehängt. Hexe, Gespenst – seid bitte so freundlich und stellt neben das Sprint Backlog eine weitere Tafel. Wir benötigen vier Spalten: In der ersten tragen wir die Hindernisse ein, die es zu beseitigen gilt. In der zweiten Spalte notieren wir, wer diese Hindernisse beseitigen muss: das Team, der Scrum-Meister oder andere. Daneben steht das Datum, an dem dieses Hindernis bekannt wurde, und schließlich das Datum, an dem das Hindernis beseitigt wurde.« Hexe und Gespenst gingen in die Abstellkammer, in der die Materialien für das Kaminzimmer aufbewahrt wurden. Zurück kamen sie mit einer freien Tafel, auf der sie die Hindernisliste anlegten. Anschließend wurde diese mit den bereits identifizierten Hindernissen gefüllt.

Als das Team am Abend auf die Retrospektive zurückblickte, da hatten alle – König und Hofmarschall eingeschlossen – das Gefühl, den Prozess wieder in einigen Bereichen optimiert zu haben. Beispielsweise hatte man die Notation für Aufgaben optimiert, die mehr als einen Tag dauerten. Das war zum einen wichtig, um in der Retrospektive diese Aufgaben besser analysieren zu

können. Andererseits erleichterte es die Pflege des Task Burndown Chart. Viele dieser Verbesserungen hielt das Team
zunächst für zu detailliert, als dass sie eine signifikante Auswirkung auf die Entwicklungsgeschwindigkeit und die Qualität
haben konnten. Das Einhorn aber versicherte ihnen, dass viele
kleine Verbesserungen in Summe eine große Wirkung haben können. Mit dieser Aussicht entließ der Scrum-Meister das Team in
den Speisesaal. Dort saß man noch lange mit dem König und dem
Hofmarschall beisammen und sprach über den Sprint, das Projekt, das Team – und natürlich über den Drachen im Hof.

*Der dritte Sprint liegt jetzt hinter uns. Damit ist erfahrungsgemäß
die Einschwingphase überstanden. In der Tat macht unser Team
bereits einen gefestigten, kooperativen Eindruck – und der Erfolg
kann sich sehen lassen. Schön war die Theatereinlage beim Sprint
Review, oder? Man sollte es aber nicht übertreiben. Menschen lieben zwar Geschichten – aber sie sollten wissen, dass es Geschichten sind. Auf jeden Fall wird der König dieses Review nicht so
schnell vergessen.*

*Wenn der Produktverantwortliche bei der Retrospektive an-
wesend ist, dann bekommt er einen interessanten Einblick in die
Funktionsweise des Teams. Das hilft ihm, die Schätzungen und
Entscheidungen des Teams besser zu verstehen, und zeigt ihm
deutlich, wo Hindernisse bestehen. Das Team muss natürlich bereit sein, offen in Gegenwart des Produktverantwortlichen zu diskutieren. Es darf sich nicht gehemmt fühlen, denn das würde den
Erfolg der Retrospektive gefährden. Als Scrum-Meister solltet Ihr
offen mit dem Team über die Anwesenheit des Produktverantwortlichen oder anderer Teilnehmer diskutieren.*

*Die offen sichtbare Hindernisliste ist ein weiteres Artefakt,
das die Transparenz des Projektzustands erhöhen soll. Es ist Aufgabe des Scrum-Meisters, diese Hindernisse aus dem Weg zu räu-
men. Das muss er nicht zwangsläufig selber tun, denn es gibt viele
Hindernisse, die im Team selbst begründet sind (beispielsweise
Urlaubskonflikte) oder deren Ursache außerhalb des Teams zu
suchen ist (fehlende Arbeitsmaterialien, zusätzliche Arbeitsauf-
träge von Personen außerhalb des Projekts). Dementsprechend
muss der Scrum-Meister andere Personen für die Problembeseiti-
gung in die Pflicht nehmen. Die Verantwortung für die Hindernisliste liegt aber immer bei ihm.*

Oft besteht ein direkter Zusammenhang zwischen dem Nicht-erreichen von Backlog Items und den Hindernissen. In der Retro-spektive sollte das Team gemeinsam mit dem Scrum-Meister ver-suchen, diese Zusammenhänge zu erkennen und die Hindernisse in die richtige Reihenfolge zu bringen (d.h. zu priorisieren), damit das Projekt möglichst schnell fortschreiten kann.

8 Sprint 4

Am nächsten Tag war der Drache im Hof schon fast wieder vergessen, denn es galt, sich auf das nächste Sprint-Ziel zu konzentrieren. Die direkte Abfolge von Sprint-Ende und Beginn des nächsten Sprint machte niemandem mehr zu schaffen. Das Großväterchen wünschte sich zwar weiterhin eine kurze Verschnaufpause, hielt aber trotzdem wacker mit und beteiligte sich rege an den Diskussionen in der Sprint-Planungssitzung. Alle waren gespannt darauf, welches Ziel sich König Schærmæn für diesen Sprint überlegt hatte.

8.1 Ich bau dir ein Schloss, so wie im Märchen

Die Aufregung rund um das Sprint-Ziel war unbegründet, da dieses Thema bereits in der vergangenen Retrospektive diskutiert worden war: Es ging um das Schloss der Falle, das dem gefangenen Drachen den Weg zurück in die Freiheit wirksam verwehren sollte. König Schærmæn hätte dieses Ziel ganz einfach und unspektakulär verkünden können. Er hatte aber im vergangenen Sprint ein paar wichtige Lektionen gelernt. In bester Erinnerung war ihm natürlich das Schauspiel, das ihm die Musketiere geboten hatten. Dabei hatte er die unbändige Begeisterung gespürt, die dieses Team im Laufe der vergangenen Wochen ergriffen hatte. Diese Begeisterung wollte er mit einem besonderen Sprint-Ziel am Leben halten. Und dann war da noch der viel zitierte Drache im Hof. Ein wenig in Vergessenheit geraten war dessen Verletzung am Flügel. Sie schien nicht allzu ernst gewesen zu sein, denn bereits am Tag nach der unheimlichen Begegnung hatte der

Drache seinen Platz im Zierkohlfeld verlassen, wie der Ritter nach einem Kontrollgang berichten konnte. Trotzdem war diese Blessur für den König von großer Bedeutung. Sie erinnerte ihn an die Berichte von Drachen, die sich bei Befreiungsversuchen ernsthafte Verletzungen zugezogen hatten. Es gehörte zum Ehrenkodex der Wieimmerländer, lebend gefangene Drachen nicht zu töten. Man glaubte daran, dass ein Drache, der einmal in einer Wieimmerländer Falle gesessen hatte, nach der Entlassung aus diesem Gefängnis wegflog und nie wieder zurückkehrte. Einen Beweis für diese Annahme gab es freilich nicht. Eine Zeit lang hatte man versucht, die Drachen zu markieren. Egal welche Form der Markierung man auch wählte, ob Farbe, geschmiedete Fußringe oder Marken, die dem Drachen in die lederne Flughaut genietet wurden: All diese Erinnerungen an die Wieimmerländer Gefangenschaft wussten die Biester wieder zu entfernen. Deshalb nahm man von dieser Idee wieder Abstand und begnügte sich mit der Hoffnung darauf, dass die Drachen niemals zurückkehrten. Um ihnen den Weg zurück in die Freiheit nicht unnötig schwer zu machen, waren die Wieimmerländer bestrebt, einen gefangenen Drachen möglichst unversehrt in der Falle vorzufinden. Trotzdem war auf die verletzungssichere Konstruktion der Falle bisher wenig Wert gelegt worden. Das sollte sich mit dem Ziel für den vierten Sprint ändern.

Das Sprint Backlog war bereits für den neuen Sprint leergeräumt worden, als König Schærmæn zu Beginn des ersten Teils der Sprint-Planungssitzung über der leeren Tafel das Schild mit dem Sprint-Ziel befestigte:

> **Ziel des Sprint 4:** Eine Falle, die für den gefangenen Drachen verletzungssicher ist, mit einem schnell und sicher schließenden Schloss, das von keinem Drachen geöffnet werden kann.

»Verletzungssicher? Pah!«, tönte Ritter Magnolius. »Die Viecher sollen ruhig spüren, wer in Wieimmerland der Herr im Hause ist!« Die giftigen Blicke von Aschenputtel und Hexe genügten, um Magnolius verstummen zu lassen. Den anderen Musketieren gefiel das Sprint-Ziel, »das ja eigentlich zwei Ziele in einem ist«, wie das Gespenst treffend bemerkte. Davon ausgehend machten sie sich an die geeignete Zusammenstellung von Backlog Items. Dabei mussten sie ganz spontan ein neues Backlog Item definieren, aber auch das gelang ihnen mittlerweile sehr schnell und zuverlässig – inklusive Schätzung. Da sich der Vorrat an vorbereiteten Backlog Items für die nachfolgenden Sprints dem Ende zuneigte, plante man für diesen Sprint zwei Schätzklausuren ein. Und da die Schätzung des Teams für das Sprint-Ziel sehr vorsichtig gewesen war, traute man sich sogar zu, eine Überarbeitung bereits fertiggestellter Komponenten in Angriff zu nehmen – »Refactoring« hatte das Einhorn diese Strukturverbesserungen genannt. Überhaupt – das Einhorn! Von dem war kaum noch etwas zu sehen. Es hielt sich dezent im Hintergrund und ließ das Team weitestgehend gewähren. Auch Prinz Rollo beschränkte sich auf wenige Impulse, mit denen er das Team im Fluss zu halten verstand. Ansonsten kümmerte er sich um die Hindernisliste und die Organisation der strategischen und taktischen Planung, und er diskutierte viel mit dem Einhorn über die Möglichkeiten, den Werkzeugkasten von Scrum an die Bedürfnisse und Gegebenheiten des Projekts anzupassen.

Der zweite Teil der Sprint-Planungssitzung ging dem Team leicht von der Hand. Die Aufgabentafeln wurden im Akkord produziert und an das Sprint Backlog geheftet. Nach nur 90 Minuten war das Sprint Backlog bereit für die erste tägliche Zusammenkunft. Das Team war erstaunt über den enormen Geschwindigkeitsschub, den die Erfahrung im Umgang mit Scrum mit sich brachte. Aber anstatt sich auf die faule Haut zu legen, bereitete sich jeder auf seine Weise auf den kommenden Tag vor: Das Aschenputtel verschwand in der Bibliothek, um sein Wissen über Schlösser aufzufrischen. Ritter Magnolius übte wieder mit Mehlsack und Schwert, um körperlich fit zu bleiben. Das Großväterchen ruhte sich ein wenig aus – »autogenes Training« nannte es das. Die Hexe braute einen Tee gegen Erkältungen, denn mittlerweile war es empfindlich kalt geworden, und niemand hatte Lust, krank das Bett hüten zu müssen. Das Gespenst sprach mit dem Prinzen über Verletzungen. Das Thema interessierte ihn, den nahezu körperlosen Geist, sehr, denn er konnte sich beim besten Willen nicht vorstellen, wie sich eine Verletzung anfühlte – ganz zu schweigen vom langwierigen Heilungsprozess. Prinz Rollo stand gerne Rede und Antwort, denn es war ihm wichtig, dass alle Teammitglieder über denselben Wissensstand verfügten. So ging der Tag schnell zu Ende, und abends gingen alle mit dem guten Gefühl ins Bett, etwas Sinnvolles erledigt zu haben.

8.2   Ganzheitlich fokussiert

Die Musketiere nahmen sich zunächst das neue Schloss für die Falle vor. Die Aufgabe war sehr knifflig, weil der Schließmechanismus auch unter ungünstigen Bedingungen funktionieren musste. Von den Fallenbaumeistern aus den Werkstätten hatten sie erfahren, dass immer wieder Drachen aus der Falle entweichen konnten, weil sich die Fallentür leicht verkantet hatte und das Schloss deshalb nicht schließen konnte. In einem anderen Fall war die Fallentür so schnell heruntergefallen, dass der Schließhaken durch die Wucht des Aufpralls verbogen wurde. Außerdem war es immer wieder vorgekommen, dass die Drachen mit ihren Krallen so lange im Schloss herumbohrten, bis der Schließmechanismus geknackt war. Es war also gar nicht so einfach, das perfekte Schloss zu bauen. Deshalb beschloss das Team, ein eintägiges Arbeitstreffen zu organisieren, an dem alle gemeinsam die Grundstruktur des Schlosses erarbeiten und kritische Architekturentscheidungen treffen wollten.

Das Arbeitstreffen machte allen Beteiligten viel Spaß. Man hatte auch den König eingeladen. Der war leider verhindert, schickte aber stattdessen den Hofmarschall. Dieser fühlte sich zu Beginn etwas fehl am Platz, denn das Team diskutierte mühelos über Themen, von denen er nicht im Entferntesten eine Ahnung hatte. Zur Überraschung des Hofmarschalls beteiligten sich ausnahmslos alle Musketiere an den Diskussionen. Auch das Gespenst und die Hexe waren dem Hofmarschall weit voraus. Das wunderte ihn, freute ihn aber andererseits, denn offenbar hatte er bei der Auswahl der Musketiere doch ein ganz gutes Händchen gehabt. Je länger der Hofmarschall der Diskussion folgte, desto mehr beschlich ihn das Gefühl, dass das Team sich viel zu sehr auf die Konstruktion des Schlosses konzentrierte. Dabei ging der Blick für die gesamte Falle verloren. Der Hofmarschall wusste nicht, wie er sein Gefühl in Worte fassen sollte. Außerdem hatte er großen Respekt vor dieser Expertenrunde, und die Angst, sich zu blamieren, ließ ihn stumm bleiben. Glücklicherweise bemerkte das Einhorn die innere Zerrissenheit des obersten Staatsdieners und sprach ihn in einer Pause diskret darauf an. Mit viel Geduld und Empathie gelang es dem Einhorn, die Selbstzweifel des Hofmarschalls zu zerstreuen, sodass er nach der Pause um Gehör bat und seine Bedenken äußerte. »Liebe Musketiere«, begann er, »ich bin froh, dass ich heute die Gelegenheit habe, Euch bei Eurer Arbeit unterstützen zu dürfen – wenngleich ich bisher nur die Rolle des Zuschauers eingenommen habe. Vielleicht habt Ihr Euch gefragt, warum ich so passiv bin. Ich will es Euch sagen: Für einen Außenstehenden ist es faszinierend und inspirierend, Euch in Aktion zu erleben – zu sehen, wie alles Hand in Hand geht, wie die Diskussion nur so dahinfliegt, wie sich Lösungen scheinbar von selbst entwickeln. Da traut man sich kaum einzugreifen, weil man immer das Gefühl hat, dadurch den Kreativitätsfluss zu stören. Außerdem seid Ihr fachlich so weit fortgeschritten und denkt so schnell und so weit voraus, dass ich kaum Schritt halten kann.« Der Hofmarschall schaute in die Runde – und blickte in fragende Gesichter. »Ich weiß, dass Euch das seltsam vorkommen muss, denn Ihr glaubt sicherlich, einfach nur zu arbeiten, ohne dass etwas Besonderes dabei wäre, richtig?« Nicken allenthalben. »Die Wirklichkeit sieht aber anders aus. Ihr seid mittlerweile eine eingeschworene Gemeinschaft von Experten, die in einem Scrum-Projekt arbeiten, ohne über die Regeln und Praktiken nachdenken zu müssen. Ihr lebt ganz einfach die agilen Werte. Es ist wie bei vielen Dingen, die einfach aussehen: Dahinter stecken ein langes und intensives Training und vor allem der Wille, die Dinge ernsthaft zu betreiben. Das gelingt Euch immer besser, und darauf könnt Ihr stolz sein!« Der Hofmarschall wollte nicht zu pathetisch klingen, um das Team nicht in Verlegenheit zu bringen. Deshalb platzierte er jetzt seine konstruktive Kritik: »Eine Sache ist mir aber aufgefallen, die Ihr meiner Meinung nach noch verbessern solltet. Die Diskussion um das perfekte Schloss dreht sich immer nur um das Schloss selbst. Dabei haben auch andere Komponenten der Falle einen Einfluss auf das Funktionieren des Schlosses – allen voran die Fallentür. Um die bestmögliche Lösung zu finden, solltet Ihr die Falle meiner Meinung nach ganzheitlich betrachten und Euch die Frage stellen, welche Komponenten wie zusammenspielen und wie man dieses Zusammenspiel noch verbessern könnte. Ein Beispiel: Bei den heutigen Fallen verkantet die Fallentür manchmal. Woran mag das liegen? Haben die Führungsschienen eventuell zu viel Spiel? Oder sind sie nicht ausreichend geschmiert? Vielleicht sind sie nach Auslieferung geschmiert, werden aber nicht ordentlich gewartet? Ein anderes Beispiel: Wie werden die Fallen transportiert und aufgestellt? Kann es passieren, dass sich die gesamte

Konstruktion beim Transport oder beim Zusammenbau verzieht? Diese Betrachtung aus verschiedenen Blickwinkeln sichert Eure Ergebnisse besser ab. Ihr müsst nur darauf achten, dass Ihr Euch dabei nicht verzettelt. Aber das schafft Ihr, da bin ich mir sicher – so wahr ich des Königs Hofmarschall bin!« Diese Kritik kam für die Musketiere sehr überraschend und riss sie tatsächlich aus ihrem kreativen Fluss heraus. Alle brauchten eine Weile, um die Worte des Hofmarschalls zu verdauen. Nicht nur der Hinweis auf die fehlende ganzheitliche Betrachtung erschreckte sie, sondern auch die Art, wie ihr Team von außen wahrgenommen wurde. Waren sie tatsächlich schon so sehr aufeinander eingespielt? Erstaunlich ...

Das Großväterchen fand als Erstes seine Sprache wieder. »Vielen Dank für diese offenen Worte, werter Hofmarschall. Ich glaube aber, dass die Konzentration auf das Schloss richtig ist. Wir haben im zweiten Sprint erfahren, was passiert, wenn man zu viele Dinge gleichzeitig tut. Glaubt mir: Das möchte ich nicht noch einmal erleben! Eure Hinweise sind gut und richtig, aber wir sollten daraus neue Backlog Items machen, die wir zu gegebener Zeit abarbeiten werden.« »... um dann festzustellen, dass das Schloss überhaupt nicht zu diesen Anforderungen passt?«, schaltete sich das Einhorn ein. »Vielleicht«, entgegnete das Großväterchen, »aber sagtet Ihr nicht, dass man dann mit Hilfe von Refactoring zum gewünschten Ergebnis kommt?« »Ja, schon ... Aber in diesem Fall wissen wir, dass ein Schloss allein noch keine Falle macht. Es wäre dogmatisch und unsinnig, das Wissen über die Zusammenhänge zu ignorieren, nur um in Ruhe ein Backlog Item in der geplanten Zeit fertigzustellen – wobei ›fertig‹ in diesem Zusammenhang eigentlich der falsche Begriff ist.« »Aber Ihr habt doch gesagt, dass der Sprint geschützt ist, und dass keine neuen Anforderungen hinzukommen dürfen!« Das Gespenst verstand die (Scrum-)Welt nicht mehr. Gerade hatte es das Gefühl gehabt, alles verstanden zu haben. Dieses Gefühl war durch das Lob des Hofmarschalls bestätigt worden. Und nun das! Das Einhorn versuchte, die Gemüter zu beruhigen. »Ihr habt ja recht, liebes Gespenst – aber die Welt ist nun einmal kompliziert und verändert sich ständig. Der Schutz des Sprint ist ein hohes Gut, das nicht unüberlegt preisgegeben werden darf. Aus meiner Sicht tun wir dies nicht, denn der zusätzliche Aufwand entsteht nicht durch neue fachliche Anforderungen, sondern aus einer Tatsache heraus, die uns bisher entgangen war. Aber selbst wenn Ihr dieser Argumentation nicht folgen wollt: Wir müssen auch an das Verhältnis von Aufwand und Nutzen denken. Dieses Projekt kostet den König und letztendlich auch die Wieimmerländer Bevölkerung viel Geld. Dieses Geld soll sinnvoll investiert werden. Deshalb wird von uns verlangt, dass wir die Definition der Zwischenschritte am Geschäftswert ausrichten. Wenn wir die Erkenntnisse des Hofmarschalls ignorieren, dann geht das zulasten des Geschäftswerts. Wollt Ihr das verantworten? Oder wollen wir nicht einfach einmal schätzen, was diese ganzheitliche Sichtweise tatsächlich an Mehraufwand bedeutet, und dann entscheiden, wie wir fortfahren?« Gesagt, getan. Nach kurzer Zeit stand fest, dass die erweiterte Sicht auf die Falle mit zwei zusätzlichen Backlog Items zu Buche schlug:

> Lage und Verbindung der Fallenkomponenten müssen nach dem Aufbau immer innerhalb festgelegter Toleranzgrenzen liegen, um ein einwandfreies Funktionieren der Falle zu gewährleisten. Die Einhaltung dieser Toleranzgrenzen muss einfach und zweifelsfrei angezeigt werden.

> Die Fallentür muss schnell, leise und sicher ins Schloss fallen und anschließend verschlossen sein.

Nach wenigen Runden des Planungsspiels hatte man für beide Backlog Items eine Größe geschätzt. Und nachdem sich alle tief in die Augen gesehen hatten, beschloss man gemeinsam, diese beiden zusätzlichen Backlog Items in den Sprint aufzunehmen und dafür das geplante Refactoring auf den nächsten Sprint zu verschieben. Es zahlte sich aus, dass man diesen Sprint sehr vorsichtig geplant hatte. »Daraus solltet Ihr aber keine Gesetzmäßigkeit ableiten!«, warnte Bumaraia. »Sonst plant Ihr zukünftig Euer Sprint Backlog immer mit 80 Prozent Eurer Entwicklungsgeschwindigkeit, um für solche Eventualitäten gerüstet zu sein. Dadurch sinkt dann Eure Entwicklungsgeschwindigkeit.« »Keine Angst, Bumaraia«, beruhigte die Hexe das Einhorn, »so berechnend sind wir nicht – höchstens der Prinz, der immer ein Auge auf die Burndown Charts hat.« Dabei zwinkerte sie Prinz Rollo zu, der schmunzelnd das Arbeitstreffen für beendet erklärte.

Bevor Ihr jetzt laut »Verrat!« ruft: Wir haben meiner Meinung nach die Ideen von Scrum nicht verraten. Ein Arbeitstreffen hat nun einmal die Aufgabe, ein Thema genauer zu beleuchten. Dabei kann es dazu kommen, dass man plötzlich ganz neue Erkenntnisse gewinnt. Oft hilft es, wenn man sich Unterstützung von außerhalb holt. Die kam in diesem Fall vom Hofmarschall, der einen ganz unvoreingenommenen Blick auf die Dinge hatte. Das kann für ein Team erfrischend, aber auch unangenehm sein. Schließlich machte der Hofmarschall deutlich, dass das Team auf dem besten Weg war, in einen Trott zu verfallen und nur noch in eingefahrenen Bahnen zu denken. Diese Erkenntnis tut weh – rüttelt aber hoffentlich auf und bringt frischen Wind in die Projektkultur!

Der einzige Vorwurf, den ich mir gefallen lasse, ist die Verletzung des Prinzips, dass der Sprint geschützt ist. Allerdings wurden die beiden neuen Backlog Items nicht zusätzlich aufgenommen, sondern gegen das geplante Refactoring getauscht. Wenn das Team der Meinung ist, dass die Größenverhältnisse bei diesem Tausch stimmen, dann ist gegen dieses Vorgehen nichts einzuwenden, zumal das Team diese Entscheidung getroffen hat.

8.3   Testgetrieben

Die Arbeiten am Fallenschloss gingen zügig voran. Zunächst hatte das ganze Team an den verschiedenen Elementen des Fallenschlosses gearbeitet. Jetzt, da das Schloss nur noch montiert und kalibriert werden musste, widmeten sich die Hexe, das Großväterchen und der Ritter bereits dem nächsten Backlog Item, das die Fallentür zum Gegenstand hatte.

Die ursprüngliche Konstruktion der Fallentür war eine exakte Kopie vom neuesten Fallenprodukt aus den Werkstätten gewesen. Da die Fallentür in den Werkstätten immer stiefmütterlich behandelt worden war (ein Schicksal, von dem das Aschenputtel ein Lied zu singen wusste), wies die Tür folglich genau jene Mängel auf, die der Hofmarschall während des Arbeitstreffens beschrieben hatte. Deshalb hatten die Musketiere für dieses Backlog Item zwei Hauptaufgaben festgelegt: Zum einen sollte das Spiel der Führungsschienen verringert werden. Zum anderen

– und das hing untrennbar mit dem ersten Ziel zusammen – sollten die Führungsschienen mit einem Schmiermittel versehen werden, das die Falle wie gewünscht schnell und leise zuschnappen ließ. Die zweite Aufgabe war wie geschaffen für die Hexe. Sie schnappte sich ihr dickes Hexenbuch und begab sich auf die Suche nach einer geeigneten Mixtur. Erwartungsgemäß wurde sie nicht sofort fündig, sondern musste einige Zaubertränke und Pasten miteinander kombinieren, bis sich das gewünschte Verhalten einstellte.

Großväterchen und Ritter hatten sich der Führungsschienen angenommen. Es war ein Leichtes, das Spiel der Fallentür in den Schienen zu verringern. Je weniger Luft zwischen Tür und Schiene verblieb, desto häufiger verkantete sich allerdings die Fallentür. So warteten die beiden auf das Schmiermittel der Hexe. Kaum war die Paste auf die Schienen aufgetragen, da rauschte die Fallentür in einem enormen Tempo, einer Guillotine gleich, zu Boden. Dort war mittlerweile das Schloss montiert worden. Es überstand die ersten Fallversuche der Tür, ohne dabei Schaden zu nehmen. Allerdings verriegelte es die Falle noch nicht zuverlässig genug. Aschenputtel und Gespenst verzogen sich wieder in die Werkstatt, um an dem Schloss kleine Verbesserungen vorzunehmen. Zeitgleich arbeitete die Hexe an einem neuen Schmiermittel. Es hatte sich nämlich herausgestellt, dass die Gleitbewegung der Fallentür ein sehr lautes und unangenehmes Geräusch verursachte, das den in der Falle befindlichen Drachen warnen oder die Artgenossen anlocken könnte. Zwei Stunden später kam die Hexe mit einem Tiegel in die Werkstatt, in dem eine bläuliche Paste glänzte. Ritter und Großväterchen hatten die Führungsschienen bereits gereinigt und konnten jetzt die neue Paste auftragen. Der Ritter kletterte auf die Falle, ließ sich vom Großväterchen die Fallentür reichen, setzte diese in die Führungsschienen und ließ sie los. Blitzschnell und nahezu geräuschlos sauste die Tür in die Tiefe. Die Hexe strahlte und ließ sich vom Großväterchen anerkennend auf die Schulter klopfen. Da sagte Magnolius: »Schaut Euch mal die Führungsschienen an!« Hexe und Großväterchen traten näher und beobachteten, wie die Paste in dünnen Fäden die Schienen hernieder rann. Im oberen Drittel war bereits keine Paste mehr zu sehen – dafür glänzte das Metall blitzeblank. Die Paste schien also eine reinigende Wirkung zu haben, haftete aber leider nicht auf dem Metall. Die Hexe nahm diesen Rückschlag erstaunlich gelassen hin und empfahl sich. Wieder ging sie in die Küche, wo es mittlerweile aussah wie in einer Hexenstube. Der Küchenchef war wenig begeistert darüber, dass sein Reich von der Hexe zweckentfremdet wurde – aber was sollte er machen? Schließlich war das Projekt mit dem königlichen Segen ausgestattet. Und so wunderte er sich über die vielen brodelnden Töpfe und dachte besser nicht darüber nach, was wohl die Ingredienzien dieser köchelnden Sude waren.

Ritter Magnolius und das Großväterchen warteten gespannt auf die neue Schmierpaste. Um die Zeit sinnvoll zu nutzen, schlug das Großväterchen vor, den Riegel, an dem die Fallentür in das Schloss einrastete, weiter zu verbessern. Dem alten Ingenieur war bei den Versuchen aufgefallen, dass der Riegel zu stumpf war und sich deshalb beim Auftreffen auf das Schloss zunehmend verbog. Der Ritter konnte den Ausführungen des Großväterchens folgen und schlug vor, dem Riegel eine Keilform zu verpassen, die zusätzlich an beiden Seiten mit keilförmigen Führungen versehen werden sollte, um zu verhindern, dass der Riegel das Schloss verfehlte. Und so wurde in der Werkstatt weiter geschmiedet und gefeilt, bis die Fallentür den Vorstellungen der beiden Tüftler entsprach.

Am späten Nachmittag kam das gesamte Team im Marstall zusammen, um die veränderte Falle auszuprobieren. Die Hexe hatte wieder ihren Tiegel dabei, in dem sich dieses Mal ein giftgrüner, dickflüssiger Schleim befand, der einen unangenehmen Geruch ausströmte. »Schwefel!«, konstatierte die Hexe, »Das ist für alle Drachen der reinste Wohlgeruch. Ihr braucht also nicht zu fürchten, dass dieser Duft den Drachen eine Warnung sein könnte.« Sorgfältig strich sie mit einem Spachtel die schleimige Masse in die Führungsschiene. Bevor der Ritter die Fallentür einsetzte, wartete er eine Weile, um sicherzustellen, dass das Schmiermittel an Ort und Stelle blieb. Nachdem sich minutenlang an den Führungsschienen nichts bewegt hatte, war der Ritter zufrieden und führte die Tür von oben in die Schienen ein. Dann ließ er wieder los – und konnte gerade noch rechtzeitig zupacken, bevor die Fallentür nach vorne wegkippte. Magnolius setzte die Tür erneut in die Schienen und drückte ein wenig nach. Jetzt steckte die Fallentür in der Schmiermasse fest. Nur mit vereinten Kräften gelang es, die Tür wieder zu befreien. Die Hexe untersuchte die Führungsschiene, prüfte ihre Paste und schaute sich die Fallentür an den Stellen an, wo sie in der Paste festgesteckt hatte.

Dann verkündete sie ihre Diagnose: »Die Paste hat zwar jetzt die perfekte Konsistenz, um dauerhaft an den Führungsschienen zu kleben. Aber leider ist sie so dickflüssig, dass sie nicht mehr zwischen Führungsschiene und Tür passt, ohne die Tür zu bremsen. Ich fürchte, dass wir den Abstand zwischen Führungsschiene und Tür nun doch wieder vergrößern müssen.« »Schade!« Das Großväterchen war sichtlich enttäuscht, ohne aber der Hexe die Schuld zuzuweisen. »Dabei wollte ich doch sehen, ob unser neuer Riegel besser ins Schloss passt als sein Vorgänger.« Erst jetzt bemerkten Aschenputtel und Gespenst die geänderte Konstruktion. Ein Blick, und beide wussten, dass Riegel und Schloss niemals zusammenfinden würden. »Die seitlichen Führungen, die Ihr an den Riegel geschmiedet habt, verhindern das Einrasten des Riegels – das sehe ich sofort!« Das Aschenputtel wirkte ein wenig ungehalten. »Jetzt haben wir zwei schöne Komponenten und ein exzellentes Schmiermittel – aber leider passen die drei Elemente nicht zusammen! Haben wir jetzt umsonst gearbeitet? Das kann doch alles nicht wahr sein!« Das Gespenst stimmte in dieses Klagelied ein. »Wieso passiert uns immer wieder so ein Missgeschick?«, jammerte es. »Erst die parallelen Backlog Items, jetzt die parallelen Werkstücke. Wann werden wir endlich den idealen Weg gefunden haben, um schnell und fehlerfrei an unserer Falle zu arbeiten?« »Nie!« Das Einhorn hatte den Marstall betreten. Eigentlich wollte es nur die Falle bestaunen, aber es stellte schnell fest, dass es genau zum richtigen Zeitpunkt gekommen war, um dem Team bei der Lösung eines großen Problems zu helfen. »Perfekt werdet Ihr nie werden, aber das ist auch nicht das Ziel«, sprach das Einhorn in einem beruhigenden Ton. »Wichtig ist nur, dass Ihr die Probleme erkennt und lösen wollt. Ich kann Euch beruhigen, denn für dieses schier unüberwindliche Problem gibt es eine etablierte Lösung.« »Die da wäre?« Das Gespenst war sehr gespannt und schwebte vor Aufregung auf und nieder. »Permanentes Testen!«, warf das Einhorn in die Runde. »Euch muss das Testen in Fleisch und Blut übergehen. Bevor Ihr auch nur einen Gedanken auf eine neue Konstruktion verwendet, müsst Ihr zunächst darüber nachdenken, wie man das Funktionieren dieser Konstruktion testen kann. Und wenn Ihr anschließend Eure Komponente entwickelt, dann führt Ihr immer wieder diese Tests durch, um sicherzustellen, dass die Komponente Eure Anforderungen erfüllt. Eure Tests sind nämlich nichts anderes als

wiederholt ausführbare Prüfungen für Eure Anforderungen.« Die
Musketiere schauten ein wenig ungläubig drein, aber das Einhorn fuhr unbeirrt fort. »Aber selbst wenn Ihr für Eure Komponente eine geeignete Menge von Tests definiert habt und diese
regelmäßig anwendet, kann es Euch immer noch passieren, dass
die Komponenten nicht zusammenpassen. Deshalb werdet Ihr
weitere Tests definieren und durchführen, die das erfolgreiche
Zusammenspiel der Komponenten überprüfen. Diese Tests wollen wir als Integrationstests bezeichnen, und auch diese wollen
wir regelmäßig und in kurzen Abständen durchführen, um
sicherzustellen, dass die Entwicklung der Komponenten nicht
ungewollt auseinanderläuft. Permanentes Testen und kontinuierliche Integration sind die Mittel der Wahl, um Eurem Problem zu
begegnen.« »Da haben wir ja wieder mal ein paar lustige Begriffe
aus der Scrum-Welt gelernt!«, warf der Prinz ein, dem es gar
nicht gefiel, dass sein Team schon wieder mit zusätzlichen Aufgaben belastet wurde. »Nicht ganz, mein Prinz«, bekam er zur Antwort, »denn das permanente Testen, auch als testgetriebene Entwicklung bezeichnet, geht auf die Gilde der extremen Praktiker
zurück, deren Mitglieder vor vielen Jahren in das Land Scrum
eingewandert sind. Diese oft kurz als XP bezeichneten Kollegen
haben das Testen in den Mittelpunkt ihrer Entwicklungstätigkeit
gestellt. In Kombination mit der kontinuierlichen Integration ist
es ihnen gelungen, die Entwicklung zu beschleunigen, ohne
Abstriche bei der Qualität oder Kompromisse bei den Kosten
machen zu müssen. Im Gegenteil: Das ständige Testen führte
dazu, dass Fehler früher entdeckt und somit kostengünstiger entfernt werden konnten. Je später nämlich ein Fehler entdeckt
wird, desto teurer ist seine Beseitigung. Diese Ideen haben uns
Einhörner überzeugt, weshalb wir die extremen Praktiker gerne
bei uns aufgenommen haben.« »Aber die Entwicklung solcher
Tests kostet doch Zeit und Geld! Wie kann die gesamte Entwicklung dann günstiger sein?«, wollte die Hexe wissen. »Natürlich
gibt es diese Tests nicht gratis – schon gar nicht, wenn man sie
automatisiert betreiben möchte. Dann muss ich nämlich zusätzliche Testapparaturen entwerfen und bauen – die für sich genommen keinen Kundennutzen ergeben, um diesem Vorwurf schon
einmal zuvorzukommen. Der Nutzen ergibt sich aus der kontinuierlichen Qualitätssicherung sowie der Entwicklung nach festgelegten Anforderungen, die sich in den Tests manifestieren. Wenn

meine Komponente diese Tests erfüllt, dann kann ich mir sicher sein, dass sie alle von den Tests abgedeckten Anforderungen erfüllt. Später, in der Serienphase der Produktentwicklung, dienen diese Komponenten- und Integrationstests dazu, nachträgliche Änderungen und Verbesserungen des Produkts auf deren Konformität mit den ursprünglichen Anforderungen zu überprüfen.« »Und wenn sich diese Anforderungen ändern?«, fragte das Gespenst. »Dann müssen natürlich zuallererst die Tests angepasst werden! Und wenn am Produkt ein Fehler festgestellt wird, dann entwickelt man zunächst einen Test, der diesen Fehler aufdeckt. Der schlägt natürlich zunächst fehl. Jetzt kann mit der Fehlerbehebung begonnen werden. Die ist erst dann abgeschlossen, wenn alle Tests einschließlich des neuen erfolgreich absolviert wurden.« »Das stellt doch die gesamte Produktentwicklung auf den Kopf!« Das Großväterchen konnte sich nicht mehr zurückhalten. »Früher haben wir erst entwickelt und dann getestet. Das hat immer funktioniert!« »Wirklich?« »Na ja, die Sache mit der teuren späten Fehlerbehebung ist schon richtig – aber muss man deshalb alles komplett umkrempeln?« »Manchmal müssen es eben radikale Veränderungen sein!« Jetzt konnte der Ritter nicht mehr still sitzen. »Wer testet, ist unsicher!«, prahlte er. »Solch ein Abstimmungsproblem, wie wir es heute erleben, gehört einfach dazu. Dann setzt man sich zusammen, überlegt, wie man die Komponenten wieder zusammenführt, und schon geht es weiter. Da brauche ich keine Heerscharen von Tests und Integrationen – ein wenig gesunder Menschenverstand und Spaß am Tüfteln genügen. Dann bin ich auch viel schneller und schlagkräftiger. Wer testet, verliert!« »Quatsch!«, konterte das Aschenputtel, das immer noch nicht über die Liaison mit dem Ritter hinweg war. »Die freundliche und gütige Bumaraia hat recht. Wir müssen uns nicht nur so früh wie möglich Gedanken darüber machen, was unsere Komponenten leisten sollen, sondern auch, wie wir diese Leistungsbeschreibung testen können. Und da es immer wieder vorkommen wird, dass wir einzelne Teile nachträglich verändern, werden wir nicht umhin kommen, spätestens nach jeder größeren Änderung die Integrierbarkeit der Komponenten erneut zu überprüfen. Ich bin dafür, dass wir die Praktik des permanenten Testens schrittweise in unser Projekt einführen. Wer das genauso sieht, der hebe bitte kurz die Hand.« Als nur der Ritter seine

Hände unten behielt, setzte sich das Aschenputtel mit einem zufriedenen Lächeln auf einen Strohballen.

Tatsächlich gehört das Etablieren einer testgetriebenen Entwicklung und einer kontinuierlichen Integration mit hohem Automatisierungsgrad zu den Königsdisziplinen in Projekten und bei der Produktentwicklung. Die Herausforderungen sind nicht technischer Natur, denn es gibt mittlerweile ausgereifte Werkzeuge, die den Entwicklungsteams viel Arbeit abnehmen und den Testprozess weitgehend standardisieren. Die wahre Herausforderung besteht darin, in den Entwicklern das Bewusstsein für die Bedeutung von Tests zu wecken. Aus deren Sicht bedeutet es zunächst einmal einen Mehraufwand, den zu leisten nur gewillt ist, wer die damit verbundenen Vorteile sieht. Da diese hauptsächlich mit den Faktoren Qualität und Kosten zu tun haben, muss das Team ein Qualitäts- und Kostenbewusstsein besitzen. Das kommt in der Regel nicht von allein, sondern muss – beispielsweise vom Scrum-Meister – vorsichtig in das Team hineingetragen werden. Üblicherweise umfasst die Definition von »fertig« auch das erfolgreiche Durchlaufen von Entwickler- und fachlichen Akzeptanztests. So betrachtet sind wir in diesem Projekt ein wenig spät dran, wenn wir uns erst in Sprint 4 um Tests kümmern. Ihr solltet dies von Anfang an tun!

Das Team muss sehr diszipliniert sein, um die Testabdeckung der Anforderungen auf einem vernünftigen hohen Maß zu halten. Natürlich müssen die Tests zu geeigneten Zeitpunkten ausgeführt und entdeckte Fehler oder Unstimmigkeiten zeitnah behoben werden. Und dann sollten die Teammitglieder noch mutig genug sein, um Fehler zu beseitigen, die sie in Komponenten entdeckt haben, die von anderen Teammitgliedern entwickelt worden sind. Das wiederum setzt ein kollektives Produktverständnis voraus, bei dem sich jeder für das gesamte Produkt verantwortlich fühlt, und nicht nur für die Komponente, die er oder sie bearbeitet (hat). Wir nennen das »Collective Code Ownership«. Beim Testen ist es wie fast überall im Leben: Die wichtigen Themen sind oft auch jene, die nicht so einfach umzusetzen sind. Dass es klappen kann, werdet Ihr gleich sehen ...

8.4 Glückliche Fügung

Kaum war die Entscheidung für die Einführung einer testgetriebenen Entwicklung gefallen, da machten sich alle Musketiere voller Eifer und Neugierde an die Definition der Tests. Dabei wurden sie vom Einhorn sehr intensiv begleitet. »Eine gute Testdefinition braucht vor allem eines: Erfahrung!«, hatte das Einhorn gesagt. Es war in der Tat gar nicht so einfach zu entscheiden, welche Aspekte getestet werden mussten und welche Eigenschaften man getrost als richtig annehmen durfte. Das Einhorn war insbesondere darauf bedacht, die Komponententests strikt von den Integrationstests zu trennen. »Fragt Euch bitte immer wieder, ob das, was Ihr dort testet, tatsächlich eine Anforderung an die Komponente bzw. eine Eigenschaft dieser Komponente darstellt!«, lautete Bumaraias ständige Mahnung. Dieser Satz wurde zu einer Art Losung für diesen Sprint. Das Team musste schon schmunzeln, wenn das Einhorn ansetzte, um wieder sein Sprüchlein aufzusagen. Irgendwann beschränkte es sich dann auf das ironische »Na los – ihr kennt den Spruch. Singt alle mit!« Obwohl von allen belächelt, zahlte sich die Hartnäckigkeit des Einhorns aus, wie die sauber definierten Komponententests bewiesen.

Ein zweiter Aspekt, auf den das Einhorn die Aufmerksamkeit der Entwickler richtete, war eng mit der Trennung von Komponenten- und Integrationstests verbunden. »Testet nur die Eigenschaften Eurer Komponente!«, lautete der Leitspruch. So selbstverständlich diese Forderung auch klang: Die Versuchung, in den Tests auch benachbarte Komponenten zu testen, war groß. So hatten beispielsweise das Aschenputtel und das Gespenst die Tests des Fallenschlosses um eine Überprüfung des Gewichts der Fallentür ergänzt. Die Begründung: Nur wenn die Fallentür schwer genug war, entwickelte sie die Beschleunigung, die notwendig war, um den Schließmechanismus auszulösen. Der Test des Fallenschlosses beschränkte sich jedoch darauf, das Schloss von Hand in den Riegel zu drücken und zu überprüfen, ob es einschnappte. Für diesen Test war das Gewicht der Falle unerheblich. Die Frage, ob die Fallentür tatsächlich die notwendige Fallgeschwindigkeit aufwies, um mit dem Schloss eine untrennbare Einheit zu bilden, musste im Integrationstest beantwortet werden. Auf den Einwand des Ritters, dass man so lange nicht warten wolle, antwortete das Einhorn mit einem Hinweis auf die

Regelmäßigkeit, mit der die Integrationstests durchgeführt werden sollten.

Nachdem sich das Team einigermaßen an die neue Bedeutung des Testens gewöhnt hatte, wurde wieder Kritik laut. Dieses Mal ging es nicht um den Test an sich, sondern vielmehr um den hohen Anteil an manueller Tätigkeit, der mit dem Testen verbunden war. Die meisten Tests bestanden aus Prüflisten, die Punkt für Punkt abgearbeitet wurden. Dabei dienten die ersten Schritte auf der Liste immer dem Aufbau einer reproduzierbaren Testumgebung. Das war wichtig, um die Ergebnisse der Tests miteinander vergleichen zu können. Es war aber auch aufwendig und vor allem langweilig. Spätestens nach dem dritten Testaufbau hatte der Tester die notwendigen Vorarbeiten soweit verinnerlicht, dass er die Vorbereitungen auch ohne Prüfliste treffen konnte. Das ging so lange gut, bis der viel zitierte Schlendrian Einzug hielt. Man orientierte sich nur noch grob an den Vorgaben aus der Prüfliste, was einen ähnlichen, aber nicht identischen Testaufbau zur Folge hatte. Beim Auftreten eines Fehlers war es schwer festzustellen, ob der Fehler auf die Komponente oder den ungenauen Testaufbau zurückzuführen war. Als Ausweg aus diesem Dilemma wünschte sich das Team eine Automatisierung der Testvorbereitung und (wenn möglich) auch der Testdurchführung. Jetzt war das Großväterchen in seinem Element. Es erinnerte sich an die gute alte Zeit, als man »aus dem Nichts großartige Produkte gezaubert hatte!« Schon damals hatte er gemeinsam mit seinen Kollegen Testapparaturen gebaut, um die Fallen auf Herz und Nieren zu untersuchen, bevor sie in den Kampf gegen die Drachen geschickt wurden. Das Einhorn war froh, einen Experten gefunden zu haben, der die Begeisterung für das Testen teilte. Und so bat Bumaraia das Großväterchen, für eine beliebige Komponente einen Testautomaten zu bauen. Der alte Tüftler strahlte über das ganze Gesicht, schnappte sich den Ritter und begann zu zeichnen. Die anderen Teammitglieder widmeten sich unterdessen wieder ihren Aufgaben.

Das Großväterchen und der Ritter wollten die ganze Nacht durcharbeiten, obwohl der Prinz ihnen davon abriet. »Nur ein ausgeruhtes Musketier kann konzentriert arbeiten!«, hatte er den beiden Handwerkern mit auf den Weg gegeben, als sie nach dem Abendessen wieder in Richtung Marstall verschwanden. Einen solchen Eifer hatte der Prinz noch nicht erlebt. Er hatte zwar auch Spaß an der Arbeit, aber er freute sich genauso sehr auf seinen wohlverdienten Feierabend. Das Feuer in den Augen der beiden Test-Infizierten hatte ihn aber beeindruckt. Lange lag der Prinz wach und lauschte dem Hämmern und Sägen, das gedämpft aus dem Marstall zu den Schlafgemächern herüberwehte. Irgendwann übermannte ihn der Schlaf.

Als der Prinz am nächsten Morgen erwachte, war alles ruhig. Seinen Morgenspaziergang durch den vom Tau verzierten Garten dehnte er heute ein wenig aus, indem er einen Abstecher hinüber zum Marstall machte. Er wollte der Erste sein, der den Testautomaten zu Gesicht bekam. Umso erstaunter war der Prinz, als er nach dem Öffnen des großen Scheunentors von Ritter und Großväterchen begrüßt wurde. Den Augenringen des alten Mannes nach zu urteilen, hatten sich die beiden keinen Schlaf gegönnt. Dafür standen sie kurz vor der Vollendung ihres Werkes. Vor dem Prinzen türmte sich eine Konstruktion auf, die entfernt an eine überdimensionale Guillotine erinnerte. Anstelle eines Messers hing an dem Hanfseil die Fallentür. Darunter stand der Fallenkäfig. Eine komplizierte Konstruktion aus Zahnrädern und Holzgestängen weckte das Interesse des Prinzen. Bereitwillig erklärte das Großväterchen die Apparatur: »Mit dieser Vorrichtung können wir die Fallentür in unterschiedlichen Situationen testen. Dabei wird die Lage der Tür immer wieder leicht verändert: Mal ist sie ein wenig nach links oder rechts gekippt, dann mehr nach vorne oder hinten geneigt. Damit bilden wir die verschiedenen Szenarien nach, die beim Aufbau der Falle in der freien Wildbahn auftreten können. Ob unebener Untergrund oder ein unerfahrener Monteur: Die Fallentür wird niemals ganz gerade stehen – und trotzdem muss sie zuverlässig schließen. Unser Apparat führt diese Szenarien immer in derselben Reihenfolge aus. Damit sind die Tests reproduzierbar und die Ergebnisse somit vergleichbar.« Prinz Rollo war beeindruckt. Wie man in nur einer Nacht ein solches Meisterwerk erschaffen konnte, war für ihn nicht nachvollziehbar. In seiner Wahrnehmung grenzte das an ein Wunder, und nicht zum ersten Mal spürte er eine tiefe Ehrfurcht vor diesem Team. Jetzt aber bat er die beiden stolzen Konstrukteure eindringlich, gemeinsam mit ihm in den Speisesaal zu gehen, um sich das Frühstück und vor allem eine Tasse Kaffee schmecken zu lassen. Danach durften die beiden ihren Automa-

ten noch einmal vor dem gesamten Team präsentieren, bevor sie sich eine Mütze voll Schlaf genehmigten.

Inspiriert durch den Testautomaten für die Fallentür entstanden in den folgenden Tagen viele verschiedene Testmaschinen. Dem Großväterchen und dem Aschenputtel gelang es sogar, jene Maschinen miteinander zu koppeln, die einzelne Integrationstests durchführten. Damit war man eine Woche vor dem Ende des Sprint in der Lage, dem staunenden König einen vollständig automatisierten Integrationstest für die Falle zu präsentieren. Den Hofmarschall freute vor allem die Tatsache, dass das Team seinen Appell zur Ganzheitlichkeit berücksichtigt hatte. Das Erstaunlichste aber war, dass das Team auf dem besten Wege war, alle Backlog Items fertigzustellen – trotz des zusätzlichen Testaufwands.

... der eigentlich hätte geplant werden müssen! Das haben wir dann ab dem kommenden Sprint auch getan. Was ich hier noch einmal feststellen möchte: Es ist gar nicht so einfach, die Komponententests so zu definieren, dass sie sich tatsächlich nur auf die zu testende Komponente beziehen. Allerdings merkt man meistens sehr schnell, wenn man die Komponentengrenzen beim Testen überschritten hat – nämlich dann, wenn ein Test fehlschlägt, weil eine angrenzende Komponente geändert wurde. Die zweite wichtige Feststellung ist, dass Testen Spaß machen kann. Die Entwicklung eines Komponententests ist mindestens genauso herausfordernd wie die Entwicklung der Komponente selbst. Wer das einmal erlebt hat, der kann sich nicht mehr vorstellen, wie man vorher ohne Tests leben konnte.

Da die Komponenten der Falle recht einfach aufgebaut sind, fielen auch die Tests sehr schlank aus. Außerdem waren Großväterchen und Ritter sofort testinfiziert und haben deutlich mehr geleistet, als für diesen Sprint geplant war. Es darf bei Euch nicht der Eindruck entstehen, dass das Testen nebenbei betrieben werden kann. Der Aufwand für die Entwicklung umfassender Funktions-, Integrations- und Akzeptanztests kann durchaus 50 Prozent des Aufwands für die Produktentwicklung ausmachen. Das muss natürlich bei der Sprint-Planung berücksichtigt werden.

8.5   Warum kann man Scrum-Meister nicht klonen?

Während sich Prinz Rollo anfangs gegen das permanente Testen gesperrt hatte, war er mittlerweile froh darüber. So hatte er nämlich endlich wieder eine Aufgabe, mit der er sein Team unterstützen konnte. Neben der Abarbeitung der Hindernisliste und der Pflege der Burndown Charts kümmerte er sich fortan darum, dass die Musketiere ihrer Pflicht zum Komponenten- und Integrationstest nachkamen. Da die Integrationstests eine funktionierende Testumgebung erforderten, übernahm der Prinz außerdem die Patenschaft für die Integrationsumgebung. Er hegte und pflegte die Testapparaturen, spendierte hier einen Tropfen Öl, beseitigte dort Metallspäne und Holzsplitter und ging ganz in dieser Arbeit auf. Das Team war froh, einen so engagierten Testmanager gefunden zu haben. Und auch wenn der eine oder andere den Prinzen gelegentlich anmurrte, wenn dieser wieder einmal an die Testdisziplin appellierte, so dankten sie ihm dafür, dass er zum Wohle der Qualität diese undankbare Aufgabe übernommen hatte. Und dann kam plötzlich alles ganz anders als geplant.

Es war einer dieser Tage, an denen der Prinz das Gefühl hatte, an mindestens drei Orten zugleich sein zu müssen. Das Großväterchen brauchte seine Hilfe, weil eine der Fallenwerkstätten die Unterstützung der Musketiere mit dem Hinweis auf die hohe Arbeitsbelastung in der Urlaubszeit ablehnte. Eine Wieimmerländer Bürgerin feierte ihren siebzigsten Geburtstag, und der Prinz sollte ihr die Glückwünsche des Königshauses überbringen. Bei dieser Gelegenheit wollte er außerdem bei einer Wohltätigkeitsveranstaltung vorbeischauen, deren Schirmherr er war. Und zu guter Letzt hatten Ritter Magnolius und das Aschenputtel eine inhaltliche Frage zu einem der Backlog Items. Da der König, eigentlich zuständig für die Beantwortung dieser Frage, in letzter Zeit zunehmend mit dringenden Regierungsgeschäften beschäftigt war, hatte er in der vergangenen Woche seinen Sohn zum stellvertretenden Produktverantwortlichen ernannt. Leider hatte der König sich nicht die Zeit genommen, um den Prinzen auf diese Aufgabe vorzubereiten. Dafür machte er ihm unmissverständlich klar, dass er, der König, für Rückfragen nur in Ausnahmefällen zur Verfügung stehen könne. »Du machst das schon – bist ja schließlich mein Sohn!«, hatte er dem unglücklichen

Thronfolger aufmunternd nachgerufen, als dieser gesenkten Hauptes das königliche Arbeitszimmer verließ.

Eigentlich hatte der Prinz aus einem ganz anderen Grund um eine Audienz gebeten: Er wollte dem König klarmachen, dass er überlastet sei, denn neben der Rolle des Scrum-Meisters hatte der König ihn in den letzten Wochen mit weiteren Aufgaben betraut – wohl auch, weil er das Gefühl hatte, dass das Team ganz gut ohne Scrum-Meister auskam. So sollte der Prinz nebenbei ein Bankett zu Ehren eines befreundeten Staatsoberhaupts organisieren. Ganz zu schweigen von den bereits erwähnten repräsentativen und karitativen Pflichten, die jedes Mitglied der königlichen Familie ohnehin erfüllen musste. All das hatte dazu geführt, dass der Prinz sich nicht mehr voll und ganz auf die Rolle des Scrum-Meisters konzentrieren konnte. Diese Rolle war ihm sehr wichtig, und er hatte festgestellt, dass sie seinen Arbeitstag vollständig ausfüllte, vor allem seit er sich um die Tests kümmerte. Das hatte er seinem Vater sagen und ihn um Entlastung bitten wollen. Aber anstatt das Schloss mit einer reduzierten Anzahl an Aufgaben zu verlassen, hatte er jetzt noch eine Aufgabe mehr: die des stellvertretenden Produktverantwortlichen. Entmutigt und mit schlechter Laune marschierte Prinz Rollo zur Sommerresidenz zurück. Die angebotene Kutsche hatte er abgelehnt, denn er wollte den ausgedehnten Spaziergang nutzen, um sich in Ruhe Gedanken darüber zu machen, wie es jetzt weitergehen sollte.

Während der Prinz durch die Felder des Königreichs wanderte, tief in Gedanken versunken und mit sich selbst beschäftigt, warteten im Kaminzimmer der Sommerresidenz seine Musketiere auf ihn, denn es war die Zeit der täglichen Zusammenkunft. Nachdem sie eine angemessene Zeit gewartet hatten, beschlossen sie, die Besprechung ohne den Scrum-Meister zu beginnen. All das, was das Team derzeit blockierte und am zügigen Umsetzen der anstehenden Aufgaben hinderte, wurde wie gewohnt in der Hindernisliste verzeichnet. Das Team war einerseits froh, diese Hindernisse explizit beschrieben zu haben. Andererseits war es entmutigt, weil die Zahl der Blockaden recht groß war. Zu Beginn des Sprint, so erinnerten sie sich, waren diese Hindernisse vom Prinzen immer zeitnah aus dem Weg geräumt worden. Erst in letzter Zeit nahm die Anzahl der neuen Blockaden im Vergleich zu denen, die der Prinz beseitigte, immer weiter zu. Alle kannten die Ursache des Problems. Was sie noch nicht wussten,

war, dass der Prinz an diesem Tag erfolglos versucht hatte, die
Ursache aller Probleme zu beseitigen.

Prinz Rollo erreichte die Sommerresidenz am späten Vormittag und fand seine Mannschaft wie gewohnt konzentriert arbei-
tend vor. Nachdem er alle begrüßt hatte, ging er ins Kaminzimmer, um sich am Sprint Backlog einen Überblick über den Stand
der Dinge zu verschaffen. Dabei fiel sein Blick auf die Hindernisliste. Als er die vielen offenen Probleme weiß auf schwarz an der
Schiefertafel sah, da wurde ihm zum ersten Mal wirklich
bewusst, wie viel Arbeit den Scrum-Meister dieses Projekts tatsächlich erwartete. Er musste sich erst einmal setzen und starrte
lange auf die Tafel – unfähig, auch nur einen klaren Gedanken zu
fassen. Die innere Ruhe, die sich bei seinem Spaziergang eingestellt hatte, war dahin. Nun galt es zu handeln, die Probleme zu
priorisieren und zu beseitigen. Und bei alledem nicht die anderen
Aufgaben zu vergessen. Zum ersten Mal in seinem Leben fühlte
der Prinz eine gewisse Mutlosigkeit in sich aufsteigen. Das rüttelte ihn wieder wach. »Ich bin ein Prinz, und Prinzen sind nicht
mutlos!«, sagte er zu sich. »Ich werde diese Probleme angehen,
und ich werde die mir übertragenen Aufgaben zur Zufriedenheit
aller erledigen – egal, wie sehr ich mich dabei aufreibe!« Dann
stürzte er sich wieder ins Getümmel.

---

*Zum Schicksal des Prinzen gibt es zwei Dinge zu sagen. Erstens:
Scrum-Meister ist eine Vollzeitaufgabe – zumindest zu Beginn eines Projekts. Er unterstützt das Team dabei, die Anwendung von
Scrum zu erlernen. Je besser das Team mit dem Werkzeugkasten
von Scrum umzugehen gelernt hat, desto weniger Zeit wird der
Scrum-Meister mit diesem Coaching verbringen müssen. Er kann
nun andere Aufgaben übernehmen. Entweder konzentriert er sich
auf übergreifende Tätigkeiten, wie es Prinz Rollo getan hat, indem er sich der Tests angenommen hat. Oder der Scrum-Meister
übernimmt ganz reguläre Aufgaben vom Sprint Backlog und
trägt damit direkt zum Erreichen des Sprint-Ziels bei. Die zweite
Variante birgt jedoch die Gefahr, dass der Scrum-Meister sich in
das Tagesgeschäft versenkt und nicht mehr spürt, wann er in seiner anderen Rolle als Scrum-Meister gebraucht wird. Insbesondere die Hindernisliste verdient die ständige Aufmerksamkeit des
Scrum-Meisters.*

Zweitens: Ich rate davon ab, die Rollen Scrum-Meister und Produktverantwortlicher in einer Person zu vereinen. Zum einen habe ich ja eben erwähnt, dass die Rolle des Scrum-Meisters 100 Prozent der Arbeitszeit beansprucht. Es bleibt also gar keine Zeit mehr, um in die Rolle des Produktverantwortlichen zu schlüpfen. Überstunden sind keine (Dauer-)Lösung, da in der Regel eine sinkende Produktivität die Folge ist. Einer der Grundsätze des Extreme Programming lautet deshalb: keine Überstunden!

Zum anderen sind die Ziele der beiden Rollen zu unterschiedlich, in Teilen sogar konträr. Mal ganz abgesehen davon, dass es gar nicht so einfach ist, eine Person zu finden, die beide Rollen optimal ausfüllen kann. Der Produktverantwortliche hat das Produkt im Fokus. Er konzentriert sich auf die Beschreibung der Ideen, Konzepte und Eigenschaften des Produkts. Grundsätzlich wird er sich möglichst viel Funktionalität wünschen. Demgegenüber muss der Scrum-Meister dafür sorgen, dass die Funktionen des Produkts in der geforderten Qualität und innerhalb der durch die Sprintlänge vorgegebenen Zeit realisiert werden. Im Zweifelsfall wird er sich gegen die Aufnahme eines weiteren Backlog Item in das ausgewählte Product Backlog aussprechen, wenn dadurch die Erledigung der bereits vom Team zugesagten Backlog Items gefährdet wäre. Wenn dann der Produktverantwortliche alles daransetzt, diese Funktionalität doch noch realisiert zu bekommen, muss sich der Scrum-Meister schützend vor sein Team stellen. Nun frage ich Euch: Wie soll ein Mensch diese beiden Rollen in sich vereinen, ohne an innerer Zerrissenheit und Überlastung zugrunde zu gehen? Deshalb solltet Ihr diese beiden Rollen immer voneinander trennen.

8.6   Das verflixte letzte Prozent

Das gesamte Team freute sich auf das Sprint Review, denn dieses Mal gab es sehr viel zu präsentieren. Die Falle nahm immer mehr Form an. Waren die ersten Sprint-Ergebnisse nur eingeschränkt nutzbar, so hatte die in diesem Sprint weiterentwickelte Falle schon nahezu den Funktionsumfang der aktuellen Fallengeneration erreicht. In einigen Bereichen war sie den kommerziell vertriebenen Produkten sogar schon weit voraus. So hatte das Team viel Energie auf die Verbesserung der Fallentür verwendet – mit großem Erfolg, an dem das Team heute auch den König und den Hofmarschall teilhaben lassen wollte.

Das traditionelle Treffen im Hof der Sommerresidenz versprühte eine fast familiäre Atmosphäre. Das Team war ohnehin eine eingeschworene Gemeinschaft geworden. Die Freundschaft zwischen Ritter und Gespenst, der niemand eine lange Zukunft vorausgesagt hatte, verfestigte sich immer mehr, und beide Seiten profitierten davon. Während Ritter Magnolius immer mehr von seinem hohen Ross herabstieg, auf das er sich in den ersten Sprints gerne gesetzt und mit dem er sich vom Rest des Teams abgegrenzt hatte, profitierte das Gespenst vom Wissen des Ritters, das dieser immer bereitwilliger und auch didaktisch immer überzeugender preisgab. Ganz nebenbei wirkte sich die Freundschaft positiv auf das Selbstbewusstsein des Gespensts aus. Der Prinz achtete aber als Scrum-Meister darauf, dass der Ritter den Geist nicht zum »Ritter Numero zwo« machte, wie der Prinz es nannte. Die Hexe ließ ihren ätzenden Spott nur noch bei seltenen Gelegenheiten aufblitzen, und auch dann nur wohldosiert. Das lag sicherlich auch daran, dass sie von den anderen mittlerweile so akzeptiert wurde, wie sie war. Niemand versuchte, sie umzukrempeln, wenngleich Prinz Rollo die Hexe immer wieder daran erinnerte, dass der Vertrag, den er mit ihr im ersten Vier-Augen-Gespräch geschlossen hatte, einzuhalten war. Das bedeutete für die Hexe, dass sie sich mannschaftsdienlich zu verhalten hatte. Mit der Unterstützung des Teams und des Einhorns im Besonderen gelang ihr das zunehmend besser. Auch das Großväterchen hatte seine Scheu gegenüber dem »neumodischen Kram« abgelegt – sowohl, was den Fallenbau anbelangte, als auch in Bezug auf das agile Vorgehen in diesem Projekt. Es war beeindruckend zu sehen, wie schnell der alte Ingenieur sein Fachwissen aus den hintersten Winkeln seines Gehirns ausgegraben und reaktiviert hatte. Prinz Rollo hatte zunächst befürchtet, dass dieser Wissensstand hoffnungslos veraltet war. Es stellte sich aber heraus, dass sich in vielen Bereichen des Fallenbaus in den vergangenen vierzig Jahren nicht allzu viel verändert hatte. Und selbst in den innovativen Bereichen, in denen neue Verfahren, Materialien oder Konstruktionen entwickelt worden waren, half das Wissen um die Ursprünge, diese Innovationen besser verstehen und bewerten zu können. Das Großväterchen gehörte also noch lange nicht zum alten Eisen, sondern war ein gern gesehener Impulsgeber und

einer der konstruktivsten Kritiker des Teams. Nur das Aschenputtel konnte ihm auf diesem Gebiet das Wasser reichen. Allerdings hatte es immer noch Mühe, Ordnung in seine Gefühlswelt
zu bekommen. Damit belastete sich das Aschenputtel allerdings
mehr selbst, als dass es die anderen Teammitglieder in Mitleiden-
schaft gezogen hätte. Prinz Rollo musste das arme Kind in einem
langen Gespräch davon überzeugen, dass es immer noch ein
wertvolles Mitglied des Musketier-Teams war. Das gelang ihm
zwar, aber das Selbstvertrauen des Mädchens hatte nachhaltig
gelitten. Der Prinz spürte, dass es noch eine Weile dauern würde,
bis sie wieder ganz die Alte war, aber diese Zeit räumte er ihr
gerne ein.

Neben dem Team waren beim Sprint Review natürlich auch
König Schærmæn und sein Hofmarschall anwesend. Letzterer
hatte durch die Teilnahme an dem Arbeitstreffen den Anschluss
an das Team gefunden. Seine anfänglichen Hemmungen waren
verflogen, denn jetzt kannte er die Musketiere besser, wusste ihr
Verhalten einzuschätzen und war außerdem deutlich sattelfester
in den fachlichen Details geworden. Dafür hatte sich der König
ein Stück weit vom Team entfernt. Seine Regierungsgeschäfte ließen ihm kaum noch Zeit für dieses Projekt. So sehr es ihn auch
interessierte, und so viele Ideen er für die Falle der nächsten
Generation auch hatte: Er war und blieb der König, und der hat
nun einmal eine lange Liste an Verpflichtungen, die sich weder
ablehnen noch delegieren ließen. Er ahnte, dass sich das Team
dieser Umstände bewusst war, ließ sich aber nichts anmerken.
Wie immer war König Schærmæn interessiert und konzentriert
bei der Sache, als die Musketiere mit ihrer Präsentation des vierten Sprint-Ziels begannen.

Den Auftakt machten der Ritter und das Großväterchen. Sie
erläuterten die Herausforderungen, denen man bei der Konstruktion der Fallentür und der Führungsschienen begegnet war. Diese
Herausforderungen belegten sie mit Berichten von vergangenen
Drachenfängen, bei denen sich die Biester aus den Fallen befreien
konnten. In diesen Berichten waren stets auch die Befreiungsstrategien beschrieben, und in einigen dieser Dokumente fanden sich
sogar Verbesserungsvorschläge für zukünftige Fallen. Die hatten
Ritter Magnolius und das Großväterchen beherzigt und um ihre
eigenen Erfahrungen und Untersuchungen ergänzt. Das Ergebnis
war eine Fallentür, die in nahezu jeder Lage perfekt funktionierte.

Das demonstrierten die beiden sehr eindrucksvoll mithilfe ihrer Testapparatur, die bekanntlich verschiedene Fallwinkel und -richtungen für die Tür einstellen konnte. Mit dem Hinweis auf die Realitätsnähe der getesteten Konstellationen setzte das Großväterchen den Apparat in Bewegung, der die Fallentür immer wieder hochzog und fallen ließ und zwischendrin die Startposition der Tür variierte. Selbst in extremen Konstellationen versagte die Fallentür nicht. Der Geräuschpegel stieg auch unter ungünstigen Bedingungen kaum an. Diese flüsterleise Konstruktion war nur möglich, weil die Hexe ein besonders gutes Schmiermittel entwickelt hatte, wie das Großväterchen lobend erwähnte. Das hätte die Hexe gerne direkt an der Falle demonstriert, indem sie zum Vergleich eine Fallentür ohne Schmiermittel hätte fallen lassen. Da der Versuchsaufbau jedoch zu lange gedauert hätte, hatte sich die Hexe etwas anderes ausgedacht. Sie baute vor den Augen von König und Hofmarschall mit einem Holzbrett eine schiefe Ebene auf, die sie zur Hälfte mit ihrem Schmiermittel präparierte. Sie ließ sich vom Ritter zwei kleine Schatztruhen bringen, die sie nebeneinander auf die schiefe Ebene setzte. Dann ließ sie beide Truhen gleichzeitig los. Die Kiste, die direkt auf dem Holzbrett stand, bewegte sich nur langsam voran. Nachdem sie ein Drittel des Weges im Schneckentempo hinter sich gebracht hatte, blieb sie endgültig stehen und rührte sich nicht mehr vom Fleck. Ganz anders die Truhe, die auf dem Schmiermittel abgesetzt worden war. Sie rauschte mit einem ganz leisen, sirrenden Geräusch, ähnlich dem Fluggeräusch einer Mücke, in atemberaubender Geschwindigkeit die Ebene hinunter und wurde unsanft von den Kieselsteinen gebremst, die den Boden des Hofes bedeckten.

Jetzt waren das Gespenst und das Aschenputtel an der Reihe. Sie wiederholten kurz die Anforderungen, die der König an das neue Fallenschloss gestellt hatte, und verloren dann ein paar Worte über ihre Konstruktion, bevor sie endlich das Schloss aus einer kleinen Kiste holten und den Gästen überreichten, damit diese sich persönlich ein Bild von diesem »Wunderwerk der Technik« (ein Zitat des Gespensts) machen konnten. Dem Hofmarschall kam die Konstruktion an einigen Stellen zu filigran vor: Er dachte daran, dass eine Drachenfalle viele Tage bei Wind und Wetter auf feuchten Wiesen, schlammigen Äckern oder sandigen Böden stand. Er wollte aber zunächst die Präsentation abwarten, bevor er diese Bedenken äußerte. Gespenst und Aschenputtel begannen mit dem Einbau des Schlosses in die Falle. Wieder sauste die Fallentür zu Boden, um aber dieses Mal mit einem laut hörbaren »Klack!« eine Einheit mit dem Fallenschloss zu bilden. Der Hofmarschall stand auf und versuchte, die Fallentür wieder zu öffnen. Das gelang ihm nicht. Dafür kam ihm aber eine gute Idee in den Sinn. »Kann mir bitte einer der Musketiere einen Eimer mit Wasser und eine Schaufel bringen?«, fragte der Hofmarschall in die Runde. Er hatte die Frage kaum ausgesprochen, da sprangen Prinz Rollo und das Großväterchen auf. Einen kurzen Moment zögerten sie, so als ob sie auf eine höhere Instanz warteten, die entscheiden sollte, wer von den beiden das Wasser holen sollte. Dann aber tauschten sie einen vielsagenden Blick aus und machten sich beide auf den Weg in die Stallungen. Zurück kamen sie mit einem Eimer, in dem sonst die Pferde ihr Zusatzfutter gereicht bekamen. Statt Futter war der Eimer randvoll mit Wasser gefüllt. Der Prinz stellte den Eimer vor dem Hofmarschall ab, und das Großväterchen überreichte ihm eine Schaufel, die es vom Gärtner geborgt hatte. Der Hofmarschall nahm den Wassereimer, murmelte »Der Gärtner möge es mir verzeihen, aber ich tue es im Namen der Wissenschaft«, und goss den gesamten Inhalt des Eimers in das nächste Blumenbeet. Dann nahm er eine Schaufel voll nasser, dünnflüssiger Erde und schippte diese auf das Fallenschloss. Der Matsch drang durch die Öffnungen auch in das Innere des Schlosses. Das Gespenst war entsetzt. »Ihr zerstört ja mutwillig das Fallenschloss!«, rief es laut. Der Hofmarschall sah den Geist ruhig an, zuckte mit den Schultern und antwortete ganz entspannt: »Ich möchte die Falle mitnichten zerstören! Mir geht es nur um realistische Testbedingungen. Da es in unserem schönen Land ab und zu regnet, möchte ich mit diesem Matsch die Situation herstellen, wie wir sie auf einem Acker nach Starkregen vorfinden. Wie Ihr ja sicherlich wisst, lockt die dampfende Erde nach einem sommerlichen Regenschauer unsere geflügelten Freunde in Scharen an. Es wäre doch schade, wenn ausgerechnet in einer solchen Hochsaison unsere neue Falle den Dienst quittierte, oder?« Das Gespenst starrte den Hofmarschall an, dachte kurz nach und erhob dann die Hände, als wollte es sich ergeben. Der Hofmarschall deutete dies als Eingeständnis, dass er mit seiner Kritik wieder einmal den wunden Punkt getroffen hatte. »Bitte – seht selbst, ob unser Schloss auch im tiefsten Matsch funktioniert!« Das Gespenst war einge-

schnappt. Es versteckte sich missmutig hinter den anderen Musketieren und beobachtete das weitere Geschehen aus der zweiten
Reihe. Der Hofmarschall nahm das Angebot dankend an. Es
hatte ihn schon die ganze Zeit in den Fingern gejuckt. Jetzt durfte
er tatsächlich selber mit der neuen Falle arbeiten, anstatt wie bisher nur zuzuschauen. Schnell hatte er die Fallentür in die Höhe
gezogen. Dann ließ er das Hanfseil los und starrte auf das hernie-
dersausende Gitter, als könnte er auf diese Weise das Funktionieren des Schlosses beeinflussen. Wieder machte es »Klack!«, dieses
Mal aber deutlich dumpfer. Der Hofmarschall wanderte um die
Falle herum, bis er vor der verschlossenen Fallentür stand. So
sehr er auch zog und rüttelte: Die Tür ließ sich nicht öffnen. Dem
Gespenst stand vor Staunen der Mund offen. Damit hatte es nicht
gerechnet. Es war so überrascht, dass es sich nicht einmal über
den unerwarteten Erfolg freuen konnte. Auch im Gesicht des
Hofmarschalls zeichnete sich ein Ausdruck des Erstaunens ab.
Anstatt weiter sinnlos an der Fallentür zu rütteln, ließ der Hofmarschall von der Falle ab und wandte sich an das Aschenputtel,
das ihn erwartungsvoll anschaute. »Bravo! Wir haben tatsächlich
einen Drachen unter realistischen Verhältnissen fangen können!
Der Drache hat seine Lektion hoffentlich gelernt. Lasst ihn uns
deshalb wieder befreien. Es wäre schön, wenn Ihr, liebes Aschenputtel, die Falle jetzt öffnen würdet.« Die Magd suchte in den
Tiefen ihres Gewandes nach dem Schlüssel. Reinlich, wie sie nun
einmal war, fegte sie zunächst den Matsch beiseite, der beim Auf-
prall der Fallentür nach allen Seiten weggespritzt war. Jetzt war
der Boden vor der Falle wieder trocken, sodass sich das Aschenputtel niederknien konnte. Es musste auch das Schlüsselloch von
Matschresten befreien, bevor es den Schlüssel einstecken konnte.
Das Aschenputtel drehte den Schlüssel wie gewohnt nach links,
stieß aber sofort auf Widerstand. Verwirrt drehte es den Schlüssel
in die andere Richtung – leider auch ohne Erfolg. Das Aschenputtel spürte, wie die anderen Musketiere in seinem Rücken unruhig
wurden. Seine Nervosität stieg. Unkonzentriert stocherte es mit
dem Schlüssel im Schloss herum, drehte und rüttelte den Schlüssel und hoffte auf das erlösende »Klack!« – untrügliches Zeichen
dafür, dass das Schloss geöffnet war. Dieses Geräusch blieb allerdings aus. Und so hockte das Aschenputtel niedergeschlagen vor
dem Fallenschloss, das eben noch unter widrigen Bedingungen

zuverlässig funktioniert hatte, und konnte es nicht fassen, dass das Schloss sie nun im Stich ließ.

Der König spürte, dass die Stimmung auf der Kippe stand. Er musste etwas unternehmen, durfte aber andererseits den Funktionsfehler des Fallenschlosses nicht ignorieren. Zunächst einmal versuchte er aber, die gute Laune wiederherzustellen. »Vielen Dank, liebe Musketiere!«, dröhnte seine Stimme in die peinliche Stille. »Wieder einmal habt Ihr mich nicht enttäuscht. Ich freue mich auf jedes Sprint Review wie ein Kind auf das Sonnenwendfest, denn im Gegensatz zu vielen anderen Projekten verspricht Euer Review immer ein positives Erlebnis. Auch der heutige Tag bildet da keine Ausnahme. Das Fallenschloss lässt sich nicht öffnen, aber das ist nur ein Backlog Item, das nach unserer Definition nicht fertig geworden ist. Ich bin mir sicher, dass Ihr dem Fallenschloss im kommenden Sprint den letzten Feinschliff verpasst.« Der König holte Luft und wollte gerade weitersprechen, als plötzlich aus Richtung Falle das »Klack!«-Geräusch erklang, gefolgt vom Aufschrei des Aschenputtels. »Es geht doch!«, rief das Mädchen, sprang auf und lief auf den König zu. »Seht Ihr – das Schloss funktioniert! Ich musste es nur ein wenig vom Schlamm befreien, der die Mechanik gestört hatte. Jetzt ist alles in Ordnung!« König Schærmæn schaute das Mädchen milde lächelnd an. »Euren Einsatz in allen Ehren, junge Dame«, hob der König an, »aber diese Notlösung kann ich nicht als endgültig annehmen. Immerhin versetzt sie uns in die Lage, diese Falle im praktischen Einsatz zu verwenden. Trotzdem müsst Ihr noch einmal nacharbeiten. Ihr wisst ja: Nur ein Backlog Item, das zu 100 Prozent fertig ist, kann ich akzeptieren.« »Nun übertreibt Ihr aber, Euer Durchlaucht!«, meldete sich die Hexe zu Wort. »Das Schloss funktioniert – unter bestimmten Umständen. Ich würde sagen, dass wir das Ziel zu 99 Prozent erreicht haben. Aus dem mickrigen einen Prozent, das jetzt noch fehlt, wollt Ihr uns doch wohl keinen Strick drehen, oder?« »Ich möchte Euch überhaupt keinen ›Strick drehen‹, werte Hexe«, entgegnete der König. »Ich möchte lediglich, dass die Backlog Items vollständig bearbeitet werden. 99 Prozent reichen mir nicht – da bin ich auch nicht diskussionsbereit.« »Ich bin begeistert!«, ätzte plötzlich der Ritter in Richtung Aschenputtel. »Mit Eurer Filigrantechnik habt Ihr es geschafft, dem Sprint einen Wermutstropfen beizumischen. Vielen Dank, Aschenputtel!« Das sichtlich genervte Mädchen wollte soeben zurückgiften, als sich Prinz Rollo in die unsachliche Diskussion einschaltete. »Ich muss meinem Vater recht geben: Das Backlog Item ist nicht fertig in dem Sinne, den wir zu Beginn des Projekts gemeinsam – ich wiederhole: gemeinsam! – festgelegt haben.« Das Lächeln auf dem Gesicht des Ritters gefror, als der Prinz ergänzte: »Und nun zu Euch, Ritter: Für das Nichterreichen des Backlog Item trägt das gesamte Team die Verantwortung. Bitte hört auf damit, dem Aschenputtel und dem Gespenst die alleinige Schuld zuzuweisen! Gemeinsam haben wir uns auf das Sprint-Ziel verpflichtet, und gemeinsam haben wir alles dafür getan, um dieses Ziel zu erreichen. Es ist uns leider nicht gelungen, und dafür tragen wir kollektiv die Verantwortung. In diesem Punkt bin auch ich nicht diskussionsbereit!« Ritter Magnolius spürte, dass es dem Prinzen sehr ernst war. Deshalb schwieg er, sodass der König fortfahren konnte. »Ich danke Euch allen für die hervorragende Arbeit! Mein Sohn hat es bereits gesagt: Ihr seid ein Team, das gemeinsam gewinnt und auch gemeinsam verliert. Ich appelliere an Euren Sportsgeist, damit die Retrospektive am Nachmittag nicht in einem Debakel endet. Nutzt die Zeit besser dazu, um die Anwendung von Scrum noch besser Eurem Projekt anzupassen. Ich wünsche Euch dabei viel Erfolg und empfehle mich. Wir sehen uns morgen bei der Sprint-Planungssitzung!«

Dem ist nichts hinzuzufügen. Scrum ist in diesem Punkt gnadenlos und akzeptiert nur hundertprozentige Lösungen. Natürlich liegt es immer in der Verantwortung des Produktverantwortlichen zu entscheiden, ob und wann die magischen einhundert Prozent erreicht sind. Mein Tipp an alle Produktverantwortlichen: Lasst Euch nicht verbiegen – nicht vom Team, und auch nicht von Euren Vorgesetzten, die gerne Erfolgsgeschichten hören (wer tut das nicht?). Denkt immer daran: Ihr seid verantwortlich für das Produkt. Draußen beim Kunden sind unternehmensinterne Machtspielchen und bürokratische Entscheidungen uninteressant – hier zählen nur die Funktionalität und die Qualität des Produkts!

---

9 Sprint 5

Der fünfte Sprint begann unruhig. In der Nacht hatte es einen Schneesturm gegeben. Als Prinz Rollo am frühen Morgen seinen Spaziergang antrat, musste er sich durch mannshohe Schneewehen kämpfen. Der Garten hatte sich in eine bizarre Eiswelt verwandelt. Die kahlen Äste der Obstbäume waren übersät mit Eiskristallen. Der Wind hatte ein sanft geschwungenes Gebirge aus Schnee hinterlassen, dessen scharfkantige Grate zu glitzern begannen, als sich die Morgensonne durch die dunklen Wolken schob. Der Prinz atmete die frische kalte Luft ein. Welch eine Wohltat nach dieser unruhigen Nacht, die er in seiner vom Ofen überheizten Schlafkammer verbracht hatte, das Bett durchwühlend und keinen Schlaf findend. Dabei brauchte er die Ruhe so dringend, denn er musste den neuen Sprint vorbereiten. Hier, in der eisigen Ruhe des Wintergartens, konnte er endlich einen klaren Gedanken fassen.

Eigentlich war der Beginn eines neuen Sprint mittlerweile zur Routine geworden, und doch spürte der Prinz immer noch eine Art Lampenfieber. Dabei stand gar nicht er im Mittelpunkt, sondern das Team, auf das er immer noch sehr stolz war. Der Dämpfer, den er dem Team und insbesondere dem Ritter gestern verpasst hatte, tat ihm leid, aber er hatte keine andere Wahl gehabt. Und während er so durch den wadentiefen Schnee marschierte, da traf ihn plötzlich ein Geschoss am Rücken. Prinz Rollo schnellte herum – und blickte in das lachende Gesicht des Gespensts, das gerade dabei war, den nächsten Schneeball zu formen. »Na warte, Schneegeist!«, rief der Prinz übermütig und begann damit, einen kleinen Vorrat an Schneebällen anzulegen. Noch bevor er den ersten Ball werfen konnte, kamen die restlichen Musketiere in den Garten gestürmt. Kurz darauf war die Luft erfüllt von Gelächter sowie hin- und herfliegenden Schneebällen. Als der Küchenchef schließlich zum Frühstück rief, wurde er von einer Horde rotwangiger Musketiere mit schneebedeckten Kleidern bis in den Speisesaal verfolgt. Die Gedanken an das 99-Prozent-Item und den Schneesturm waren verflogen. Sie steckten jetzt wahrscheinlich in einer Schneewehe im Schlossgarten.

9.1   Im Rausch der Geschwindigkeit

Die Sprint-Planungssitzung verlief reibungslos. König Schærmæn hatte sich für diesen Sprint seine Lieblingsfunktion für die neue Falle ausgesucht:

> **Ziel des Sprint 5: Ein Alarmierungssystem für die Drachenfalle, das ein schnelles Ausrücken der Drachenfänger ermöglicht.**

Dieses Sprint-Ziel stellte einen echten Mehrwert gegenüber den derzeit am Markt erhältlichen Fallen dar. Der König war davon überzeugt, dass bereits diese Funktion allein die neue Falle zum Verkaufsschlager machen konnte. Deshalb wollte er dieses Alarmierungssystem jetzt endlich haben. Er wusste, dass sich das Team auf die ungewöhnliche Aufgabe freuen würde, weil sie viel Kreativität und Teamarbeit erforderte. Und tatsächlich stürzten sich die Musketiere auf dieses Sprint-Ziel wie die Veganer-Drachen auf ein Maisfeld. Die Backlog Items für dieses Sprint-Ziel waren dank guter Vorarbeit in den vergangenen Schätzklausuren schnell gefunden. Die Größenschätzungen wurden noch einmal kritisch betrachtet und in einem Fall geringfügig angepasst, bevor König Schærmæn wieder die allseits bekannte Frage stellte: »Könnt Ihr dieses Ziel erreichen?« Die Musketiere hatten für die Beantwortung dieser Frage mittlerweile ein Ritual entwickelt. Sie stellten sich im Halbkreis vor den König, legten ihre rechten Hände aufeinander und riefen »Ja – gemeinsam werden wir es schaffen, so wahr wir die Musketiere der Drachenfalle sind!« Der Teamgeist, dessen unbändige Energie in diesem Moment den gesamten Raum erfasste, ließ König Schærmæn für einen Moment vor Ehrfurcht erstarren. Zufrieden verabschiedete er sich vom Team, weil wieder einmal wichtige Regierungsgeschäfte

auf ihn warteten. Eigentlich hatte er den Hofmarschall zum ersten Teil der Sprint-Planungssitzung schicken wollen, aber dieses besondere Sprint-Ziel wollte er dann doch lieber persönlich verkünden. Jetzt aber musste er sich sputen, um seinen übrigen Verpflichtungen pünktlich nachkommen zu können.

Das Team stand nach der Abreise des Königs noch eine Weile im Kaminzimmer beisammen und diskutierte erregt ein Thema, das der Ritter wie folgt formuliert hatte: »Ist es in Ordnung, dass wir uns in diesem Sprint nur mit dem Alarmsystem beschäftigen, obwohl unsere Größenschätzungen die Vermutung nahelegen, dass wir noch weitere Backlog Items hätten bearbeiten können?« Die Vermutung basierte auf der Entwicklungsgeschwindigkeit, die der Prinz aus den Werten der vergangenen Sprints errechnet und für den aktuellen Sprint hochgerechnet hatte. Dabei war er wie in den Sprints zuvor von einer Steigerung der Arbeitsgeschwindigkeit ausgegangen. Demnach war dieser Sprint tatsächlich nicht vollständig »ausgebucht«, wie die Hexe es nannte. Sie sah darin überhaupt kein Problem – ganz im Gegenteil. »Es ist doch schön, wenn wir mal ein wenig verschnaufen können und die Dinge etwas langsamer angehen als bisher. Mir zumindest tut das gut.« Der Ritter war erwartungsgemäß anderer Meinung. »Wie sieht das denn aus, wenn unsere Entwicklungsgeschwindigkeit urplötzlich sinkt, ohne dass es einen erkennbaren Grund dafür gibt!«, gab er zu bedenken. »Aber vielleicht finden wir ja irgendeinen Grund – und wenn nicht, dann basteln wir uns einen!«, wagte das Gespenst einen Vorstoß, den das Großväterchen sofort konterte. »Schämt Euch! Einen Grund zu konstruieren gehört sich nicht! Wir wollen doch tatsächlich etwas leisten und dabei für alle Beteiligten transparent zu Werke gehen. Das verträgt sich nicht mit einer vorgeschobenen oder konstruierten Begründung. Dann lasst uns lieber ganz offen mit dem König darüber reden, was wir mit der verbleibenden Zeit anfangen sollen.« »... oder wir strengen unsere grauen Zellen an und denken selber darüber nach, wie wir die gewonnene Zeit sinnvoll nutzen«, ergänzte das Aschenputtel. »Dazu brauchen wir den König nicht. Ich an seiner Stelle würde erwarten, dass ein Team wie das unsere diese Herausforderung eigenständig annimmt!« »Aber dann geht die Arbeit ja mindestens mit demselben Druck weiter wie bisher!«, maulte der Geist. »Ich halte es mit der Hexe: Nehmen wir uns einfach etwas weniger vor als sonst und genießen die freie

Zeit.« Ritter Magnolius verdrehte die Augen, wollte aber zunächst nicht widersprechen – denn das war gleichbedeutend mit der Unterstützung für die Ideen des Aschenputtels. Da er seiner Verflossenen noch immer deren sorgenvolles Verhalten nachtrug, andererseits jedoch der kurzen, aber schönen gemeinsamen Zeit nachtrauerte, konnte sich der Ritter nur schwer dazu durchringen, in dieser Sache auf eine Linie mit ihr einzuschwenken. Dann aber dachte er noch einmal über diesen scheinbar unauflösbaren Konflikt nach – und schämte sich. »Zum Henker mit den Gefühlen!«, dachte er. »Hier geht es um weit Wichtigeres. Ich muss lernen, die Dinge wieder sachlich zu betrachten. Natürlich hat Aschenputtel recht, und der Vorschlag ist wirklich das Beste, was wir in dieser Situation anstellen können.« Er seufzte und tat dann seine Meinung kund: »Ich unterstütze Aschenputtels Vorschlag. Wir können uns nicht guten Gewissens auf die faule Haut legen. Andererseits ist es unsinnig, wahlfrei ein weiteres Backlog Item in diesen Sprint aufzunehmen. Allerdings fehlt mir die rechte Vorstellung davon, was wir mit der freien Zeit sinnvoll anfangen können.« Die Hexe wusste, dass ihr Vorschlag keine Chance auf weitere Unterstützung hatte, sobald Ritter und Aschenputtel sich dagegen entschieden hatten. Sie zeigte sich aber als faire Verliererin und unterstützte Aschenputtels Idee mit einem konstruktiven Vorschlag. »Lieber Ritter!«, säuselte sie. »Selten habe ich Euch so sprachlos und kurz angebunden erlebt wie heute. Wie dem auch sei – ich habe eine sinnvolle Beschäftigung für uns alle. Lasst uns noch intensiver die Auseinandersetzung mit der Vorgehensweise in unserem Projekt suchen. Das tun wir zwar regelmäßig am Ende des Sprint in der Retrospektive. Dort konzentrieren wir uns aber aus Zeitgründen auf die wichtigsten Themen und dringendsten Fragen. Ihr wisst, wie schnell ein halber Tag vorbei ist. Ich möchte die Retrospektive nicht ohne Not verlängern, denn der feste Zeitrahmen hilft uns sehr gut beim Priorisieren der Ergebnisse. Lasst uns die nicht verplante Zeit darauf verwenden, die weniger wichtigen Themen anzugehen und Lösungswege zu finden. Ich will Euch ein Beispiel geben: Meiner Meinung nach laufen die Schätzklausuren zu unstrukturiert ab. Es dauert viel zu lange, bis wir uns wieder in die Backlog Items hineingedacht haben. Außerdem habe ich das Gefühl, dass es dem König so manches Mal schwerfällt, das Product Backlog konsistent zu priorisieren. Und dann kommt es immer wieder vor, dass wir in der Diskussion über einzelne Backlog Items zu sehr in die Zukunft abschweifen. Da werden neue Backlog Items geboren und ausgiebig diskutiert, obwohl noch nicht einmal klar ist, ob und wann diese Funktionalität tatsächlich benötigt wird. Wir lassen uns in diesen Momenten von unserer Begeisterung für Technik davontragen. Ohne Zweifel entstehen dabei viele gute Ideen, die ich nicht missen möchte. Wir sollten allerdings einen Weg finden, um diese Diskussionen zu beschränken. Wir brauchen, ähnlich wie unsere Falle, ein Frühwarnsystem.« »Genau!« Das Aschenputtel war begeistert. »So etwas Ähnliches schwebte auch mir vor. Ich war allerdings noch nicht so weit, um diese Gedanken in Worte zu fassen. Danke, liebe Hexe, für diesen Denkanstoß.« Dem Großväterchen merkte man an, dass es noch Zweifel an diesem Plan hegte. »Was soll der König dazu sagen? Aus seiner Sicht ist die Zeit verplempert, weil sie nicht direkt für die Weiterentwicklung der Falle genutzt wird. Ein besserer Prozess macht noch lange keine bessere Falle! Sollten wir nicht stattdessen ein paar drängende fachliche Probleme lösen und beispielsweise der Frage nachgehen, ob das fantastische Schmiermittel, das die Hexe für uns entwickelt hat, tatsächlich wetterbeständig genug ist, um dauerhaft im Außeneinsatz bestehen zu können? Und was ist mit dem Refactoring, das wir eigentlich im vergangenen Sprint erledigen wollten?« »Das sollten wir nicht anstelle der Prozessbetrachtung tun, sondern zusätzlich, Großväterchen«, konterte der Prinz. »Diese Kombination aus fachlichen Verbesserungen und Prozessoptimierungen kann ich meinem Vater sehr gut schmackhaft machen. Schließlich war er es, der uns Scrum bescherte – was aus heutiger Sicht eine sehr gute Entscheidung gewesen ist. Jetzt muss er akzeptieren, dass wir das agile Vorgehen ernst nehmen und uns kontinuierlich verbessern wollen. In der Retrospektive können wir das Verbesserungspotenzial erkennen und priorisieren. Für die Beseitigung der niedrig priorisierten Hindernisse fehlt uns aber in der Regel die Zeit. Die nehmen wir uns jetzt in diesem Sprint. Das Refactoring steht tatsächlich noch aus – vielen Dank für die Erinnerung, Großväterchen. Das passt sehr gut in diesen Sprint. Im Gegensatz zur Aufnahme weiterer Backlog Items besteht beim Refactoring nicht die Gefahr, am Ende des Sprint mit halbfertigen Ergebnissen dazustehen.« »Aber es kann doch sein, dass wir mit dem Refactoring nicht fertig werden!«, wandte das Großväterchen ein. »Das stimmt – aber das gefährdet nicht unser Sprint-Ziel.« Der Prinz schaute in die Runde und versuchte, aus den Gesichtern eine Meinung zu seinen Aussagen abzulesen. »Hat jemand etwas gegen diese Vorgehensweise einzuwenden?« Die Antwort auf diese Frage – ein einhelliges »Nein!« – deckte sich mit seiner Beobachtung. Endlich konnte das Team seine Mittagspause genießen.

Der zweite Teil der Sprint-Planungssitzung fühlte sich nach dem vormittäglichen Wälzen schwerwiegender strategischer Herausforderungen wie ein Spaziergang an. Schnell hatte man das Sprint Backlog um die Aufgabenbeschreibungen ergänzt und war nun bereit für einen Sprint, der dank der Kombination von fachlichen Arbeiten an der Falle und der kritischen Betrachtung der Vorgehensweisen im Projekt sehr spannend zu werden schien.

Es hätte nicht viel gefehlt, und das Team wäre dem Rausch der Geschwindigkeit erlegen. Das passiert immer dann, wenn sich die Teammitglieder aufeinander eingespielt haben, die Scrum-Praktiken im Schlaf beherrschen und sich gut in die Fachlichkeit eingearbeitet haben. So betrachtet ist der an sich bedenkliche Geschwindigkeitsrausch ein Zeichen für etwas Positives: Er zeigt, dass das Team in den Fluss (Flow) gefunden hat – jenen Zustand, in dem das Team im Gleichklang mit einem gemeinsamen Takt arbeitet, wo fast alles gelingt, und wo man nicht mehr darüber nachdenken muss, wie man eine Aufgabe angeht, sondern sich endlich voll und ganz auf die Inhalte konzentrieren kann. Nicht nur in Scrum und anderen agilen Vorgehensweisen neigt der Mensch an diesem Punkt gerne zur Selbstüberschätzung. Man blendet den mitunter beschwerlichen Weg aus, der zu diesem Zustand geführt hat. Dabei ist gerade dieser Weg das beste Zeichen dafür, dass der »Flow« kein Geschenk ist, sondern das Ergebnis harter Arbeit. Einmal erreicht, muss man ihn sich auch weiterhin verdienen. Stillstand ist zu wenig, übertriebene Erwartungen sind zu viel.

Prinz Rollo hat eine sehr wichtige Aussage über die Retrospektiven getroffen, die ich an dieser Stelle noch einmal wiederholen möchte: Die Retrospektive selbst dient vornehmlich dem Erkenntnisgewinn: Was lief gut, was kann verbessert werden? Die Hindernisliste dient der Sammlung dieser Erkenntnisse. Wir brauchen anschließend ausreichend Raum, um geeignete Maßnahmen entwickeln und umsetzen zu können. Dazu steht in der Retrospektive nur begrenzt Zeit zur Verfügung. Deshalb tun wir

das, was wir immer tun, wenn uns im Sprint neue strategische oder prozessbedingte Aufgaben über den Weg laufen: Wir sehen für diese Aufgaben im nächsten Sprint ausreichend Platz in der strategischen Planung vor. Prozessverbesserungen zahlen sich eigentlich immer aus – entweder direkt, indem der Prozess schlanker und schneller wird. Oder indirekt, wenn beispielsweise das Team mit dem neuen Prozess zufriedener ist und deshalb entspannter und engagierter arbeitet.

9.2   Umbaumaßnahmen

Bei der Suche nach Komponenten, die noch verbessert werden konnten, fiel die Wahl auf das Fallenschloss. Nachdem es im vergangenen Sprint Review nicht einwandfrei funktioniert hatte, war das Schloss erst zu Beginn dieses Sprint fertiggestellt worden. Das Schloss hatte alle Tests erfolgreich absolviert. Auch unter matschigen Bedingungen funktionierte es jetzt einwandfrei, wie die neuen Tests zeigten, die das Team in Erinnerung an das vergangene Sprint Review definiert hatte. Trotzdem hatte das Aschenputtel seine Zweifel, dass die Mechanik des Schlosses robust genug war, um den Widrigkeiten des Wieimmerländer Wetters dauerhaft zu trotzen. »Aber wir haben doch alles getestet! Warum wollt Ihr die Funktionstüchtigkeit des Schlosses trotzdem infrage stellen?«, fragte die Hexe. Aschenputtels Antwort war einfach: »Woher wollt Ihr wissen, dass wir alles getestet haben? Zugegeben – unsere Tests sind besser geworden, weil sie noch mehr Situationen abdecken, denen das Schloss ausgesetzt sein kann. Ich aber glaube, dass es noch viele Situationen gibt, die wir nicht vorhersehen können. Ich will mitnichten alles testen – das können wir auch nicht. Ich möchte nur sicherstellen, dass das Innenleben des Schlosses so robust wie möglich ist. Je filigraner und komplizierter das Innenleben, desto mehr potenzielle Fehlerquellen birgt das Schloss. An ein paar Stellen habe ich schon eine recht gute Vorstellung davon, wie man die Konstruktion verbessern könnte. Deshalb plädiere ich für ein Refactoring des Schlosses.« Prinz Rollo freute sich, dass neben dem Aschenputtel auch der Ritter und das Großväterchen an dieser Strukturverbesserung teilnahmen. Zunächst zerlegten sie das Schloss Stück für Stück in seine Einzelteile. Dabei richteten sie ihr Augenmerk auf jene Stel-

len, die von eindringendem Matsch und Wasser in Mitleiden-
schaft gezogen werden konnten. Dort begannen sie dann mit den
Detailverbesserungen. Das war ein zeitaufwendiger Prozess, denn
nach jeder Veränderung bauten sie das Schloss wieder komplett
zusammen. Dann musste das Fallenschloss alle Tests durchlaufen, bevor es wieder zerlegt und analysiert wurde. Dann erst
folgte das nächste Refactoring. Auf diese Weise war sichergestellt, dass die Refactorings nicht versehentlich die Funktionalität
des Fallenschlosses (und damit der Falle) beeinträchtigten.

Nach einer Woche begutachtete das gesamte Team das neue
Schloss. Die Begeisterung hielt sich in Grenzen. »Das sieht ja
genau so aus wie das alte Schloss«, maulte das Gespenst.
»Stimmt – und das ist auch gut so«, bekam es vom Einhorn zur
Antwort. »Das Refactoring hat ja auch nur zum Ziel gehabt, das
Innenleben des Schlosses robuster zu machen. Den wahren Wert
dieser Arbeit erkennt man nur in den Tests.« Das trug nicht zur
Begeisterung des Gespensts bei, erfreute aber die am Refactoring
Beteiligten, weil sie sich in ihrer Arbeit bestätigt fühlten. Prinz
Rollo freute sich sehr und zeigte das ganz offen. Die peinliche
Szene bei der Vorführung des Fallenschlosses im letzten Sprint
Review war ihm noch in unangenehmer Erinnerung. Dank des
Refactoring, so hoffte er, blieben ihm solche Situationen zukünf-
tig erspart.

9.3   Der Scrum-Meister mischt mit

Der Sprint lag nicht einmal zur Hälfte hinter ihm, da hatte der
Prinz plötzlich das Gefühl, kaum noch etwas zu tun zu haben. Die
Scrum-Prinzipien wurden eingehalten, auch die in den Retrospektiven und nachfolgenden Besprechungen entwickelten Anpassungen an das Projektumfeld waren den Musketieren in Fleisch und
Blut übergegangen. Für die Burndown Charts zeichnete mittlerweile das Großväterchen verantwortlich, das ein Faible für Zahlen und Statistiken hatte. Deshalb fühlte sich der Prinz arbeitslos,
hielt es aber für falsch, als normales Teammitglied Aufgaben zu
übernehmen. Zum Glück gab es das Einhorn Bumaraia, mit dem
der Prinz seine Zweifel besprechen konnte. »Da führt Ihr einen
interessanten Punkt an, Prinz Rollo«, freute sich das Einhorn und
erklärte, dass es im Lande Scrum eine geteilte Meinung zu dieser
Frage gebe. Das eine Lager argumentiert, dass ein Scrum-Team

mit zunehmender Erfahrung immer weniger auf die Einhaltung des Prozesses überwacht werden muss. Die Rolle des Scrum-Meisters wird zur Teilzeitaufgabe, und die aus Sicht des Scrum-Meisters gewonnene Zeit darf er dann für die Erledigung regulärer Sprint-Aufgaben verwenden. Dabei darf er jedoch die Rolle des Scrum-Meisters nicht vernachlässigen. Insbesondere das Beseitigen von Hindernissen muss weiterhin höchste Priorität haben.

Das andere Lager sieht eine große Gefahr in dem fortwährenden Rollenwechsel. Der lässt sich nicht verhindern, weil es nur sehr schlecht planbar ist, wann ein Team oder der Produktverantwortliche den Scrum-Meister benötigt. Beim unerwarteten Auftreten größerer Hindernisse kann der Scrum-Meister in einen Interessenkonflikt geraten: Er will das Hindernis so schnell wie möglich beseitigen. Die dafür benötigte Zeit fehlt ihm aber für die Entwicklungstätigkeit. Er läuft Gefahr, seine geplanten Entwicklungsaufgaben nicht rechtzeitig zu erledigen, und gefährdet damit das Erreichen des Sprint-Ziels. Wenn außerdem das Team nicht weiß, welchen Hut der Scrum-Meister gerade aufhat (Scrum-Meister oder Entwickler), dann fällt es ihm schwer, die Verantwortung dieser Person einzuordnen. Die Folge ist oft ein Vertrauensverlust. Der wird dadurch verstärkt, dass sich einzelne Teammitglieder bevormundet oder kontrolliert fühlen könnten, wenn der Scrum-Meister plötzlich (und temporär) Teil des Teams ist.

»Es geht im Wesentlichen um das Vertrauen in den Scrum-Meister. Wenn das durch einen Rollenwechsel gefährdet ist, dann sollte der Scrum-Meister darauf verzichten, Aufgaben zur Erreichung des Sprint-Ziels zu übernehmen«, schloss das Einhorn seinen Exkurs zur Scrum-Meister-Debatte. Der Prinz hatte die Argumente verstanden, wusste aber immer noch nicht, was er jetzt tun sollte. Da half ihm das Einhorn mit ein paar Fragen auf die Sprünge. »Glaubt Ihr, dass sich das Team bevormundet fühlt, wenn Ihr plötzlich mitentwickelt und dabei auch mal mit anderen Teammitgliedern ein Paar bildet?« »Nein, das kann ich mir nicht vorstellen – ganz im Gegenteil: Ich werde es sein, der in der zweiten Reihe steht und erst einmal von den Musketieren lernt.« »Gut. Glaubt Ihr, dass Ihr bei Bedarf jederzeit den Hut wechseln und wieder Scrum-Meister sein könnt – mit allen Rechten und Pflichten?« »Ja, das traue ich mir mittlerweile zu.« »Und meint Ihr, dass sich Euer Vater trotzdem noch gut informiert fühlt, wenn Ihr einen Teil Eurer Zeit mit konkreten Produktaufgaben verbringt?« »Diese Frage habe ich mir auch schon gestellt. Ihr, werte Bumaraia, seht ja selbst, wie viel mein Vater in letzter Zeit mit seinen Regierungsgeschäften zu tun hat. Eigentlich ist er ganz froh, wenn er nur zum Review und zur Sprint-Planungssitzung hier erscheinen muss und ich zwischendrin einmal oder zweimal je Sprint ins Schloss fahre, um ihm den aktuellen Stand des Projekts mitzuteilen. So stellt man sich sicherlich nicht den idealen Produktverantwortlichen vor, aber so ist es nun einmal. Mein Vater würde das auch nie zugeben – dafür hängt er zu sehr an diesem Projekt. Aber um auf Eure Frage zurückzukommen: Ich glaube, dass meine Tätigkeit als Außenminister des Projekts sehr gut planbar ist, sodass es in dieser Hinsicht keine Konflikte mit der termingerechten Erledigung der Aufgaben geben dürfte.« Das Einhorn nickte zufrieden. »Ja, wenn das so ist, dann sehe ich nichts, was dagegen spricht, dass Ihr ab sofort ein Teilzeit-Musketier seid!« Das freute den Prinzen, und er berief sofort eine kleine Versammlung ein. Dort durfte Bumaraia noch einmal das Für und Wider der Doppelrolle darlegen, bevor Prinz Rollo sein Team fragte, ob er als Entwickler in Teilzeit willkommen wäre. Die Antwort fiel eindeutig aus: Wie auf ein Kommando legten alle die Hände aufeinander. Ganz oben durfte das neue Teilzeit-Musketier seine Hand legen – dann erscholl ein lautes »Alle für einen, einer für alle!«, das noch im letzten Winkel der Sommerresidenz zu hören war.

Der Prinz war froh, endlich einmal am Produkt mitarbeiten zu dürfen. Er legte sich mächtig ins Zeug und machte reichlich Gebrauch von der Möglichkeit, eine Aufgabe gemeinsam mit einem der anderen Musketiere zu erledigen. Auf diese Weise entstand ein sehr schlankes Alarmierungssystem, das die Kunde von der Gefangennahme eines Drachen auch über weite Strecken hinweg zuverlässig transportieren konnte. Wenn ein Drache in der Falle saß, dann sorgte ein Mechanismus dafür, dass er bei seinen Befreiungsversuchen ein Hanfseil bewegte. Dieses Seil wurde von der Falle bis zum nächstgelegenen Wachposten verlegt (meistens ein Gehöft) und dort mit einem kleinen Glöckchen verbunden. Klingelte das Glöckchen, dann hatte die Falle zugeschnappt.

Nach dem erfolgreichen Sprint Review verfügte der König, dass die neue Version der Falle ganz in der Nähe des Königsschlosses aufgestellt werden sollte. Das Alarmierungssystem endete sowohl in seinem Arbeitszimmer als auch in seinem

Schlafgemach, damit er Tag und Nacht über den Zustand der Falle informiert war. Viele Wieimmerländer kamen, um die neue Falle zu bestaunen. Das Alarmierungssystem sorgte für Furore – erst recht, als es zum ersten Mal einen Alarm auslöste.

Es war früher Abend, der König wollte sich gerade sein Nachtmahl bringen lassen, als das kleine Glöckchen neben dem königlichen Schreibtisch zu bimmeln begann. König Schærmæns Puls schlug schnell, als er aus dem Raum stürmte und zwei Türen weiter den Hofmarschall mit den Worten »Es ist soweit!« aus einer Audienz riss. Der Hofmarschall wusste sofort, dass sein Chef nur die Falle gemeint haben konnte. Er entschuldigte sich kurz bei seinem Gesprächspartner, sprang auf und eilte dem König hinterher. Der hatte mittlerweile die Wachen alarmiert und sein Pferd sowie das des Hofmarschalls satteln lassen. Gemeinsam mit zwei bis an die Zähne bewaffneten Wachleuten machten sich der König und der Hofmarschall auf den Weg zur Falle.

Schon von Weitem konnten sie erkennen, dass sich in der Falle etwas bewegte. Dieses Etwas versuchte offensichtlich, der unglücklichen Lage zu entkommen. König Schærmæn warf einen Blick in den Himmel, aber er konnte keine Drachen entdecken, die dem Gefangenen zur Hilfe eilten. Die letzten Meter ließen sie ihre Pferde in einen langsamen Schritt fallen, um das Tier in der Falle nicht zusätzlich zu beunruhigen. Zehn Meter von der Falle entfernt, die jetzt durch dichtes Gebüsch vor den Blicken der vier Kundschafter geschützt war, hielt der König und wies alle an, die Pferde anzubinden und zu Fuß weiterzugehen. Langsam und vorsichtig näherten sie sich der Falle. Die beiden Wachen hatten Mühe, mit der Armada an Waffen, die sie mit sich herumtrugen, keinen allzu großen Lärm zu verursachen. Das Tier in der Falle schien zu spüren, dass es Besuch bekommen sollte, denn es wurde sehr ruhig und schien zu lauschen oder zu wittern. Auf ein Handzeichen des Königs teilte sich der Trupp auf. Während sich der König mit dem einen Wachmann der Falle von der Nordseite näherte, führte der Hofmarschall die zweite Wache von Süden aus an die Falle heran. Nahezu zeitgleich erreichten beide Trupps den Käfig. Durch die Gitterstäbe sah sie ein Kalb traurig und verwirrt an – im Maul den Rest des vegetarischen Köders, der eigentlich für die Veganer-Drachen bestimmt war. Der Hofmarschall konnte sich ein Schmunzeln nicht verkneifen. Er schaute den König an, dem die Enttäuschung ins Gesicht geschrieben stand. König Schærmæn hatte sich so sehr darauf gefreut, die Funktionsfähigkeit der Falle endlich der breiten Öffentlichkeit präsentieren zu können. Nun hatte ihm dieses Kalb einen Strich durch die Rechnung gemacht. »Grämt Euch nicht, Hoheit!«, versuchte der Hofmarschall zu beruhigen. »Wenn Ihr es recht betrachtet, so hat die Falle doch funktioniert und sogar einen Alarm ausgelöst. Dass es kein Drache ist, der uns hier ins Netz bzw. in den Käfig gegangen ist, spielt dabei keine allzu große Rolle.« Der König brauchte eine Weile, um diese Argumentation zu akzeptieren. Dann verpflichtete er seine Mannschaft zu absolutem Stillschweigen, bevor er die Falle öffnen ließ und dem Kalb die Freiheit schenkte. Das Tier schaute sich sein Gefängnis in Ruhe von allen Seiten an, bevor es sich mit einem »Muh!« von den vier Wieimmerländern verabschiedete und langsam davontrottete.

Ein Kalb, entflohen aus dem Stalle,
stand staunend vor der Drachenfalle.
»Was«, so dachte sich das Tier,
»ist das wohl für ein Kasten hier?«
Sehr technisch, schön auch im Design.
Aus Neugier stieg es dann hinein.
Kaum war es drin mitsamt dem Schwanz,
schloss sich die Drachenfalle ganz –
nicht angenehm fürs kleine Rind,
besonders jetzt im kalten Wind.
Doch Hilfe naht in Kälbchens Not,
verhindert ward der Kältetod,
denn aktiviert vom Klingelton
erschien der tapfre König schon
und öffnete der Falle Tor,
damit das Tier nicht drin erfror.
Merkt: Was geplant ist für den Drachen,
das könnt ihr nicht mit Kälbern machen.

Heinz Koschek

10 Sprint 6

Von dem ersten erfolgreichen Einsatz der neuen Drachenfalle erfuhr niemand – abgesehen von den vier Personen, die das arme Kalb in der Falle vorgefunden hatten. Der Hofmarschall hatte noch einmal versucht, den König davon zu überzeugen, dass man dieses Ereignis durchaus als Erfolg verbuchen könne, aber König Schærmæn war da anderer Meinung. Er wollte die Erfolgsgeschichte der neuen Fallengeneration mit einem echten Drachenfang beginnen lassen. So blieb ihm nichts anderes übrig, als weiterhin auf das Bimmeln der beiden Glöckchen zu warten.

10.1 Fluss vs. Fehlerteufel

Dieses Bimmeln blieb leider aus. Der König hatte die Hoffnung schon aufgegeben, als eines Tages der Hofmarschall in das Arbeitszimmer stürzte. Ganz außer Atem berichtete er dem König, dass ein Bauer heute Morgen einen lebenden Smok in der Falle gesichtet hatte. Ein Team von Drachenrittern war soeben auf dem Weg, um das gefährliche Tier aus der Falle zu befreien. Der König schwang sich sofort auf sein Pferd, um noch vor den Rittern an der Falle einzutreffen. Dort hatte sich mittlerweile eine Menschentraube gebildet. Alle starrten den Smok an, der verzweifelt versuchte, einen Ausweg aus diesem Gefängnis zu finden. Das Tier wurde zusehends nervöser. Seine Versuche, mit roher Gewalt aus dem Käfig zu entkommen, waren an der robusten Konstruktion gescheitert. Auch das Schloss hatte der Smok nicht knacken können. Jetzt saß der Drache auf dem Präsentierteller und musste wohl oder übel seine Ohnmacht eingestehen. Je mehr seine Kräfte schwanden, desto näher trauten sich die Wieimmerländer an die Falle heran. Plötzlich teilte sich die Menschenmenge und bildete eine Gasse. Der Smok blickte auf und sah König Schærmæn, der durch die Gasse auf die Falle zuritt, dicht gefolgt von den Rittern. Denen gelang es nur mit Mühe, die Schaulustigen so weit zurückzudrängen, dass sie einen Sicherheitsabstand von zehn Metern zur Falle einhielten. Erst als sichergestellt war, dass sich kein Wieimmerländer in der inneren Zone aufhielt, machten sich die Ritter unter der Aufsicht des Königs an ihre gefährliche Arbeit, die dank der neuen Falle ein wenig sicherer geworden war. So reichten die Gitterstäbe nicht bis zum unteren Rand der Falle, sondern endeten an einer Querstrebe. Darunter war genügend Platz, um dem Drachen von außen die Fußfesseln anzulegen. Das war der gefährlichste Augenblick, weil der Gefangene natürlich danach trachtete, seine Widersacher zu greifen oder zu beißen. Hier war die langjährige Erfahrung gestandener Drachenritter gefragt. Die schweren Eisenketten an den Fußfesseln waren zuvor durch eine dafür vorgesehene Öffnung in der Fallentür gefädelt und außerhalb der Falle in eine Konstruktion eingehängt worden, mit der der Drache sehr genau gelenkt werden konnte. Die neue Falle machte es also möglich, den Drachen zu fesseln, ohne zuvor die Falle öffnen zu müssen. König Schærmæn war sehr zufrieden, als er sah, dass dieses Konzept auch im Ernstfall funktionierte. Die Ritter waren begeistert, dass sie sich nicht mehr in den Käfig begeben mussten, um den Drachen transportbereit zu machen. Auf den Befehl des Königs nahmen zwei Ritter die Enden der Eisenketten und hielten sie unter Spannung, während der dritte Ritter das Schloss öffnete, auf die Falle kletterte und vorsichtig die Fallentür nach oben schob. Dabei stand er auf einer Eisenplatte, die ihn vor Übergriffen des Drachen schützte. Der vierte Ritter stand hinter der Falle und versuchte, den Drachen mithilfe einer Lanze aus der Falle zu scheuchen. Der Smok hatte sich aber bereits aufgegeben und verließ sein Gefängnis freiwillig. Mittlerweile war auch der Transportkäfig eingetroffen und an die Konstruktion gekoppelt worden. Unter dem Jubel der Schaulustigen wurde der Drache von den Rittern in den Transportkäfig bugsiert, in dem das Tier zur Forschungsabteilung der größten Wieimmerländer Fallenwerkstatt gebracht wurde.

König Schærmæn wischte sich den Schweiß von der Stirn. Erst jetzt, als alles vorbei war, merkte er, wie groß seine Anspannung gewesen war. Der Druck war aber auch enorm: Was wäre gewesen, wenn die Falle unter den Augen seiner Bevölkerung nicht funktioniert hätte? Aber sie hatte funktioniert! Bis auf die fehlende Alarmierung, aber das hatte niemand mitbekommen. Trotzdem drehten sich die Gedanken des Königs um diese Frage. Er wollte selber herausfinden, wo das Problem lag. Dabei sollte ihm Ritter Grünbalk helfen – jener Ritter, der eigentlich zum Team der Musketiere berufen werden sollte, damals aber leider anderweitig gebunden war. Jetzt war er wieder im Lande, und er gehörte zu der Gruppe der Ritter, die den König zum Smok begleitet hatten.

Die Suche begann in der Falle. Ein wenig mulmig war dem König schon zumute, als er den Raum betrat, in dem kurz zuvor ein blutrünstiger Smok gewütet hatte. Vom Sprint Review war ihm das Alarmierungssystem noch in bester Erinnerung, und so wusste er, wo das Hanfseil an den Auslösemechanismus geknüpft sein musste. Dort war es auch tatsächlich angebracht, und der Knoten saß fest. Das Seil lief um einige Umlenkrollen und verließ dann das Falleninnere. König Schærmæn wies Ritter Grünbalk an, an dieser Stelle von außen das Seil in Empfang zu nehmen. Dann verließ der König die Falle, um gemeinsam mit Grünbalk dem Verlauf des Seiles zu folgen.

Sie waren bereits eine Weile gewandert, und in der Ferne war schon das königliche Schloss zu sehen, da hielt der Ritter plötzlich das lose, ausgefranste Ende des Seils in der Hand. Verdutzt blickte er den König an. Der aber schaute nach unten und suchte den Boden nach Spuren ab. Die Erde war übersät mit Fasern des Seils. Es gab aber weit und breit nichts, woran das Seil sich hätte scheuern können – das war die Vermutung des Königs gewesen. Doch dann entdeckte er einen Kaninchenbau, in dessen Eingang mehrere der Fasern lagen. »Ha!«, stieß der König überrascht aus, und Ritter Grünbalk schaute ihn fragend an. »Die Kaninchen haben sich am königlichen Alarmierungssystem schadlos gehalten! Welch ein Skandal!«, schimpfte das Staatsoberhaupt. Grünbalk musste sich das Schmunzeln verkneifen. »Das ist eine interessante Erkenntnis«, sagte er. »Dieser Fall zeigt, dass die Realität immer noch der beste Test ist. Ihr wisst, dass ich ein glühender Verfechter des Testens bin – genau wie Euer Team. Aber hier trifft

das Team keine Schuld. Man kann einfach nicht alle Eventualitäten berücksichtigen. Jetzt aber müssen wir die Musketiere darüber informieren. Soll ich das für Euch tun, Euer Hoheit?« Der
König nickte, ging zu seinem Pferd, das brav hinter den beiden
Detektiven hergetrabt war, und ritt zurück ins Schloss, während
sich Ritter Grünbalk auf den Weg zur Sommerresidenz machte.

Die Musketiere waren wie üblich in ihre Arbeit vertieft, als
Grünbalk auf den Hof preschte. Er ging zunächst zum Prinzen
und informierte diesen über den erfolgreichen Einsatz der Falle.
Der Prinz freute sich und wollte gerade seine Musketiere zu einer
außerordentlichen Versammlung zusammenrufen, als sich Ritter
Grünbalk räusperte und sprach: »Das war noch nicht alles, Prinz
Rollo. Ich muss Euch leider mitteilen, dass das Alarmierungssystem versagt hat. Wir haben aber die Fehlerursache gefunden: Ein
Kaninchenrudel hatte das Hanfseil durchgeknabbert. Nun
wünscht Euer Vater, dass Ihr diesen Fehler sofort behebt.« »Was
bedeutet ›sofort‹?«, wollte der Prinz wissen. »Nun, ich denke,
dass er bis zum Ende dieses Sprint eine Lösung des Problems
sehen möchte.« »Das geht aber nicht, denn der Sprint ist
geschützt – oder was meint Ihr, Bumaraia?« Das Einhorn hatte
den Raum betreten, die Diskussion aber nur zur Hälfte mitbekommen. Nachdem Ritter Grünbalk die wesentlichen Fakten
wiederholt hatte, dachte das Einhorn kurz nach und sagte dann:
»Ich habe natürlich eine Meinung zu dieser Problematik. Um
nicht alles doppelt erzählen zu müssen, möchte ich jetzt gerne die
Musketiere zusammenrufen. Dann kann Ritter Grünbalk noch
einmal schildern, wie gut die Falle funktioniert hat, und warum
das Alarmierungssystem versagte. Erst dann werde ich sagen, wie
wir meiner Meinung nach mit diesem Fehler umgehen sollten.«

Nachdem Grünbalk dem Team sehr anschaulich berichtet
hatte, wie der Smok vergeblich einen Weg aus der Falle gesucht
und dann sicher in den Transportkäfig überführt worden war,
brach spontaner Jubel aus. Der Ritter wollte gerade mit seinem
Bericht fortfahren, als das Einhorn ihm bedeutete, noch ein
wenig zu warten. Bumaraia gönnte dem Team diesen Erfolg. Sie
wusste, dass für die Musketiere dieser erste echte Einsatz der
Falle das größte Kompliment war, das man ihnen für die monate-
lange Arbeit machen konnte. Sie hatten einen großen Teil der
königlichen Vision lebendig werden lassen. Bumaraia beobachtete vergnügt, wie die Musketiere ihr Ritual ausführten. Ritter

Grünbalk war amüsiert und beeindruckt zugleich. Angesichts der allgemeinen Freude fiel es ihm schwer, die unangenehme Nachricht in Worte zu fassen. »Ich möchte Eure Freude ungern trüben«, begann er vorsichtig. Als er merkte, dass ihm niemand zuhörte, blickte er verzweifelt den Prinzen an. Der rief das Team mit Hilfe des Glöckchens zur Ruhe und übergab Ritter Grünbalk den Redestab, der daraufhin mit seinem Bericht fortfuhr.

Zwei Minuten später war die gute Laune verflogen. Noch bevor der Prinz seinen Einwand wiederholen konnte, bekam er Schützenhilfe von der Hexe. »Ihr verlangt ja wohl nicht, dass wir dieses Problem im laufenden Sprint angehen, oder? Wir haben genug zu tun – auch ohne angeknabberte Seile!« Jetzt war es am Einhorn, seine Sicht der Dinge zu dieser unangenehmen Situation kundzutun. »Wie so oft im Leben, so gibt es auch für diese Situation keine eindeutige Lösung. Die Sache ist aus Scrum-Sicht natürlich sehr unangenehm: Einerseits wollt ihr das Sprint-Ziel erreichen – schließlich habt ihr es dem König zugesagt.« Dabei schaute das Einhorn auf das Sprint Backlog, über dem das Ziel dieses sechsten Sprint zu lesen war:

> Ziel des Sprint 6: Eine Konstruktion, mit der die Bewegungsfreiheit des Drachen in der Falle so weit eingeschränkt werden kann, dass das Anlegen der Fußfesseln schnell und sicher vonstatten geht.

»Andererseits gibt es da diesen Fehler, der eine wesentliche Funktion der Falle verhindert. Nun müsst Ihr abschätzen, wie gravierend dieser Fehler ist und wie aufwendig die Fehlerbehebung sein wird. Dann erst könnt ihr entscheiden, ob ihr den Fehler in diesem Sprint beheben wollt. Eventuell geschieht dies auf Kosten eines Sprint Backlog Item. Das allerdings müsst Ihr mit dem Produktverantwortlichen besprechen. Gemeinsam mit ihm sucht ihr einen geeigneten Streichkandidaten. Das wird in der Regel das am niedrigsten priorisierte Backlog Item sein. So – nun diskutiert mal schön!« Und das taten die Musketiere. Der Redestab wanderte rastlos von Hand zu Hand. Wieder staunte Ritter Grünbalk und wünschte sich, Teil dieses Teams sein zu dürfen. Er wurde sofort in die Diskussion eingebunden, musste den Teammitgliedern Rede und Antwort stehen und immer wieder neue Details von der Fehlersuche preisgeben. Dann war eine Lösung gefunden: Man wollte das Hanfseil durch eine neuartige Erfindung ersetzen, die Ritter Grünbalk neulich auf einem Handwerkermarkt gesehen hatte: ein dünnes Drahtseil – biegsam wie die altbekannten Naturseile, aber so gut wie unzerstörbar. Da der Ritter dem Team anbot, ein solches Seil zu besorgen, konnte der personelle Aufwand für das Team auf ein Minimum reduziert werden. Jetzt waren die Musketiere auf dem besten Weg, das vermeintlich Unmögliche zu schaffen: das Sprint-Ziel zu erreichen und zusätzlich einen schweren Fehler zu beheben. Und sie hatten etwas Wichtiges gelernt: Fehler sind nicht planbar, müssen aber trotzdem im Sprint berücksichtigt werden – und zwar vom Team.

Wie aber berücksichtigt man Fehler, wenn sie zum einen nicht planbar sind und zum anderen nicht zum Geschäftswert des Produkts beitragen? Moment – tun sie das wirklich nicht? Sollte die Beseitigung eines Fehlers nicht nur dann angestoßen werden, wenn dadurch ein Wert für das Produkt realisiert werden kann? Ich meine: Ja! Dann spricht auch nichts dagegen, diesen Fehler als Backlog Item zu formulieren und wie jedes andere Backlog Item zu schätzen (Analyse und Behebung des Fehlers) und zu priorisieren. Der Produktverantwortliche legt mit der Priorisierung fest, wie wertvoll für ihn die Behebung des Fehlers ist.

Eine Ausnahme bilden die produktionsverhindernden Fehler. Diese müssen immer sofort behoben werden, weil sie sonst den erfolgreichen Abschluss eines gesamten Sprint verhindern kön-

nen. Es spricht nichts dagegen, für diese Art von Fehlern in der Sprint-Planung einen Zeitpuffer für die Fehleranalyse und -behebung vorzusehen.

10.2 Ist »ziemlich gut« gut genug?

Die Beschaffung des Drahtseils war schließlich komplizierter, als man zunächst angenommen hatte. Der Produzent dieser Seile war sich des Werts seiner Erfindung wohl bewusst, was sich in den hohen Preisen ausdrückte, die er für seine Ware verlangte. Ritter Grünbalk war vom König mit einem Beutel Dukaten ausgestattet worden. Das war dem Seilhändler Reginaldus jedoch nicht genug. Er forderte vom Ritter zwei Beutel Dukaten. Darauf fand Grünbalk nur eine Antwort. »Das ist Wucher!«, schrie er Reginaldus an. »Ihr könnt froh sein, dass Ihr nicht in Wieimmerland lebt, denn dort steht auf dieses Vergehen der Kerker!« Reginaldus lächelte, denn er wusste, dass er am längeren Hebel saß. »Deute ich Euren Wutausbruch richtig, Ritter? Ihr wollt mein Wunderseil doch nicht kaufen? Schade – für Euch!«, entgegnete er seelenruhig. Ritter Grünbalk kochte innerlich vor Wut, empfahl sich und ritt ohne Seil zurück zum Schloss.

Der König ärgerte sich über diesen geldgierigen Menschen. »Ihr habt richtig gehandelt, Grünbalk! Ich wäre auch unverrichteter Dinge gegangen. Dieser Reginaldus soll nicht glauben, dass wir Wieimmerländer seine Produkte so nötig haben!« »Aber was machen wir denn jetzt, Euer Majestät? Wir brauchen das Seil, denn sonst funktioniert unsere Falle nicht richtig.« »Ganz ruhig, Grünbalk – wir finden schon eine Lösung. Lasst uns zur Sommerresidenz fahren und mit den Musketieren reden. Ihr werdet sehen, dass dieses Team für jedes Problem eine Lösung kennt. Wahrscheinlich tüfteln sie schon längst an einer Seilermaschine, die solche Drahtseile produzieren kann.« Da hatte sich der König jedoch getäuscht. Das Team war wie gesagt froh gewesen, dass Ritter Grünbalk ihnen diese Aufgabe abgenommen hatte, und hatte sich wieder den Backlog Items zugewendet. Umso überraschter waren alle, als der König in Begleitung des Ritters in der Sommerresidenz erschien und vom Team eine neue Lösung des Problems verlangte. »Ja, aber … ich dachte, dass Ihr uns ein Drahtseil besorgen wolltet!«, fragte das Aschenputtel, und Ritter

Grünbalk musste von seiner unangenehmen Begegnung mit dem Seilhändler Reginaldus berichten. »Aber ist Euch der Erfolg dieses Projekts nicht einen weiteren Sack Dukaten wert?«, wollte das Aschenputtel wissen. »Doch, schon«, antwortete der König, »aber hier geht es auch ums Prinzip. Ich unterstütze keine Wucherer!« Das Gespenst wurde unruhig. »Was ist denn die Alternative?«, wollte es vom König wissen. »Nun ja – wie wäre es, wenn Ihr ein solches Seil entwickelt?« »Wie sollen wir das denn anstellen?«, platzte es aus dem Großväterchen heraus, »Und vor allem: Wann sollen wir das tun? Unser Sprint ist gut gefüllt, und Ihr wollt doch sicherlich nicht das Sprint-Ziel gefährden, oder?« »Nein, natürlich nicht. Aber können wir denn nicht einfach ein doppeltes Hanfseil nehmen? Das sollte doch in den meisten Fällen reichen«, versuchte sich der König an einer Lösung. Da schaltete sich das Einhorn ein. Es ging zur Schiefertafel und zeichnete ein Dreieck. In die Ecken schrieb es die drei Worte »Zeit«, »Funktionalität« und »Kosten«. »Hier seht Ihr die Steuerungsgrößen eines Scrum-Projekts. Veränderungen an einer der drei Größen ziehen immer eine Veränderung der anderen beiden Größen nach sich. Wenn wie in unserem Beispiel die Kosten fix sind, dann können wir entweder mehr Zeit investieren, um beispielsweise ein eigenes Seil zu konstruieren. Oder wir verzichten auf niedrig priorisierte Funktionalität, um stattdessen das Seil zu entwickeln. Euer Vorschlag, das Hanfseil einfach dicker zu machen, ist eine Notlösung, die unseren Qualitätsansprüchen nicht genügt. Schaut noch einmal auf das Dreieck: Seht Ihr dort das Wort › Qualität ‹ ? Nein! Denn Qualität ist keine Steuerungsgröße, sondern eine Konstante. Kompromisse bei der Qualität mögen kurzfristig eine Verbesserung bringen. Langfristig wirken sie sich jedoch negativ aus, weil sich die Entwicklungszeiten verlängern und die Kosten steigen.« »Aber das gefällt mir nicht!«, sagte der König verärgert. »Es muss doch eine Lösung geben, bei der ich auf nichts verzichten muss! Bei anderen Projekten funktioniert das doch auch!« »Das glaube ich kaum, Euer Durchlaucht«, erwiderte das Einhorn. »Schaut Euch mal die anderen Projekte genauer an. Dann werdet Ihr feststellen, dass dort auch mindestens eine der Steuerungsgrößen verändert worden ist. Meistens sind es Zeit und Geld, die stillschweigend erhöht wurden, um die zugesagte Funktionalität tatsächlich zu realisieren.« Der König fühlte sich ertappt, denn das entsprach tatsächlich

seiner Erfahrung – nur hatte bisher niemand so offen darüber
gesprochen. Er wandte sich an das Einhorn. »Was schlagt Ihr nun
vor, Bumaraia?« »Nichts. Wie gesagt: Hier stehen die Steuerungsgrößen. Ihr müsst jetzt entscheiden, an welchen Rädchen
Ihr drehen wollt.« Diese Entscheidung fiel dem König sichtlich
schwer. Den Faktor Zeit konnte er unmöglich beugen, denn seit
die neue Falle erfolgreich und publikumswirksam einen Smok
gefangen hatte, wartete ganz Wieimmerland auf das endgültige
Produkt. Die Verkäufer der Wieimmerländer Fallenwerkstätten
warben bereits bei ihren Handelsreisen für die neue Falle. Es gab
also kein Zurück mehr. Auch in puncto Funktionalität war wenig
zu machen. Die Funktionen, die der König für diesen und den
kommenden Sprint festgelegt hatte, waren entweder zwingend
notwendig oder sie stellten wesentliche Alleinstellungsmerkmale
dar, mit denen man für längere Zeit die Marktführerschaft vertei-
digen konnte. Die Qualität war tabu. Blieb das liebe Geld. »Na
gut«, sprach der König nach einer kurzen Bedenkzeit. »Ich werde
einen zweiten Versuch unternehmen, um mit Reginaldus über
den Kaufpreis für dessen Drahtseil zu verhandeln. Sollte er von
seiner ursprünglichen Forderung signifikant abrücken und uns
entgegenkommen, dann will ich diesem Wucherer das Seil abkau-
fen.« Damit war die Sitzung beendet.

Tatsächlich gelang es dem besten Einkäufer einer kleinen,
aber feinen Wieimmerländer Fallenwerkstatt, den Preis des
Drahtseils auf einen Beutel Dukaten und einen Silberbarren zu
drücken. Die Verhandlungen waren zäh, und Reginaldus erwies
sich als ebenbürtiger Gegner. Der Einkäufer aber hatte schon
ganz andere Lieferanten in die Knie gezwungen. Es war allein
sein Verdienst, dass an der Stellschraube namens Kosten nur ganz
wenig gedreht werden musste, um den Fehler im Alarmierungssystem zu beheben.

10.3 Dem König reicht es

Der kostspielige Drahtseil-Akt hatte König Schærmæn nach-
denklich werden lassen. Bisher hatte er im Wesentlichen für das
Team finanziell aufkommen müssen. Die Kosten für Unterkunft,
Verpflegung, Arbeitsmittel und Materialien waren überschaubar
gewesen. Die Unterstützung durch die Mitarbeiter der Fallenwerkstätten fiel ebenfalls kaum ins Gewicht. Für die Beschaffung

des Drahtseils fielen nun erstmals externe Kosten an. Wie viele mochten da noch kommen? Das fragte sich der König mit Sorge. Anstatt weiter darüber nachzugrübeln, lud er das Einhorn ins Schloss ein. Ach ja – das Einhorn! Die gute Bumaraia musste natürlich auch entlohnt werden. In ihrem Fall gab der König das Geld mit Freude, denn der sichtbare Gegenwert war ein gut funktionierendes agiles Projekt.

Nach der täglichen Zusammenkunft machte sich Bumaraia auf den Weg ins Schloss, das sie am späten Vormittag erreichte. Sie meldete sich an und wurde von einem Sekretär in den Schlosspark geführt. Dort genoss der König die Sonne, die völlig unerwartet den bis dato sehr trüben Februar versöhnlich ausklingen ließ. »Ah, meine liebe Bumaraia! Kommt und setzt Euch zu mir. Ist das nicht ein herrliches Wetter?« »Fürwahr, Euer Hoheit – einen solch sonnigen Tag haben wir uns schon lange gewünscht. Welch weise Entscheidung, diese Sonnenstrahlen hier im Park zu genießen. Aber sagt: Warum ließet Ihr mich rufen?« »Das liebe Geld, Bumaraia, es ist die Sorge um das liebe Geld! Mich hat Euer Dreieck der Steuerungsgrößen sehr beeindruckt. Ich habe lange darüber nachgedacht. Um direkt zur Sache zu kommen: Mich stimmt die finanzielle Entwicklung des Projekts bedenklich. Die Beschaffung des Drahtseils hat ein Loch in die Wieimmerländer Staatskasse gerissen, das ich dem Ältestenrat erst einmal erläutern muss. Man wird mich außerdem fragen, wie viele dieser teuren Drahtseile wir für die Serienfertigung der Falle brauchen werden.« »Aber die Ausgaben sind doch sinnvoll!«, verteidigte das Einhorn die Projektentscheidungen. »Ja, sicher – aber wie viel Geld müssen wir noch ausgeben, bis die Falle fertig ist?« Da wurde das Einhorn hellhörig und fragte: »Wann glaubt Ihr denn, dass unser Projekt fertig ist, Euer Hoheit?« »Ganz einfach: Wenn alle Backlog Items aus dem Product Backlog abgearbeitet sind!«, antwortete der Monarch überrascht. Diese Frage hätte sich das Einhorn doch eigentlich selber beantworten können! Stattdessen fragte es weiter nach. »Das Product Backlog wird aber immer wieder um neue Backlog Items ergänzt. Wie kann das Projekt jemals fertig werden, wenn das Product Backlog jederzeit erweitert werden kann?« »Ja, aber ... was soll ich denn da machen? Wird dieses Projekt bis in alle Ewigkeit weiterlaufen?« Der König blickte das Einhorn verzweifelt an. Bumaraia lächelte zurück. »Nur die Ruhe! Alles wird gut, denn jetzt schlägt die große

Stunde des Geschäftswerts.«»Des ... Geschäftswerts? Aha.« Der König verstand nicht, worauf das Einhorn hinauswollte.»Mit jedem Sprint haben wir einen Geschäftswert geschaffen. Wie habt Ihr die Backlog Items priorisiert? Richtig: nach Risiko und Geschäftswert – und zwar absteigend. Das bedeutet, dass jetzt so langsam die Backlog Items an die Reihe kommen, die einen vergleichsweise geringen Beitrag zum Gesamt-Geschäftswert liefern. Es ist deshalb an der Zeit, dass Ihr Euch die Frage stellt, ob der Nutzen dieser Backlog Items größer ist als die Kosten für ihre Entwicklung.«»Und wenn das Kosten-Nutzen-Verhältnis ungünstig ist?«»Dann solltet Ihr das Projekt beenden.«»Ich soll das Projekt vorzeitig abbrechen?«, fragte der König fassungslos.»Nein – Ihr sollt das Projekt dann beenden, wenn es sinnvoll ist.«»Das ist ungewöhnlich!«»Nein – es ist vernünftig. Ihr habt doch davon gesprochen, dass Euch die finanzielle Entwicklung Sorge bereitet. Jetzt habt Ihr die Möglichkeit, klare Verhältnisse zu schaffen.« Das war eine interessante Sichtweise, über die der König eine Weile nachdachte. Das Einhorn wollte den König nicht zu einer Entscheidung drängen und unternahm einen kleinen Spaziergang durch den winterlichen Park.

Als Bumaraia zum König zurückkehrte, schaute der das Einhorn entschlossen an und sprach:»Eure Argumente klingen vernünftig, aber ich bin noch nicht endgültig überzeugt. Um Gewissheit zu bekommen, werde ich den Hofmarschall in die große Fallenwerkstatt schicken. Sein Auftrag wird es sein, herauszufinden, ob die noch nicht erledigten Backlog Items aus Sicht der Produktverantwortlichen und Handlungsreisenden einen signifikanten Mehrwert darstellen. Es wäre sehr hilfreich, wenn Ihr meinen Hofmarschall bei dieser Aufgabe unterstützen könntet.«»Das will ich gerne tun, Euer Hoheit. Eigentlich wäre das eine Aufgabe, die Eurem Sohn in seiner Rolle als Scrum-Meister zustünde. Der ist jedoch, ganz offen gesagt, in seiner Rolle als Entwickler mit einer kniffligen Aufgabe beschäftigt, die seine volle Aufmerksamkeit verlangt. Deshalb stehe ich gerne für die Unterstützung des Hofmarschalls zur Verfügung.«»Wie viel Vorbereitungszeit benötigt Ihr, und wann könntet Ihr Euch für einen halben Tag aus dem Projekt herauslösen?« Das Einhorn dachte kurz nach.»Gebt mir den heutigen Nachmittag, um die unerledigten Backlog Items auf eine Schriftrolle zu übertragen, denn wir können wohl kaum das Product Backlog aus dem Kaminzimmer in die Fallenwerkstatt transportieren. Morgen nach der täglichen Zusammenkunft soll mich der Hofmarschall mit einem Wagen in der Sommerresidenz abholen. Dann reisen wir gemeinsam zur Fallenwerkstatt. Ich gehe davon aus, dass Ihr jene Kollegen, die für diese Besprechung erforderlich sind, noch heute darüber in Kenntnis setzt. Ist Euch dieser Zeitplan genehm?« »Wie immer es Euch beliebt, werte Bumaraia. Ich habe gelernt, dass ich nicht ständig meine Meinung durchsetzen kann. Auch ein König muss sich den Sachzwängen beugen, wenn er nicht an der Realität vorbeiregieren möchte.« »Weise gesprochen! Mit dieser Einsicht seid Ihr den Herrschern vieler Staaten einen wichtigen Schritt voraus. Euer Volk wird es Euch danken!« Mit diesem Lob empfahl sich das Einhorn. Es gab viel zu tun: Zunächst musste Prinz Rollo über das Ergebnis der Audienz bei seinem Vater informiert werden. Dann kopierte und kommentierte Bumaraia das Product Backlog, um die Kollegen aus der Fallenwerkstatt möglichst schnell mit der Materie vertraut zu machen. Diese Arbeit schloss das Einhorn am späten Nachmittag ab. Die papierne Kopie des Product Backlog wurde sogleich von einem Boten zu der Fallenwerkstatt gebracht. Auf diese Weise konnten die dortigen Experten schon vor dem Treffen mit Bumaraia und dem Hofmarschall einen Blick auf die Items werfen.

Das Treffen begann pünktlich und endete früher als erwartet, was zum großen Teil der guten Vorbereitung durch das Einhorn zu verdanken war. Das frühzeitige Versenden des Product Backlog wurde von allen Seiten gelobt. Als man sich an die wirtschaftliche Bewertung der Backlog Items machte, konnte Bumaraia erneut ihr Organisationstalent unter Beweis stellen. Sie hatte sich vom Schatzmeister des Königs eine Kostenaufstellung des Projekts anfertigen lassen. Aus diesem Bericht ließen sich die Kosten der einzelnen Sprints ablesen. Mit Kenntnis dieser Zahlen war es ein Leichtes, die Kosten für den aktuellen und eventuell folgende Sprints abzuschätzen. Die Schätzwerte verglich man anschließend mit der Nutzenanalyse, die von den Produktverantwortlichen und Handlungsreisenden der Werkstatt durchgeführt worden war. Dabei stellte sich recht schnell heraus, dass mit einer einzigen Ausnahme die Entwicklungskosten für die unerledigten Backlog Items deutlich höher waren als der erwartete Nutzen. Bumaraia beschrieb anschließend den aktuellen Funktionsumfang der neuen Falle und fragte dann in die Runde: »Glaubt Ihr, dass eine Falle mit dieser Ausstattung am Markt eine Chance hat? Bitte bedenkt dabei, dass die Falle gegenüber den heute verkauften Varianten einen signifikanten Mehrwert bieten muss.« »Das tut sie ganz gewiss, werte Bumaraia!«, rief der junge Jobst. Er war Produktverantwortlicher der meistverkauften Wieimmerländer Falle und hatte das Glück gehabt, die Gefangennahme des Smok hautnah mitzuerleben. Jobst wusste ganz genau, was die Kunden an den Wieimmerländer Fallen schätzten – aber auch, was sie bei den Fallen bisher vermisst hatten. »Die neue Falle verkleinert die Lücke zwischen Kundenwunsch und Funktionsumfang ganz erheblich! Ich bin mir sicher, dass uns die Kunden diese neue Falle aus den Händen reißen werden – auch ohne die noch nicht realisierten Funktionen. Wenn es nach mir ginge, dann würden wir sofort mit der Serienfertigung beginnen. Was meint Ihr dazu, werte Kollegen?« Das kollektive Nicken erfreute den engagierten Produktverantwortlichen. »Dann ist es abgemacht. Werter Hofmarschall – wenn Ihr bitte so freundlich wäret, dem König unsere ergebensten Grüße zu übermitteln und ihm mitzuteilen, dass wir eine Serienfertigung der Falle mit ihrem derzeitigen Funktionsumfang sehr begrüßen würden.« »Das will ich tun, werter Jobst!«, erwiderte der Hofmarschall, und an das Einhorn gewandt ergänzte er: »Lasst uns aufbrechen, damit König Schærmæn noch heute eine Entscheidung fällen kann.« Die beiden königlichen Gesandten dankten den Fallenexperten für ihre Unterstützung und reisten ab.

Zurück im Schloss mussten sie nur kurz warten, bis König Schærmæn für sie Zeit hatte. Der Hofmarschall berichtete kurz und knapp von dem Treffen und schloss seine Ausführungen mit der Empfehlung der Experten. Gespannt schauten Hofmarschall und Einhorn den Herrscher an, aus dessen Miene jedoch nicht abzulesen war, wie er diese Empfehlung bewertete. Nach einer kurzen Bedenkzeit hatte er eine Entscheidung getroffen, die er sogleich verkündete: »Ich sehe, dass Ihr in sechs Sprints eine Falle geschaffen habt, die unseren aktuellen Modellen in vielen Bereichen weit voraus ist. Die Experten haben die Marktreife des Modells bescheinigt, die ja bereits in der Praxis eindrucksvoll bestätigt worden ist. Deshalb verfüge ich, dass das Projekt mit Ablauf dieses Sprint eingestellt und die Falle in die Serienfertigung überführt wird.« »Ich hätte eine Bitte, Euer Hoheit«, warf das Einhorn schnell ein. »Wir brauchen noch etwas Zeit, um das

Projekt ordentlich zu beenden und alles für die Serienfertigung vorzubereiten. Gewährt uns dafür bitte noch einen letzten Sprint.« »Das wollte ich ohnehin vorschlagen, werte Bumaraia. Auf diese Weise habe ich mehr als vier Wochen Zeit, um ein kleines Fest zu Ehren der Musketiere vorzubereiten. Aber das bleibt bitte unter uns, denn es soll eine Überraschung werden.« Der König zwinkerte dem Einhorn zu. Anschließend verabschiedete er sich von seinen Gästen und bat den Hofmarschall, das Einhorn zur Sommerresidenz zurückzubringen. Als Bumaraia im Wagen saß, dachte sie darüber nach, dass in wenigen Wochen ein spannendes Projekt zu Ende gehen sollte, in dem aus einer Mannschaft von Individualisten im Laufe der Zeit ein agiles Team gewachsen war, von dessen Leistung und Arbeitsweise sich viele Menschen beeindruckt zeigten. Bumaraia überfiel ein trauriges Gefühl – so wie jedes Mal, wenn eines ihrer Projekte kurz vor dem Abschluss stand. »Daran werde ich mich wohl nie gewöhnen«, seufzte sie, lehnte sich zurück und betrachtete die Wieimmerländer Winterlandschaft, die schnell an ihr vorbeizog.

11   Der letzte Sprint

Die Nachricht vom baldigen Ende des Projekts kam für alle Teammitglieder sehr überraschend. Das Einhorn hatte sein Team zwar darauf vorbereitet, aber als der König am Ende des sechsten Sprint verkündete, dass er in vier Wochen eine produktionsreife Drachenfalle benötige, um die Falle anschließend in die Serienfertigung zu überführen, da machte sich in der winterlichen Sommerresidenz die Schwermut breit. Keiner der Musketiere konnte sich vorstellen, was nach dem letzten Sprint passieren sollte. Würden sich ihre Wege trennen? War ihre Unterstützung vielleicht auch in der Serienproduktion gefragt?

Die Retrospektive am Ende des sechsten und zugleich vorletzten Sprint war sehr uninspiriert gewesen. Kein Wunder, denn alle Prozessverbesserungen, die hier geboren wurden, hatten nur noch vier Wochen Bestand. Das Einhorn versuchte vergeblich, die Moral der Truppe zu heben. Es erinnerte alle daran, dass die Erkenntnisse aus der Retrospektive auch für die Serienfertigung von Interesse sein könnten, und dass man sich zumindest in den produktionsrelevanten Bereichen Gedanken über Verbesserungsmöglichkeiten machen müsse. Als Beispiele für diese Bereiche nannte das Einhorn die Testumgebung und die Dokumentation. Das Team ließ sich von der Euphorie des Einhorns nicht anstecken. Jetzt, wo ihnen das Projektende so direkt und unaufhaltsam vor Augen stand, wollten sie nur noch eines: es endlich hinter sich bringen.

11.1 Jedem Ende wohnt auch ein Anfang inne

Auch das Sprint-Ziel, das König Schærmæn dem Team in der
Sprint-Planungssitzung mitteilte, war im Vergleich zu seinen Vor-
gängern wenig visionär:

> Ziel des Sprint 7: Eine produktionsreife Falle, die ausreichend doku-
> mentiert ist und reibungslos in die Serienfertigung überführt werden
> kann.

Dieses Ziel klang ein wenig nach ... »Aufräumarbeiten!« Ritter
Magnolius brachte es beim Frühstück auf den Punkt. »Wir sollen
jetzt also vier Wochen lang das Projekt abwickeln, anhübschen,
fertigstellen. Ist das agil?«, setzte er nach. »Allerdings!« Das Einhorn war sichtlich enttäuscht, dass der Ritter ausgerechnet im
letzten Sprint die Ideen von Scrum infrage stellte. »Wir können ja
nicht ewig weiterentwickeln«, ergänzte das Einhorn. »Das wäre
sicherlich angenehm, aber aus wirtschaftlicher Sicht fatal. Ich
verstehe, dass es Euch schwerfällt, diese Veränderung zu akzeptieren. Obwohl Ihr die ganze Zeit gewusst habt, dass dieser
Moment irgendwann kommen würde, habt Ihr den Gedanken
daran verdrängt. Das ehrt Euch, denn es zeigt, dass Ihr Euch in
diesem Umfeld wohlfühlt. Aber jetzt lasst uns bitte abwarten,
welche Pläne der König mit uns hat.«

Die Musketiere mussten gar nicht lange warten, um zu erfahren, welche Zukunft ihnen beschieden war. Da König Schærmæn
sich denken konnte, dass diese Frage für das Team dringender
war als die Klärung der letzten Backlog Items, kam er gleich nach
der Begrüßung zur Sache. »Ihr wisst ja, dass ich sehr stolz auf
Euch und auf dieses Projekt bin – und ein bisschen stolz auch auf
mich, weil ich mutig genug war, Scrum als Vorgehensweise für
dieses Projekt auszuwählen. Ihr habt in den letzten sechs Sprints
gelernt, sorgsam und zielgerichtet mit dem Scrum-Handwerks-
zeug umzugehen. Wenn Ihr Euch an den Anfang des Projekts
erinnert, dann werden Euch die Fehler, die Ihr damals gemacht
habt, im Nachhinein verwundern. Dabei zeigen diese Fehlbedie-
nungen des Scrum-Handwerkszeugs nur, dass die Einführung von
Scrum viel Zeit und Erfahrung benötigt. In puncto Erfahrung
konnten wir glücklicherweise von dem Wissen unserer geschätzten Bumaraia profitieren. Sie hat das Erlernen von Scrum erleich-

tert und beschleunigt.« Der König musste kurz innehalten, weil das Team die Gelegenheit nutzte, um Bumaraia durch anerkennendes Klopfen auf den Tisch seinen Dank auszusprechen. Dann konnte er endlich zum wesentlichen Punkt kommen. »Wenn ich Euch jetzt frage, ob Ihr das nächste Projekt wieder mit einer agilen Vorgehensweise machen würdet, dann wäre die Antwort vermutlich › Ja!‹, oder?« Kopfnicken. »Was aber würdet Ihr sagen, wenn ich auch die Serienfertigung der Falle agil organisieren wollte?« Der König merkte, dass er dem Team mit dieser Frage einen Impuls gegeben hatte. Er konnte förmlich spüren, wie die Musketiere über seine Idee nachdachten. Aschenputtel war die Erste, die sich dazu äußern wollte. »Ein interessanter Ansatz, Euer Majestät. Aber kann Scrum in einem produzierenden Betrieb funktionieren? Dort herrschen andere Bedingungen als in einem Entwicklungsprojekt. Die Fehlerbehebung hat beispielsweise einen weitaus höheren Stellenwert. Wir haben ja alle gesehen, wie wenig planbar das Auftreten und Bearbeiten von Fehlern ist. Ich muss sagen, dass ich skeptisch bin, ob wir die Erfahrungen dieses Projekts unverändert auf ein Produktionsumfeld übertragen können. Aber vermutlich ist das gar nicht das Ziel, und die Herausforderung besteht in der Anpassung unserer Erfahrungen an die neue Umgebung. Das wäre allerdings eine sehr reizvolle Aufgabe.« »Genau das ist es, um das ich Euch bitten möchte, liebe Musketiere«, sagte der König. »Ihr sollt als Ambassadeure und Trainer für agile Vorgehensweisen in die Fallenwerkstätten gehen, um dort die Voraussetzungen für eine schlanke Produktion zu schaffen.« Das Leuchten in den Augen der Musketiere beruhigte den König. Bis zuletzt war er sich nicht sicher gewesen, wie das Team auf diesen Vorschlag reagieren würde. Schließlich verlangte diese Aufgabe, dass das Team auseinandergerissen würde. Um diese Befürchtung zu zerstreuen, fügte der König schnell hinzu: »Auch wenn Ihr in Zukunft nicht mehr alle gemeinsam an einem Ort arbeiten werdet, so seid Ihr doch noch ein Team. Ihr sollt Euch regelmäßig treffen, um Euch auszutauschen und von den Erfahrungen der anderen zu lernen. Was sagt Ihr dazu?« Dieses Mal war es das Gespenst, das sofort das Wort ergriff. »Jeder von uns soll ganz alleine in einer Fallenwerkstatt die Rolle eines Scrum-Einhorns übernehmen? Ist das nicht ein wenig zu viel verlangt? Ich bin mir nicht sicher, ob ich nach nur einem Scrum-Projekt imstande bin, diese Rolle auszufüllen.« »Natürlich seid Ihr das!«, dröhnte Ritter Magnolius und klopfte dem Gespenst kräftig auf die luftige Schulter. »Ihr mögt vielleicht selber noch nicht daran glauben, aber Ihr habt in diesem Projekt unglaubliche Fortschritte gemacht – sowohl fachlich als auch methodisch. Ihr alle kennt mich gut: Ich bin kein Mensch, der leichtfertig Lob verteilt. Ich aber sage hier und heute, dass mein Freund, das Gespenst, einen prima Scrum-Lehrer abgeben wird!« »D'accord!« Die Hexe knuffte dem Geist in die Seite. »Ich möchte noch einmal ausdrücklich die Idee des Königs begrüßen, dass wir uns regelmäßig austauschen. Auf diese Weise werden wir recht schnell Ergebnisse erzielen und zudem die Entwicklungen in den verschiedenen Fallenwerkstätten so weit wie möglich vereinheitlichen und aufeinander abstimmen.« Das Großväterchen – aus Sicht des Königs der größte Wackelkandidat – stimmte in diesen euphorischen Kanon ein: »Eigentlich wollte ich nach dem Projekt wieder in meine geliebte Hütte im Wald zurückkehren. Mittlerweile habe ich aber das Gefühl, dass ich über das Stadium der Einsamkeit hinaus bin. Die Zusammenarbeit mit Euch war das Beste, was mir passieren konnte – obwohl es zu Beginn alles andere als einfach war. Aber vielleicht war es genau dieser lange und mitunter schmerzhafte Prozess des Kennenlernens und einander Verstehens, der uns zu dem Team gemacht hat, das wir heute sind. So ungern ich diese Konstellation aufgebe, die für uns alle mittlerweile ein gewisses Maß an Komfort bietet, so sehr freue ich mich auf die neue Herausforderung. Wer hätte gedacht, dass ich in meinem Alter noch einmal in einer Fallenwerkstatt arbeiten würde!« Er lachte verlegen und schaute aus dem Fenster, um seine Rührung zu verbergen. »Dem ist nichts hinzuzufügen.« Das Aschenputtel war ungewöhnlich kurz angebunden – ein untrügliches Zeichen, dass auch sie emotional betroffen war. Ihr drängte sich aber noch eine ganz konkrete Frage auf: Würde die Arbeit in der Fallenwerkstatt bedeuten, dass sie nicht mehr zur bösen Stiefmutter zurückkehren müsste? König Schærmæn schien diese Frage zu ahnen, denn er sprach: »Ehe ich es vergesse: Ihr, wertes Aschenputtel, seid für immer aus den Diensten Eurer Stiefmutter entlassen, um den Werkstätten als Beraterin zur Verfügung zu stehen – wenn Ihr wollt, versteht sich.« »Natürlich will ich!«, platzte es aus dem Aschenputtel heraus, dem in diesem Moment ein Stein vom Herzen fiel. Um nicht sentimental zu werden, fügte die mittlerweile

sehr selbstbewusste junge Frau hinzu: »Nun lasst uns aber endlich den Sprint planen! Oder wollt Ihr Euch vier Wochen lang in
Euren Emotionen wälzen?« Dieser Satz wirkte befreiend und
brachte wieder Ordnung in den Sprint. Nach diesem kurzen emotionalen Kammerflimmern schlug der Puls des Projekts wieder
ganz ruhig und gleichmäßig.

11.2 Modell »Musketier«

Jetzt, da das Team seine zukünftige Aufgabe kannte, war das
Thema Serienfertigung allgegenwärtig. Alle arbeiteten daran, der
Falle den letzten Schliff zu geben, damit sie guten Gewissens an
die Werkstätten übergeben und ganz offiziell der Öffentlichkeit
präsentiert werden konnte.

Viel Zeit und Energie verwendeten die Teammitglieder darauf, für die einzelnen Komponenten der Falle geeignete Produkti-
onsschritte zu definieren. Dabei entdeckten sie so manche Konstruktion, die zwar mit viel Aufwand und Expertenwissen
hergestellt werden konnte, für eine Massenfertigung jedoch zu
kompliziert war. Verständlicherweise konnten sie in den verbleibenden vier Wochen nicht für jede Komponente die Herstellung
und Montage perfektionieren. Aber sie wollten zumindest ihre
Erkenntnisse dokumentieren, um diese später im Rahmen der
Produktverbesserung umzusetzen. Natürlich dokumentierten sie
die Verbesserungsvorschläge als Backlog Items – und freuten sich
schon darauf, dieses Konzept ihren neuen Teams zu erläutern.
Überhaupt waren alle sehr gespannt darauf, wie die Fallenbauer
auf die neuen Werte, Konzepte und Praktiken reagieren würden.
»Das viele Testen wird ihnen gar nicht gefallen«, mutmaßte das
Großväterchen, als es gemeinsam mit dem Ritter die Testapparaturen inspizierte. Die beiden hatten beschlossen, die Konstruktion ihrer Apparate zu dokumentieren, sodass die Testmaschinen
für alle Fallenwerkstätten nachgebaut werden konnten. »Ich
glaube nicht, dass sie mit dem Testen ein Problem haben werden«, entgegnete der Ritter. »Schließlich läuft fast alles vollauto-
matisch. Worüber sollte man sich da beschweren?« »Nun, die
Idee des permanenten Testens ist am Anfang schon sehr gewöh-
nungsbedürftig – das solltet Ihr am besten wissen!«, grinste das
Großväterchen den Ritter an. »Halb so wild«, meinte dieser.

»Wenn selbst ich mich überzeugen ließ, dann werden es die Fallenbauer auch tun.«

Der Schwerpunkt dieses Sprint lag auf der Qualitätsverbesserung und der Dokumentation. Das war nicht jedermanns Sache. »Das ist mit Abstand der langweiligste Sprint dieses Projekts!«, maulte das Gespenst. »Ständig geht es nur darum, alles, was wir bisher entwickelt haben, erneut auf den Prüfstand zu stellen. Ich weiß, dass das notwendig ist, und ich freue mich schon auf die Serienphase – aber der Weg dahin ist unglaublich langweilig!«

»Nun komm schon, Geist!«, versuchte die Hexe zu motivieren. »Noch drei Wochen, dann brechen wieder andere Zeiten an. Bis dahin müssen wir uns wohl oder übel zusammenreißen. Glaube mir: Auch ich kann mir Spannenderes vorstellen, als zu testen und zu dokumentieren. Na los – weiter geht's!«

Drei Wochen später. Der Frühling hatte überall im Land Einzug gehalten. Die Temperaturen stiegen, und die Pflanzenwelt erwachte zu neuem Leben. Überall im Garten der Sommerresidenz grünte und blühte es. Der Prinz konnte bei seinem morgendlichen Spaziergang jetzt die Kraft der Frühlingssonne tanken. Oft blieb er stehen und atmete den Duft der erwachenden Natur ein. Kaum zu glauben, dass fast sieben Monate vergangen waren, seit die Musketiere in die Sommerresidenz eingezogen waren.

Nach dem Spaziergang ging er nicht wie sonst direkt in das Kaminzimmer. Heute machte er zunächst einen Abstecher zum großen Marstall. Mit der Kraft seines ganzen Körpers stemmte er sich gegen das mächtige Scheunentor. Langsam bewegte sich das Tor quietschend in der Führungsschiene, bis es so weit offen stand, dass der Prinz in das Innere schlüpfen konnte. Erst sah er nur einen großen Schatten. Als seine Augen sich an das Dämmerlicht gewöhnt hatten, da stand sie in ihrer ganzen Pracht vor ihm: die Drachenfalle – das endgültige Modell, mit dem man in die Serienproduktion gehen wollte. Aber erst musste der König seinen Segen geben. Der Prinz konnte es kaum erwarten, heute, am Ende des siebten Sprint, dieses Meisterwerk vor den Augen des Königs und des Hofmarschalls zum Leben zu erwecken und einen leibhaftigen Drachen zu fangen. Das war die Idee des Ritters gewesen, der ein Faible für die große Dramaturgie entwickelt hatte. Dank seiner guten Vernetzung in der Gilde der Ritter war es vergleichsweise einfach gewesen, einen Drachen für diese Demonstration auszuleihen. Das Tier war gestern angeliefert worden und hatte die Nacht gut gesichert auf einer nahen Waldlichtung verbracht. Es wusste nichts von der besonderen Rolle, die ihm zugedacht war. Bisher konnte sich erst ein Drache rühmen, von der allerneuesten und nahezu unüberwindbaren Drachenfalle besiegt worden zu sein.

Als der Prinz den Marstall verließ, warf er einen Blick in den Frühlingshimmel. Auch das Wetter schien sich zu Ehren der Musketiere von seiner besten Seite zeigen zu wollen. Auf dem Weg ins Kaminzimmer stand der Prinz dann vor einer schweren Entscheidung. Er wusste nicht, worüber er sich mehr freuen sollte: darüber, dass es nach dem Review allen Grund zum Feiern gab oder darüber, dass der König zu Ehren der tapferen Scrum-Mannschaft, die dieses Wunderwerk geschaffen hatte, die neue Drachenfallengeneration auf den Namen »Musketier« taufen wollte. Letzteres hatte der Prinz bisher geheim gehalten. Es sollte eine Überraschung werden, und die Musketiere sollten es aus dem Mund des Königs vernehmen. Nun war er gespannt auf ihre Reaktionen.

»... und so taufe ich dich auf den Namen ›Musketier‹!« Unter dem Beifall der geladenen Gäste berührte König Schærmæn die Falle mit seinem Zepter. Der gefangene Drache schaute betrübt durch die Gitterstäbe und wusste nicht, was er von der jubelnden Menschenmenge halten sollte, die zwei Frauen, drei Männer, ein Gespenst und ein Einhorn hochleben ließen. Die Namenspaten der Falle genossen ihren Ruhm. »Das haben wir uns nach all den Strapazen und insbesondere nach dem letzten Sprint redlich verdient!«, brüllte das Gespenst im Versuch, den Jubel der Gäste zu übertönen. Anschließend lud der König zum Festmahl. Der Wein floss in Strömen, und das Großväterchen feierte, als gäbe es kein Morgen. Ritter Magnolius unterhielt sich auffallend lange und intensiv mit dem Aschenputtel. Nach Sonnenuntergang wurden Schwedenfeuer entzündet, die den Hof der Sommerresidenz in ein warmes Licht tauchten. Als dann die Musikanten zum Tanz aufspielten, sah man das Traumpaar des Scrum-Teams in trauter Zweisamkeit auf der Tanzfläche. Das Gespenst flüsterte der Hexe zu: »Na, das sieht ja aus wie früher. Ich glaube, dass ich heute Nacht besser nicht an Aschenputtels Schlafzimmertür klopfe – selbst wenn der ganze Hof voller Drachen sein sollte!«

12 Déjà vu

Als die Hexe am frühen Morgen an das Tor der Fallenwerkstatt klopfte, wurde sie bereits freudig erwartet. Man führte sie in einen großen, lichtdurchfluteten Raum, der um diese Zeit noch leer war. So konnte sich die Hexe in Ruhe auf die bevorstehende Aufgabe vorbereiten. Ein wenig nervös war sie schon, aber dann erinnerte sie sich an die Worte des Einhorns: »Seid einfach Ihr selbst und erinnert Euch an das, was Ihr in unserem Projekt erlebt habt. Wenn Ihr es schafft, die Stimmung zu vermitteln, die in der Sommerresidenz geherrscht hat, dann habt ihr schon fast gewonnen. Die Vermittlung der Inhalte ist dann eine Kleinigkeit.« »Na, hoffentlich«, seufzte die Hexe und begrüßte die ersten zukünftigen Kollegen, die neugierig den Raum betraten und sich schüchtern in die letzte Stuhlreihe setzten.

Eine Viertelstunde später war der Raum gefüllt mit Fallenbaumeistern, Gesellen, Produktmanagern, Handlungsreisenden – kurz: Experten des Drachenfallengewerbes. Gespannt schauten sie die Hexe an, die sich zunächst kurz vorstellen wollte. »Das könnt Ihr Euch sparen, meine Dame, denn Euch und die anderen Musketiere kennt mittlerweile jeder Wieimmerländer Bürger!«, rief einer der Fallenbaumeister. Verlegen blickte die Hexe zu Boden. Dann verkündete sie das Thema ihres Vortrags: »Ich möchte Euch heute das Wertesystem von Scrum erläutern.« Sie enthüllte eine Tafel, auf der die agilen Werte zu lesen waren. »Selbstverpflichtung, Fokus, Offenheit, Respekt und Mut. Auf diesen Werten baut Scrum auf. Ich möchte diese Werte nun näher erläutern. Beginnen wir ...« »Sollen wir uns jetzt alle die Hände reichen?«, quakte ein junger, pausbäckiger Fallenbauer. »Und uns dann gegenseitig diese überkandidelten Werte schwören? Im

Ernst: Was soll dieser esoterische Quatsch? Ich dachte, dass wir von Euch lernen, wie man Drachenfallen besser und schneller bauen kann. Selbstverpflichtung! Mut! Mut brauche ich nur, wenn ich abends zu meiner Frau nach Hause komme.« Die Hexe versuchte, das aufbrandende Gelächter zu unterbinden, aber der unerwartete Erfolg machte den Jungen noch mutiger, sodass er nachsetzte. »Wie übertragen wir denn diese Werte in unsere tägliche Arbeit? Soll ich vielleicht jeden Morgen um sieben Uhr zunächst meinen Kollegen Respekt zollen und beim Frühstück nur auf die Nahrungsaufnahme fokussieren?« Wieder lachte der ganze Saal. Die Hexe hatte das Gefühl, diesen Satz schon einmal irgendwo gehört zu haben. Sie dachte »Na, das kann ja heiter werden!«, lächelte ihre Zuhörer an und begann in aller Ruhe die agilen Werte zu erläutern.

13 Epilog

Damit endet die Geschichte vom Bau der besten Drachenfalle aller Zeiten. Möchtet Ihr vielleicht noch einmal das Wort an unsere Gäste richten, liebe Bumaraia?

Vielen Dank, lieber Holger, für diesen schönen Bericht über unser Projekt! Werte Gäste, sagt selbst: Hat er das nicht trefflich zusammengefasst? Aber ich wäre nicht Bumaraia, das Einhorn, wenn ich nicht noch etwas ergänzen wollte.

Ihr habt gesehen, dass der Takt in Scrum sehr wichtig ist. Die Sprints haben eine feste Länge und einen standardisierten inneren Aufbau. Das schafft Sicherheit und Verlässlichkeit für das Team, aber auch für den Produktverantwortlichen, der genau weiß, wann er ein Ergebnis erwarten kann. Das Schöne ist, dass er immer ein Ergebnis in Form eines potenziell auslieferbaren Produkts bekommt. Keine langen Analyse- und Entwurfsphasen, in denen nur Papier produziert wird! Hier zeigt sich deutlich, dass sich alles um den Geschäftswert dreht – und der wird nun einmal durch Produkte realisiert, und nicht allein durch Ideen.

Auch die Art, in der das Produkt präsentiert wird, ist besonders. Das Sprint Review ist keine teaminterne Veranstaltung, sondern eine Präsentation im besten Sinne des Wortes. Der Kreativität sind dabei keine Grenzen gesetzt, und ein wenig Theatralik kann diese Veranstaltung ab und zu vertragen – vorausgesetzt, das Theater dient nicht dem Vertuschen fehlender Ergebnisse.

In der Retrospektive wird das aus meiner Sicht wichtigste Konzept der agilen Vorgehensweisen umgesetzt: Die Rückkopplung (oder das Feedback) dient dazu, über die Organisation, den Entwicklungsprozess und die Ergebnisse zu reflektieren und

damit zu erkennen, ob man noch auf dem richtigen Weg ist, um das Geschäftsziel zu erreichen. Die Retrospektive tut dies für den Prozess am Ende eines jeden Sprint. Aber auch andere agile Praktiken dienen der Rückkopplung. In der Sprint-Planungssitzung kommen Produktverantwortlicher, Team und Experten zusammen, um gemeinsam über die Backlog Items zu diskutieren. Daraus bildet sich eine gemeinsame, fachlich orientierte Sicht der Dinge, die im Sprint Review auf den Prüfstand gestellt wird. Während des Sprint sorgen die tägliche Zusammenkunft, die kontinuierliche Integration, das Arbeiten in Paaren und ganz allgemein die Kommunikation im Team dafür, dass regelmäßig Rückkopplungen (hier auf der Ebene der Entwicklung) stattfinden.

Das Gewinnen von Erkenntnissen aus den Rückkopplungen reicht natürlich nicht aus, um sich weiterzuentwickeln. Dazu ist zunächst der Wille zu Veränderungen vonnöten. Ist der vorhanden, dann kann man aus den Erkenntnissen die Maßnahmen ableiten, die das Produkt oder den Prozess verbessern – immer unter Berücksichtigung der konkreten Bedingungen, die wir in der Organisation und im Entwicklungsprozess vorfinden. Und unter Berücksichtigung der Menschen, mit denen wir ein solches Projekt durchführen wollen. Nicht umsonst bewertet das Agile Manifest Individuen und Interaktionen höher als Prozesse und Werkzeuge.

Die aus den Erkenntnissen abgeleiteten Maßnahmen führen zu Veränderungen – im Produkt, im Prozess, aber auch in der Organisation. Im Fall von Scrum werden beispielsweise bestimmte Praktiken an die Bedingungen des Prozesses angepasst. Dabei dürfen die agilen Werte aber nicht vernachlässigt oder verletzt werden. Es ist die Aufgabe des Scrum-Meisters, darüber zu wachen, dass die Veränderungen werterhaltend sind. Möglich sind solche konformen Veränderungen, weil Scrum (wie auch die anderen agilen Vorgehensweisen) keine Doktrin ist, sondern ein Rahmenwerk, dessen Freiheitsgrade ganz bewusst für die Anpassung an die Projektsituation eingerichtet worden sind. Schließlich gleicht kein Projekt dem anderen, und Projekte verändern sich zudem im Laufe der Zeit – da wäre es falsch, sklavisch einen starren Prozess zu verfolgen.

Wenn Ihr mich nun fragt, ob die agilen Methoden eine Art Allheilmittel sind, die alle bekannten Probleme in Projekten beseitigen oder gar von vornherein verhindern, so muss ich leider mit einem »Nein« antworten. Ihr habt gesehen, dass auch unser Pro-

*jekt nicht frei von Problemen war. Der Unterschied zu vielen
anderen Projekten aber ist, dass wir diese Probleme offen angesprochen haben, um anschließend zu versuchen, sie zu lösen –
und das nicht nur einmalig, sondern grundsätzlich. Das funktioniert deshalb so gut, weil die schonungslose Transparenz die Fehler schneller und deutlicher aufdeckt. Oft heißt es deshalb, dass
agile Projekte mehr Fehler haben. Die Wahrheit ist, dass die anderen Projekte mindestens genauso viele Fehler haben – sie geben
es nur nicht offen zu. Außerdem müsst Ihr bedenken, dass nicht
jedes Teammitglied sofort »Hurra!« schreit, wenn es täglich über
seinen Fortschritt berichten muss. Unser Gespenst hat auch einige
Zeit gebraucht, bis es sich daran gewöhnt hatte, dass das Projekt
nicht zum Ausruhen gedacht ist. Ich kann Euch nur raten, die
Einführung der Transparenz sehr behutsam anzugehen – schließlich wollt Ihr Eure Teammitglieder nicht verschrecken und blo-
ckieren. Das Vier-Augen-Gespräch ist eine gute Praktik, um sich
den Teammitgliedern individuell in einer geschützten Atmosphäre zu widmen.*

*Es dauert einige Zeit (erfahrungsgemäß drei Sprints), bis ein
Team die agilen Werte verinnerlicht und den sicheren und zweck-
gemäßen Umgang mit dem agilen Handwerkszeug erlernt hat.
Erst dann ist das Team in der Lage, die Ergebnisse der Rückkopplung in Prozessveränderungen münden zu lassen, die zu einer tatsächlichen und nachhaltigen Verbesserung des Entwicklungspro-
zesses führen. Diese Anpassungen können sich im Nachhinein als
falsch herausstellen. Es ist nichts Ehrenrühriges dabei, eine solche
Maßnahme wieder rückgängig zu machen – auch das gehört zur
Kultur der Rückkopplungen.*

*Je mehr sich das agile Gedankengut in einem Unternehmen
durchsetzt, desto stärker wird sich das auch auf die Organisati-
onsform auswirken. Agile Vorgehensweisen lösen früher oder
später einen Unternehmenswandel aus. Das gilt es rechtzeitig zu
erkennen, denn nur dann kann dieser Wandel geordnet erfolgen
und funktionieren. Wichtig ist es, den Paradigmenwechsel explizit zu machen, um den Menschen die Möglichkeit zu geben, den
Wandel zu verstehen. Sonst werdet Ihr es mit inneren Wider-
standskämpfern zu tun bekommen.*

*Zum Schluss noch ein Hinweis auf weiterführende Literatur.
Diese Geschichte ist natürlich nur der Einstieg in die Agilität. Es
gibt aber mittlerweile viele gute Werke, die das Handwerkszeug
der agilen Methoden und deren Wertesystem, aber auch die wei-*

chen Faktoren (Soft Skills) ausführlich beschreiben. Ich habe diese Werke für die Wieimmerländer Staatsbibliothek beschaffen lassen und für Euch kommentiert (siehe »Gemmen der Wieimmerländer Staatsbibliothek«).

So, nun wisst Ihr eine Menge über Scrum im Speziellen und agile Vorgehensweisen im Allgemeinen. Worauf wartet Ihr noch? Auch Euer Projekt ist reif für den Wandel!

Ich wünsche Euch viel Erfolg bei Euren agilen Gehversuchen und würde mich freuen, Euch bald einmal bei uns im Lande Scrum begrüßen zu dürfen!

*Eure
Bumaraia*

A Gemmen der Wieimmerländer Staatsbibliothek

A.1 Über Scrum

Scrum Alliance: http://www.scrumalliance.org

Die Website der Gralshüter von Scrum. Allerlei Wissenswertes rund um Scrum und die verschiedenen Scrum-Zertifizierungen.

Ken Schwaber, Mike Beedle: Agile Software Development with Scrum. Prentice Hall 2002

Die Scrum-Bibel. Ken Schwaber ist neben Jeff Sutherland einer der Väter von Scrum. Mike Beedle ist einer der Autoren des Agilen Manifests. Schwerpunkt des Buches ist die Beschreibung der Scrum-Methodik und deren Anwendung in Softwareentwicklungsprojekten.

Ken Schwaber: Agile Project Management with Scrum. Microsoft Press 2003

Dieses Buch ist, wenn man so möchte, die anekdotenhafte Ergänzung zu »Agile Software Development with Scrum«. Fallstudien und Szenarien aus realen Projekten illustrieren die Projektmanagementaspekte von Scrum.

Roman Pichler: Scrum – Agiles Projektmanagement erfolgreich einsetzen. dpunkt.verlag 2007

Das meiner Meinung nach beste deutschsprachige Grundlagenwerk zu Scrum. Sehr strukturiert und übersichtlich stellt Roman Pichler das Handwerkszeug von Scrum vor. Dabei stellt er immer wieder Bezüge zur schlanken (lean) Produkt- und Softwareentwicklung her, in der auch einige der Scrum-Prinzipien verwurzelt sind.

Boris Gloger: Scrum – Produkte zuverlässig und schnell entwickeln. Hanser 2008

Das zweite deutschsprachige Standardwerk illustriert Scrum mit viel Grundlagenwissen und Anekdoten. Das Buch ist nicht so streng strukturiert wie das Werk von Roman Pichler. Soft Skills und philosophische Betrachtungen nehmen bei Boris Gloger einen größeren Raum ein.

Ralf Wirdemann: Scrum mit User Stories. Hanser 2009

Ralf Wirdemann ergänzt die Beschreibung von Scrum um eine Einführung in das Konzept der User Stories, mit denen Anforderungen aus der Sicht des Benutzers beschrieben werden. Die User Stories werden im Product Backlog verwaltet und bilden die Grundlage für die Softwareentwicklung mit Scrum.

A.2   Über Agilität im Allgemeinen

Kent Beck et al.: The Agile Manifesto (Das Agile Manifest). http://agilemanifesto.org

Dieses Manifest bildet die Grundlage aller agilen Methoden. Deren Vertreter haben das Manifest gemeinsam entwickelt und unterzeichnet.

Wolf-Gideon Bleek, Henning Wolf: Agile Softwareentwicklung – Werte, Konzepte und Methoden. dpunkt.verlag 2008

Basierend auf dem Agilen Manifest führt dieses Buch grundlegend in die agile Denkweise ein, ohne sich dabei auf eine konkrete agile Methode zu konzentrieren (im Schlussteil des Buches werden aber drei Methoden vorgestellt). Wolf-Gideon Bleek und Henning Wolf formulieren typische Fragen aus dem Projektalltag und geben darauf agile Antworten.

Mike Cohn: Agile Estimating and Planning. Prentice Hall 2005

Wie plant man ein agiles Projekt? Wie schätzt man Aufwände? Wie sorgt man dafür, dass der Plan nicht veraltet? Und wie werden dabei die Prioritäten der Kunden berücksichtigt? Für diese Fragen bietet das Buch von Mike Cohn sehr fundierte Antworten.

Norman L. Kerth: Project Retrospectives – A Handbook for Team Reviews. Dorset House Publishing 2001

Der Klassiker zum Thema Retrospektiven. Fallstudien illustrieren die im Buch beschriebenen Übungen – der Stoff, aus dem erfolgreiche Retrospektiven gemacht sind. Dabei geht Norman Kerth auch auf die Risiken von Retrospektiven ein.

Esther Derby, Diana Larsen: Agile Retrospectives – Making Good
Teams Great. Pragmatic Programmers 2006

> *Während sich das Buch von Norman Kerth auf Post-mortem-*
> *Analysen von Projekten konzentriert, haben Esther Derby und*
> *Diana Larsen die iterative Softwareentwicklung im Fokus. Dem-*
> *entsprechend sind die in ihrem Buch beschriebenen Retrospekti-*
> *ven deutlich kürzer. Jedes Kapitel widmet sich einer konkreten*
> *Fragestellung (z. B. Sammeln von Daten) und beschreibt die pas-*
> *senden Praktiken.*

A.3   Über Agilität im Großen

Jutta Eckstein: Agile Softwareentwicklung im Großen –
Ein Eintauchen in die Untiefen erfolgreicher Projekte.
dpunkt.verlag 2004

> *Die oben beschriebenen Grundlagenwerke reißen das Thema*
> *»Scrum in großen Projekten« kurz an. In diesem Buch widmet*
> *sich Jutta Eckstein ausführlich den agilen Prozessen in mittleren*
> *und großen Projekten (20 bis 200 Beteiligte). Dabei spielt der*
> *Faktor Mensch eine große Rolle.*

Jutta Eckstein: Agile Softwareentwicklung mit verteilten Teams.
dpunkt.verlag 2009

> *Hinter dem harmlos klingenden Begriff »verteilte Teams« verbirgt*
> *sich meist Outsourcing oder Offshoring. Aber auch Projektteams,*
> *die auf verschiedenen Stockwerken arbeiten, werden als »verteilt«*
> *bezeichnet. Können solche Projekte agil durchgeführt werden?*
> *Jutta Eckstein sagt aus eigener Erfahrung »Ja« und zeigt, wie man*
> *trotz Distanz agil zusammenarbeiten kann.*

A.4   Über andere agile Vorgehensweisen

Kent Beck, Cynthia Andres: Extreme Programming Explained –
Embrace Change. 2nd Edition. Pearson, Addison Wesley/Longman
2004

> *Das Standardwerk zu Extreme Programming. Die zweite Auflage*
> *ist komplett neu geschrieben worden, weil sich die Namen und*
> *zum Teil auch die Bedeutungen verschiedener XP-Techniken ver-*
> *ändert haben.*

Henning Wolf, Stefan Roock, Martin Lippert: eXtreme Programming – Eine Einführung mit Empfehlungen und Erfahrungen aus der Praxis. dpunkt.verlag 2005

Dieses deutschsprachige Buch geht weit über die Beschreibung der XP-Grundlagen hinaus. Projektbeispiele illustrieren die Werte, Prinzipien und Praktiken von XP. Die Abgrenzung zu anderen Modellen (u. a. zum V-Modell XT) hilft bei der Einordnung von XP. Zu guter Letzt werden die zwölf häufigsten Fehler beschrieben, die in XP-Projekten begangen werden.

DSDM Atern. http://www.dsdm.org/atern

Atern ist die neueste Version der Dynamic Systems Development Method (DSDM). Durch klar definierte Rollen und Zuständigkeiten, ausreichend Kontrolle im Projekt und ein ausgeprägtes Phasenkonzept kann Atern auch in solchen Umgebungen erfolgreich eingesetzt werden, in denen rein agile, die Organisation verändernde Prozesse wie z. B. Scrum scheitern würden.

Bernd Oestereich, Christian Weiss: APM – Agiles Projektmanagement – Erfolgreiches Timeboxing für IT-Projekte. dpunkt.verlag 2007

Basierend auf den Erfahrungen im Management von Projekten aller Größenordnungen hat ein Autorenteam des Trainings- und Beratungsunternehmens oose eine Projektmanagementmethodik entwickelt, die etablierte Standards (beispielsweise PMI) und Praktiken mit agilen Ideen kombiniert. Dieses Agile Projektmanagement (APM) wird zunächst anhand eines durchgängigen Beispiels vorgestellt und im Anschluss daran lehrbuchartig beschrieben.

Mary Poppendieck, Tom Poppendieck: Lean Software Development – An Agile Toolkit. Addison-Wesley 2003

Mary Poppendieck kennt beide Welten: die der Softwareentwicklung und jene der industriellen Produktion, die durch das Toyota Production System revolutionär verändert wurde. Aus den mit schlankem (lean) Produktmanagement gemachten Erfahrungen entwickelten die Poppendiecks eine Sammlung agiler Praktiken und Denkweisen (Thinking Tools).

Robert Austin, Lee Devin: Artful Making – What Managers Need to Know About How Artists Work. Financial Times Prentice Hall 2003

Ein Professor der Harvard Business School und ein Theaterdirektor und Dramatiker erforschen Innovation und Einfallsreichtum im Ingenieurwesen – und entdecken überraschende Parallelen bei Theaterproduktionen und Softwareprojekten. Sie erklären insbesondere das Phänomen der Selbstmotivation und der hohen Performance eines guten Teams und geben Hinweise, wie Manager ein kreatives Arbeitsumfeld schaffen können.

A.5 Über Soft Skills

Uwe Vigenschow, Björn Schneider: Soft Skills für Softwareentwickler – Fragetechniken, Konfliktmanagement, Kommunikationstypen und -modelle. dpunkt.verlag 2007

Softwareentwicklung ist weit mehr als das Schreiben von elegantem, lauffähigem Code. Ohne eine klare Kommunikation sind die meisten Projekte zum Scheitern verurteilt. Grund genug, um Softwareentwicklern einen Leitfaden an die Hand zu geben, mit dem sie lernen, ihre Sozialkompetenz aufzufrischen und besser miteinander zu kommunizieren – für ein besseres Miteinander und ein erfolgreicheres Projekt.

Uwe Vigenschow, Björn Schneider, Ines Meyrose: Soft Skills für IT-Führungskräfte und Projektleiter – Softwareentwickler führen und coachen, Hochleistungsteams aufbauen. dpunkt.verlag 2009

Sozial kompetente und gut kommunizierende Mitarbeiter können ihr Potenzial nur dann voll entfalten, wenn sie zeitgemäß geführt werden. Das Verständnis agiler Grundwerte gehört ebenso dazu wie die Kenntnis iterativer Vorgehensmodelle. Dieses Buch liefert das notwendige Rüstzeug für die moderne Führungskraft.

B Begriffe

Wie bereits zu Beginn des Buches erwähnt, stammen die meisten agilen Fachbegriffe aus dem englischsprachigen Raum. Von wenigen Scrum-spezifischen Ausnahmen abgesehen, habe ich in dieser Geschichte deutsche Begriffe verwendet. Um die Querbezüge zur englischsprachigen Literatur leichter herstellen zu können, stellt die folgende Tabelle die deutschen und englischen Begriffe noch einmal gesammelt gegenüber.

Deutsch	Englisch
Arbeiten in Paaren	Pair Programming
Ausgewähltes Product Backlog	Selected Product Backlog
Entwicklungsgeschwindigkeit	Velocity
Fester Zeitrahmen	Timebox
Fluss	Flow
Fokus	Focus
Hindernisliste	Impediment Backlog
Kunde vor Ort	On-site Customer
Mut	Courage
Offenheit	Openness
Planungsspiel	Planning Poker
Prinzip des gestrigen Wetters	Yesterday's Weather Principle
Produktverantwortlicher	Product Owner
Respekt	Respect
Schätzklausur	Estimation Meeting
Scrum-Meister	ScrumMaster
Selbstverpflichtung	Commitment
Sprint-Ziel	Sprint Goal
Tägliche Zusammenkunft	Daily Scrum
Vier-Augen-Gespräch	One-on-One

Index